社会治理中
多元主体协同与基层
政策执行研究

RESEARCH ON MULTI-SUBJECT
COLLABORATION IN SOCIAL GOVERNANCE AND
GRASSROOTS POLICY IMPLEMENTATION

徐 畅 ◎著

ZHEJIANG UNIVERSITY PRESS
浙江大学出版社
·杭州·

序

在全面建设社会主义现代化国家新征程开启之际,社会治理研究理应展现出更显时代性的理论气质,发挥更具实在性的积极作用。在规范与实证意义上阐释社会治理既是引导现实之必需,也是学术研究的责任与自觉。

不论与西方公共治理存在多少相似性,中国的社会治理仍应是对本土现实的描述与抽象。具体而言,第一,中国的社会治理承载着国家治理的使命,其核心使命是增强制度执行力,而不是塑造国家与社会之间的固定态势或静态"景观"。第二,社会治理共同体中的主体构成亦不限于狭义的社会领域;共同体中,党政和社会等各方均应"在场"并进行互动,而协同是互动关系的实质。第三,以制度执行力为目标的社会治理和以政策绩效为根本导向的公共政策执行是统合的,二者相互形塑,并成为"共建共治共享"的制度要件。

进一步看,在公共政策执行中,取得党政与社会的共识,通过协调行动达致共同目标,既是社会秩序的体现,也是社会活力的表征;而多元主体协同,不仅是社会治理作为国家治理组成部分的题中应有之义,更是社会治理通过执行力推进国家治理体系与治理能力现代化、由制度优势真正迈向治理效能的必然要求。基于此,本书尝试将社会治理中多元主体协同与基层政策执行进行因果关联,探索依托公共政策执行生成多元主体协同,继而增强制度执行力的可能路径。

本书的最大价值在于,作者通过绵密的论证指出:由社会治理中的多元协同达致制度执行力的做法,坚持了人民的主体地位,又将执政党意志与人民福祉高度统一,更将政府组织与社会各方力量有机融合;以这样的整合机制获得的执行力,无论是在价值意义还是工具意义上,无论是在国家层面还是社会成员层面,都是可期的。

最后,希望本书对中国社会治理的观察与思考能够得到各界专家更多批评与指点——真正的共鸣只能来自批评;也希望本书能对国家治理与社会治理的现代化有所助益。

是为序!

王诗宗

2022 年 8 月 25 日于浙江大学

前　言

　　我国"十四五"时期经济社会发展的主要目标之一是国家治理效能得到新提升。其中,社会治理特别是基层治理水平要得到明显提高。谋定而后动、谋深而后行,唯有在准确解读社会治理的基础上,预设的行动目标才更有可能实现。党的十九届四中全会不仅明确将国家治理体系与治理能力现代化表述为"全党的一项重大战略任务",而且将社会治理界定为"国家治理的重要方面"。这些表述澄清了国家治理与社会治理的总体关系,也启示我们在探索中国之治的过程中,必须将高水平社会治理视为国家治理体系与治理能力现代化的必要基石。这样,阐释国家治理与社会治理的关系,解析社会治理对国家治理的作用,显然是非常必要的工作。

　　本书将国家治理与社会治理作为一个整体进行综合分析,试图揭示在社会治理中通过增强制度执行力来推进国家治理现代化的涵义;进而,本书探索了依托公共政策执行生成多元主体协同,继而增强制度执行力的可能路径。进一步而言,社会治理是国家治理的有机组成部分,而基层是社会治理的前沿。在基层社会治理中,"建设人人有责、人人尽责、人人享有的社会治理共同体"的关键在于"协同"。然而,"协同"虽无疑是"治理"的基本要件,它本身却经常是需要被造就的。在较长的时间内,学术界更关心"协同"的功能,却相对忽视"协同"如何可能,少数富有启发的研究也尚未提供相对通则性的原理。有鉴于此,本书专注于审视社会治理中多元主体协同的关键影响因素,并在此基础之上揭示多元主体协同的生成机制。本书将公共政策过程在基层的主要环节——政策执行,作为破解这一问题的钥匙。需要说明的是,本书的主题是作者在实地调查中获得的,即以参与者的身份融入省会 H 市 Y 区的垃圾分类政策执行过程,在实践中尽可能自由、开放地发现问题和线索。与此同时,本书检索与评释了有关基层社会治理、协同治理影响因素、基层政策执行的理论文献,以框定研究领域、促成理论对话。

本书的论证过程分为两部分:规范分析与实证分析。在规范分析部分,本书重温了西方公共治理理论,在指出其局限性的基础上,对中国社会治理及多元主体协同的内涵予以重思和再认知,继而在一般意义上推理出基层政策执行过程可能是塑造社会治理中多元主体协同的一种路径。以此为基,本书以 Y 区和 T 县的垃圾分类政策执行过程为调查场域展开了实证分析。首先,本书借助扎根理论的思想和技术,对理论文献与经验线索(Y 区)进行了系统编码,从中提取可能影响多元主体协同的关键因素;其次,本书依托 QCA(qualitative comparative analysis,定性比较分析)方法的思想和技术,接近并发现引致结果(社会治理中多元主体协同)出现的条件组合,以此推测多元主体协同与其关键影响因素之间的因果关系;再次,本书凭借案例研究的独特优势辨明了多元主体协同与其关键影响因素之间的因果关系,并尝试从真实情境中提炼出多元主体协同在基层政策执行过程中的生成机制;最后,本书将用前述章节所得出的理论命题与在其他时间、空间内后续观察到的同类经验事实(T 县)相对照,进而验证理论陈述与经验事实是否一致,并对理论命题作进一步修正。

上述分析结论或可支持本书所追求的通则式原理:社会治理中的多元主体协同能够生成于兼具规制与服务特征的公共政策的执行过程,这一过程将可能受到制度设计、社区动员、信任和数字技术的影响。在其中,制度设计和社区动员是前因组合中的决定性成分;制度设计是根本性前提,社区动员是必要保障和重要环节;信任与数字技术能够发挥正向调节作用。这四项因素在多元主体协同的生成机制中各有其位,融合成一个统一体,共同推进治理效能的提升。尽管本书结论尚存有诸多不足,但仍在一定程度上扩展了相关研究的学术边界,并对党委和政府内部运作、多元主体良性互动的实践有所启发。

目　录

第一章 绪 论

社会治理的重要性不证自明,相关研究亦是日益勃兴。社会治理的重心在基层,广义的基层包括城市社区居委会、农村社区村委会、企业事业单位、城乡基层政权机关以及社会组织(李慧凤,郁建兴,2014),这些行动者共同承担着大量促发展、保稳定的任务和使命。由此,基层不仅是社会治理的"最后一公里",更是"最先一公里",基层社会治理的实践进展与理论内涵值得关注。

第一节 研究背景

一、基层社会治理面临的现实挑战

党的十九届四中全会关于社会治理的新论述意味着党和人民对当下的社会治理工作提出了更高的要求,对社会治理的未来抱有更乐观的期待。种种充满智慧的新提法也揭示了一个最基本的事实——基层社会治理正面临着复杂与艰巨的挑战。总体来看,这些挑战包括但不限于以下两大方面。

(一)基层社会中的主要矛盾

第一,日益增长的美好生活需要主要包括享受需要和发展需要(赵中源,2018)。首先,享受需要主要是指人为了更好地存在而产生的包括优化生存境遇、提升生活品质、丰富生活内涵的诉求。下列数据便是这方面的例证:国内城镇居民家庭平均每百户家用汽车拥有量由 2000 年的 0.5 辆增至 2012 年的 21.5 辆;平均每百户计算机拥有量由 2000 年的 9.7 台增至 2012 年的 87 台;平均每百户健身器材拥有量由 2000 年的 3.8 套增至 2012 年的 4.3 套。国内农村居民家庭平均每人文教娱乐消费支出由 2000 年的 186.7 元增至 2012 年的 445.5 元；平均每人交通通信消费支出由 2000 年的 93.1 元增至 2012 年的 652.8 元；平均每人家庭设备及用品消费支出由 2000 年的 75.4 元增至 2012 年的 341.7 元；平均每人医疗保健消费支出由 2000 年的 87.6 元增至 2012 年的 513.8 元。国内居民因私出境人数由 2000 年的 563.09 万增至 2018 年的 15501.69 万。① 这些数据或可直观证明，无论是城镇居民还是农村居民，他们正在加速脱离落后社会生产力的束缚，并渴望拥有更多高品质的消费选择。他们的实际需求不仅覆盖国内各个领域和层次，还逐步扩展至全球市场。其次，发展需要主要是指人挖掘自身潜能、发挥聪明才智，在实践过程中彰显其价值和意义，并赢得尊重与尊严的需要。随着中国科教事业的突飞猛进，有大量事实展现出人民群众在追求更高成就和超越自我价值上限的过程中所采取的积极行动和取得的有益成果。

第二，精神与物质两个层面的发展不平衡不充分。首先，在精神层面，不少社会科学家认为，生活在转型时期的这一代或数代中国人，在自己短短的生命周期中几乎以一种精神"填鸭"的方式，经历和浓缩了原本需要几个世纪的嬗变（周晓虹等，2018）。在同一历史时刻，三种文明形态（农业文明、工业文明、新技术革命）同时出现。属于不同时代的心理、态度和诉求同时存在于每个阶层、群体或个人的思维中，并影响着他们的判断与行为（薛澜，张帆，2018）。延伸这些学者的观察与推论，本书认为：精神层面的发展不平衡是指思考方式和行动逻辑在代际之间的显著差异，契约精神的培养严重滞后于经济状况的突飞猛进；发展不充分是指精神世界的单一、公共意识的匮乏、基本诚信的缺失等。其次，物质层面的发展不平衡主要体现在三个方面。(1)经济与生态发展不平衡。当前，中国已是世界第二大经济体，但碳排放总量却是全球第一（蔡栋梁等，2019）。(2)城乡发展不平衡。2018 年，第一产业增加值占 GDP 的比重约为 7%，但乡村人口占年末总人口的比重却高达 40.4%左右。(3)收入分配不平衡。2018 年，农村居民人均可支配收入 14617.03 元，而城镇居民人均可支配收入高达 39250.84 元。② 物质层面的发展不充分主要体现为微观主体活力释放

---

① 数据源自中国国家统计局网站，详见：http://data. stats. gov. cn/easyquery. htm? cn＝C01.

② 数据源自中国国家统计局网站，详见：http://data. stats. gov. cn/easyquery. htm? cn＝C01.

不充分、市场效率发挥不充分等。

概言之,社会主要矛盾的转化意蕴深刻。上述讨论仅仅是为了点出转化的背后是部分历史遗留问题的升级以及新问题的层出不穷。这些矛盾所累积的风险与危机正以社会冲突的形式频繁出现(燕继荣,2017),威胁社会发展的连续性与稳定性,冲击着社会治理的防线。很显然,如此复杂与艰巨的难题已超出了单一治理主体的能力范围,基层社会治理必然需要政府之外更多主体的共同参与。

(二)基层社会治理的低效与失灵

治理主体多元化既是基层社会治理的内生性特征,也是重要的分析维度。在理论上,与基层社会治理密切相关的西方治理理论始于这样的事实:公共行政的主体已经超出了多层级的政府机构,而延伸至社区、志愿部门和私人部门(Stoker,2007)。更宽泛地说,所有公共事务的关联方都应该是社会治理主体(郁建兴,2019a)。在实践中,基层社会在从总体性结构向多元结构的演变过程中,党政之外的各种社会力量或是由隐而现,或是从无到有。他们不断成长,并在治理活动中施展出日益重要的影响力。但与此同时,种种治理活动也产生了一系列的低效与失灵问题。

一般而言,政府、市场、社会是基层社会治理中的主体。他们各自具备独特的优势,却也在治理中暴露出明显的缺陷。后者主要表现为:其一,政府的部门主义问题突出。政府各部门偏向注重本单位的利益,部门间缺乏必要的信息沟通,缺乏整体上的有机协调。这导致"部门利益追求"替代了"公共利益关怀",进而造成治理的碎片化(胡海,殷焕举,2015)。同时,基层政府①必须承接上级层层下派的任务与责任,名目繁多的考核目标以及考核体制致使基层干部不得不"戴着镣铐跳舞",以至于出现较多的"基层疲惫"现象,部分干部甚至不作为以规避政治风险。其二,营利部门的自利性往往会侵害社会的合意性,抹杀公共领域的责任性、公平性、多样性和合法性。其三,具有多样性、灵活性、志愿性等特征的非营利组织可以在匡正政府失灵与市场失灵方面发挥重要作用,但志愿失灵现象也普遍存在(王诗宗,杨帆,2017)。

上述治理困境使得党委、政府、市场与社会越发频繁地建立相互联系以共克时艰。然而,一些新的问题也接踵而至。第一,地方党委和政府"缺位""越

---

① 本书中的地方党委和政府是指省级及以下的党委和政府部门,基层党委和政府指县乡及以下的党委和政府部门。

位"现象时有发生。"缺位"指部分地方党委和政府为了推动"社会自治",主动收缩阵线,或者以"社会自治"为名,放弃管理和服务职责。"越位"指部分地方党委和政府过度跨越职责边界,压缩社会自我发展的空间(燕继荣,2017)。第二,一些地方党委和政府为了迅速营造多元治理的格局,通过行政推动的手段,选择性地"培植"一些典型(郁建兴,2019b)。第三,多元主体因权责界定模糊而导致社区"多中心治理"下实则陷入"无中心负责"的困境(刘湖北,冯意皓,2017)。第四,不同治理主体的自利逻辑、社区公共性的弥散以及社区治理中的责任区隔(徐宏宇,2017),致使治理主体多元而互动不足,甚至彼此隔离。

二、多元主体协同:对基层社会治理挑战的应对

如何应对诸多现实挑战成为实务工作者与理论研究人员持续关注的焦点。在众多见解与对策中,协同(collaboration)受到较高程度的认可。

从全球公共管理实践来看,当代许多政策问题表现出多面向、关联性、跨边界的特征,这对单一组织处理公共问题的能力构成了严峻的挑战,也对不同主体之间的相互依存与共事有极为强烈的诉求(Glaister,1999;Hudson,Hardy,Henwood,et al,1999;Vangen,Hayes,Cornforth,2015)。而协同能够强有力地回应这种诉求并更好地提供公共服务(Sullivan,Williams,Jeffares,2012)。当前,协同治理(collaborative governance)已被视作西方传统治理模式的流行替代方案(Koski,Siddiki,Sadiq,et al.,2018),并在多种政策背景下得到应用。它可以在多个不同层面上进行,从单个项目到计划,再到广泛的战略(Huxham,Macdonald,1992)。例如:美国的一些州政府就通过与非政府行动者之间的协同有效应对飓风问题(Waugh,Streib,2006);在社区机构和组织提供(delivery)公共服务的过程中,协同是公认的有效做法(Marek,Brock,Savla,2015)。

在中国,协同不仅是社会治理的题中之义,也一直内嵌于政策主张之中。一方面,社会治理的核心就是不同主体以新方式互动,并共同参与治理(王浦劬,2014;郁建兴等,2017)。社会治理固然强调社会力量在公共事务中的自主性参与,但实际上,社会治理不限于社会自治,甚至也不限于对社会领域的治理,它包含了"党—政—市—社"各部门(sector)协同运行的意涵。一方面,党委的元治理角色被一再肯定,其他行动者则在此前提下,针对具体公共事务保持联动。另一方面,从党的十六届四中全会首次提出"建立健全党委领导、政府负责、社会协同、公众参与的社会管理新格局",到党的十九大报告提出"打造共建共治共享的社会治理格局。加强社会治理制度建设,完善党委领导、政府负责、

社会协同、公众参与、法治保障的社会治理体制"，再到党的十九届四中全会提出"完善党委领导、政府负责、民主协商、社会协同、公众参与、法治保障、科技支撑的社会治理体系"。可以看出，党委和政府一贯秉持协同理念。

总体而言，多元主体之间的协同有利于促进信息、知识以及稀缺资源的共享（O'Leary，Vij，2012；Thomson，Perry，2006）；激励创新（Rogers，Weber，2010）；制定更有效、灵活的政策和解决复杂问题的方案（Purdy，2012；Sousa，Klyza，2007）；缓解制度上的集体困境（Feiock，2013）；替更广泛的公共和私人利益发声（Hong，Scott，2004）……如此多的优势使得协同散发出令人无法抗拒的吸引力。有西方学者断言，如果 20 世纪是行政国家的时代，那么 21 世纪则可能是协同国家的时代（Koontz，Thomas，2006）。而在中国学者眼中，协同治理是公共治理和社会管理创新的方向（燕继荣，2013），是中国国家治理现代化的核心与趋势（姜晓萍，2014）。

第二节　拟解决的研究问题

党的十九届四中全会非常明确地指出"社会治理是国家治理的重要方面"。国家治理体系与治理能力的现代化既应该包含具有优势的制度安排，也应该内含制度执行力，以确保制度优势能转化为治理能力和绩效，而社会治理的核心功能便在于制度执行力。那么执行力如何产生于社会治理过程呢？从前述关于社会治理的一系列论述中可以看出党关于社会领域的一贯理念：既强调秩序，又强调活力；既倡导社会的多元主体地位，又强调党的领导作用；既强调各方共治，又强调党委的"元治理"角色。更明确地说，新时代的社会治理将迈向多元主体共建共治共享的新格局，协同是这一新格局的基本特征，也是多元主体共铸执行力的基本途径。造就协同的过程，也就是增强执行力的过程。协同固然是解决难题的关键（Keast，Mandell，2014；McGuire，2006），但它并不能"挥之即来"。首先，协同不会自动生成，需要一定的条件和持续、永久的培育（Booher，2004）。塑造协同有可能需要额外的时间和资源，并会增加不确定性，所有这些都会导致交易成本的增加，从而使协同成为昂贵的治理选择（Hefetz，Warner，2004）。其次，协同是一种高度脆弱的结构（Waddock，1989）。潜在协同成员之间的异质性通常较高，这便增加了邀请他们加入协同的难度。即便各方愿意参与，他们在磨合中也很容易发生争端和纠纷，继而退出。再次，随着协同的深入,治理成本会逐渐增加。协同的运作在达到某一程度后,投资于协同的成本将超过其获得的收益(Park,Krause,Feiock,2019)。

因此,塑造社会治理中的多元主体协同必须找到党和政府意志和人民意愿的无缝契合点。公共治理理论表明,公共服务问题是触发治理的主要原因,改善公共服务也是协同治理的主要目的。正是在公共服务方面,党委和政府与社会产生了共鸣共识,这是两者之间协同的基础。在我国,公共服务同样是希冀的公约数、同心圆。党的十九届五中全会以前所未有的力度强调了公共服务的重要性,指出要"健全基本公共服务体系,完善共建共治共享的社会治理制度,扎实推动共同富裕,不断增强人民群众获得感、幸福感、安全感,促进人的全面发展和社会全面进步"。可以说,公共服务是社会成员、各种社会力量、党委和政府的共识基础。

基于这样的共识基础,将社会治理作为制度执行力的来源,将"执行"(公共服务)与"治理"(共治)结合起来,力求执行力和多元主体协同的互促和共进。具体的途径是,在公共服务(或显著有益于社会成员)政策的执行过程中,党委和政府主动引入社会力量,建立参与渠道和平台,以公共政策执行(亦即制度执行,从学理上说,政策是制度的组成及延伸)触发并强化社会成员的参与意愿、社会力量与党委和政府的协同程度,在执行中获得更强更持久的"执行力"。

概言之,秉承社会治理是国家治理组成部分的论断,且将制度执行力视为制度优势转化为治理效能的关键,意味着对中国社会治理的阐释必须以执行力为核心内容。这就是说,阐释社会治理必须超越经典的"国家—社会"关系话语,不再将社会治理的目标视为单纯的"秩序",而是"秩序"与"活力"的动态平衡。社会治理中的"活力"不可能出自完全的自上而下管控,而是来自包括党委和政府主体和(广义)社会主体在内的多元主体协同,而协同才是通过社会治理增进制度执行力的关键,也是社会治理与整体国家治理之间的连接线、支撑点。进一步地看,社会治理中的多元主体协同,可以通过基层的公共服务政策执行过程而被培育。有鉴于此,本书的焦点就在于探索基层政策执行作为"自变量"与社会治理中多元主体协同的关系。具体而言,这一理论关怀可细分为以下三个层面。

问题一:基层政策执行过程是否可能成为塑造社会治理中多元主体协同的路径?

问题二:如果对问题一的回答是肯定的,那么,基层政策执行对多元主体协同的塑造过程会受到哪些关键因素的影响?

问题三:社会治理中多元主体协同在基层政策执行过程中是如何生成的,具体机制是什么?

第三节 研究意义

一、理论意义

第一,有助于学理性地阐发社会治理中的多元主体协同经验。改革开放以来,社会领域在管理或治理层面进行着不同程度的实践创新,但许多基层经验还没有得到理论性的解读和归纳,地方经验的受重视程度也有待加强。对此,本书将扎根于社会基层,深度观察基层政策执行中的多元主体协同现象,阐明各类行动者在其中的行事逻辑。

第二,有助于促进社会治理理论与多元主体协同实践之间的相互发展。社会治理的理论发展需要补充更多的经验细节,多元主体协同的实践走向也需要科学的理论指引。通过审视多元主体的协同过程,或能准确理解社会治理的内涵;通过辨析学术概念与理论命题,或能解决实践中的问题。在社会治理理论与多元主体协同实践融合的过程中,厘清二者之间的内在逻辑关系。

第三,有助于推进"治理理论本土化",实现社会科学知识的效度化。自西方治理理论进入中国以来,围绕治理的中国适用性问题就引发了持久的争论。西方理论固然具有其合理性的一面,但直接"搬用"西方概念与命题难免会发生"橘枳"之变。对此,本书将依托社会科学的普遍原理,立足中国的现实情境,阐发中国的治理经验。

二、现实意义

第一,有助于优化党委和政府的内部运作。就当下治理水平与社会发展状况而言,党委和政府仍将是社会治理的主导力量。因此,党委和政府部门的优异表现对于多元主体协同的成功塑造至关重要。对此,本书将以提出政策建议作为实践应用目标,希冀为政府转变职能、丰富治理工具、重新定位自身角色、明晰自身与社会力量之间的边界提供可行性建议。

第二,有助于催化社会力量的生长和成熟。改革开放以来,党委和政府之外的各种社会力量在不断地发育与成长。新时期,社会治理不再也不应当全然寄托于党委和政府,它需要调动社会自身的能动性,吸纳其广泛参与各项社会建设和管理活动。多元主体协同的实践将赋予社会中各类行动者更多的学习机会,提升其公共行动的合理性和有效性,使他们具有更强的责任感和批判精神。

第三,有助于加强党委和政府与社会力量间的良性互动。治理的本意是倡导不依赖单一主体或方式解决问题。社会治理绝不是党委和政府对社会的管理,也不是仅仅依靠社会力量的"自给自足",任何一种极端的情况都会导致社会治理丧失其本意。通过多元主体协同的实践,各类社会主体或能更加清楚自己的定位,他们能够有意识地根据客观的治理需要而"在场",共同发挥"整体大于部分之和"的功效。

第四节　研究方法

研究方法的挑选取决于要解决的具体问题和所能使用的资料(唐世平,2015)。本书试图解决的核心问题是如何在基层政策执行过程中塑造社会治理中的多元主体协同。首先,这是一个中国的现实议题,解决实际难题是理论研究的一个重要目标,而且在某些情况下,实践发展要比理论研究更为迅速,因此需要对真实的研究客体有更多了解(朱正威,吴佳,2020)。这就要依赖能够将本土的实践图像转化为学术语言的分析技术。其次,社会治理中的多元主体协同是一个预期目标(社会实际结果),要推求如何达到该目标,就要先从理论和实践中甄别出可能的影响因素,接着尝试论证它们之间的因果关系。这就要结合定量与定性的思维——前者能在较为普遍的意义上协助因果推断(causal inference);后者则能够提供统计数据之外的证据,提炼隐藏的社会运行机制,提升因果匹配的稳健性(Johnson, Onwuegbuzie, Turner, 2007; Lieberman, 2015;谢立中,2018)。据此,本书拟采用如下四种研究方法。

一、规范研究

规范研究是一种以价值问题为核心关注点,以解读和诠释文本为主要表现形式、通过严谨的逻辑构造来回答某个学科的基本问题乃至人生与世界的"大问题"的研究路径(颜昌武,牛美丽,2009;Spicer,2008)。通过非经验性的思辨,研究者能够探求具体领域的替代性未来(alternative futures)(Box,2008)。

二、扎根理论法

作为一种定性研究方法,扎根理论关注数据的自然呈现(emergency)和发现(discovery),适用于研究抽象问题及其基本(社会)过程、个人过程、人际关系以及个人与更大的社会过程之间的互惠作用(Charmaz,1995;Glaser,2002a;McCallin,2003)。扎根理论法包括一些系统而又灵活的准则(guideline),这些准则提供了一套基本原则和启发性工具,而不仅仅是公式性规则(卡麦兹,2009)。

三、定性比较分析(QCA)

QCA(Qualitative Comparative Analysis)的中文译名为定性比较分析。QCA方法在意真实因果关系的复杂性和多样性。这一方法试图开辟"定性"(案例导向)和"定量"(变量导向)两种分析方式之间的中间道路,并整合二者的优势——既保持与社会现实的紧密联系以发现社会运行的深层机制,又在一定程度上避免过度的主观性,凸显统计学意义上的概化能力(Ragin,1987;Rihoux,2003,2006)。

四、案例研究

案例研究适用于以下三种情形:(1)需要回答"怎么样""为什么"的问题时;(2)研究者几乎无法控制研究对象时;(3)关注重心是当前现实生活背景下的实际问题时(殷,2010)。案例研究不仅关注自变量与因变量是否相关,即"原因的影响"(effects of cause),它更擅长识别变量之间的具体运作机制,即"结果的原因"(cause of effects)(蒙克,李朔严,2019)。

第五节　本书结构

针对研究问题,本书将在文献回溯的基础上,尝试采用规范分析方法建立社会治理中多元主体协同与基层政策执行之间的逻辑勾连,继而依托社区场景,采用实证分析方法论证在基层政策执行过程中塑造多元主体协同的现实可能。

本书章节结构安排如下。第一章为"绪论"。本章的主要任务是介绍本书的选题背景、提出研究问题、点明理论意义与现实意义、介绍研究方法。第二、三、四章分别回顾了基层社会治理、协同治理影响因素、基层政策执行的理论文献,从而为下文的研究提供必要的理论支撑。第五章为"多元主体协同与基层政策执行关系的理论考察"。本章将运用规范研究方法对协同的概念作出语义和理论上的辨析;在回顾国家与社会关系研究,反思西方公共治理理论的基础上,重新认知中国的社会治理及多元主体协同;继而推想基层政策执行过程可能是塑造多元主体协同的一种路径。第六章为"多元主体协同生成的关键影响因素"。本章将借助扎根理论的思想和技术,以基层政策(垃圾分类)执行过程关涉的各方行动者为访谈对象,与他们进行深度交流,然后对访谈内容进行编码。同时,通过对各项数据的持续比较与交叠分析,逐渐生成本书的核心概念。第七章为"多元主体协同与其关键影响因素的关系推测"。基于上一章的"扎根"结论,本章将借助 QCA 方法的思想和技术,通过经验案例的选择、数据的校准(calibrate)、集合关系的评估、稳定性的检验,进而预判多元主体协同与其影响因素之间的因果关系,并得出或然性的理论命题。第八章为"多元主体协同的生成机制:基层政策执行案例探索"。本章将遵循案例比较的思路,运用过程追踪(process-tracing)与分析叙说(analytic narratives)的方法,捕捉和展示诊断性证据(diagnostic evidence),增添更多鲜活的案例细节,以期增强理论命题的因果解释力。第九章为"多元主体协同的生成机制:基层政策执行案例验证"。本章将前述章节所得出的理论命题与在其他时间、空间后续观察到的同类经验事实相对照,进而验证理论陈述与经验事实是否一致,并对理论命题作出进一步修正。第十章为"结论与展望"。本章将总结全书的主要结论和可能的理论贡献,同时为社会治理中多元主体协同的应然方向提供可行的政策建议。该部分也将反省本书的不足,提出研究设想。

第二章　基层社会治理研究

第一节　"结构"视角下的基层社会治理

基层社会生长于社区空间之中(李文钊,2019),基层社会治理的本质是多元主体协作关系的结构化,即一定时期内相对稳定的城乡社区治理结构。换言之,城乡社区治理结构的变迁反映了基层场域中各方行动者的互动关系及其演变。

一、城乡基层社会治理结构变迁

在城市,基层社会治理经历了从单位制、街居制向社区制的转变。新中国成立后,城市社会实行单位制为主、街居制为辅的管理体制。这个体制的基本内容是:一切微观社会组织都是单位,控制和调节整个社会运转的中枢系统由与党的组织系统密切结合的行政组织构成。因此,单位体制下所有基层单位都表现为国家行政组织的延伸,整个社会的运转依靠自上而下的行政权力。由单位这一实体所构成的社会调控体系实现了资源的有效配置和政策自上而下的贯通,有效地组织与管理了社会闲散人员、民政救济和社会优抚对象等。改革开放后,城镇化打破了"单位—街居"制的清晰边界,城市居民的生产、居住和消费场所相互分离,人际关联度下降,利益主体逐渐多元。单位组织的秩序整合功能日益弱化、趋于消解。城市基层社会迫切需要一种新的组织形态和管理体制来解决社会中出现的问题和各种矛盾,承担起重新整合社会的功能。党委和政府在新形势下进行基层政权建设的需要与社会和社区发展的需要在此找到了契合点——由社区制逐渐取代单位制成为基层社会发展的方向,整合社区内资源、提供社区服务、维护社区稳定与发展成为社区体制创新的基本目标。

在推进社区建设的过程中,学术界围绕社区的本质产生了"他治"与"自治"的争辩。"他治"说坚持社区管理的行政主导思路,认为社区只是为了解决单位制解体后城市社会整合与社会控制问题的自上而下建构起来的国家治理单元,而不是一个可以促进公共领域形成的地域社会生活共同体(杨敏,2007)。"自治"说将城市社区视为一个正在形成的公共领域(于莉,2016),并认为自治导向有利于扩大公民政治参与和加强基层民主,应以合作主义理念处理政府管理与社区自治协同治理城市社会的关系问题。还有一种理论倾向综合了上述两类观点,认为社区治理应呈现出党政主导与社区自治相统一的价值取向。

在农村,基层社会治理历经人民公社制度、村民自治、推进农村社区建设这几种模式。人民公社的概念潜在地意味着相对宽泛的组织边界,它试图把国家、经济和社会活动统合进一个单一的国家组织体系中去。公社经由村社组织——民兵、党支部、大队、小队、农会、共青团、妇联等各种正式的和非正式的关系联系起来。这些组织均非村庄内部自发形成,而是由国家嵌入。在新中国成立初期的特殊历史背景下,人民公社体制为"工占农利"经济战略的实施提供了有力的制度保障;其间,我国的农业生产有很大增长,农业生产条件得到显著改善;人民公社的社会保障制度以较低成本维持了20世纪六七十年代中国农村的基本稳定。但伴随着改革的推进,人民公社制的内生缺陷越发明显。它严重压抑了群众的生产积极性,成为阻碍农村地区发展的重要原因之一。20世纪80年代,起源于村民自我治理活动的"村民自治"引发了全国农村政治生活的根本性变迁。它成为中国基层民主政治建设和发展中最根本和最深刻的政治变革和政治实践。后税改时代的来临及村民自治制度的实践困境使原有农村治理体制失去活力,城乡差距日益增大,农村社会各项矛盾日益暴露。于是,构建适应时代发展要求的农村社会管理体制越发显得紧迫。党的十六届六中全会提出要积极推进农村社区建设。21世纪以来中国乡村治理正在经历历史性变化,导致这一变化的基本动因是农业税费改革和城乡资源配置关系的逆转。

二、迈向城乡社会治理共同体

党的十八大以来,党委和政府在深度把握社会运行规律和治理规律基础上提出了"社会治理共同体"这一重大概念。这是新时代向党和国家提出的新命题,而要解答好这一命题就必须以对社会治理共同体的准确解读为必要前提。

(一)社会与共同体的社会学认识

社会与共同体是社会学中两个极为重要的概念,言外之意在于,社会学家对二者的解读相对更为精准、更具说服力,如著名社会学家斐迪南·滕尼斯的系列著述。据此,本部分将展开原典式解读,厘清社会与共同体的内涵。

社会与共同体是社群生活中两种关系形态。前者是指一种想象的与机械的构造,一种短暂的、表面的公共生活,通常关联经商、旅行、科学等现象;后者是指一种真实的、有机的生命,一种亲密的、隐秘的、排他性的、持久的共同生活,通常用语言、习俗、信仰等加以描绘(斐迪南·滕尼斯,2019)。

在社会里,尽管存在着种种结合的因素,但人们却保持着分离。每个人都追求着自身的利益,而且只有当其他的人可能促进这一利益时,他才会肯定这些人,所以在达成协定或任何特定的契约之前,或者说,在不存在协定或任何特定的契约的地方,所有人对所有人的关系都被理解成潜在的敌对状态或者是隐藏的战争状态;与此相对,一切意志统一的情形都以协议和缔结和约的方式凸显出来。共同体则与之相反,虽然其中存在种种分离的因素,但人们保持着结合。以下三种类型的关系最有可能发展成共同体的萌芽。第一,母子关系。它最深地根植于纯粹本能或喜好。第二,男人和女人之间的夫妻关系。如果排除家族亲属关系以及所有建立在此基础上的其他社群力量的因素,夫妻关系必然主要通过夫妻相互间的习惯支撑起来。第三,兄弟姐妹之间的关系。在这一关系中,记忆对产生、保持并巩固心灵纽带发挥了更为重要的作用。

在社会中,联盟是社群的现实存在的基本形式;在共同体中,结合是社群的现实存在的基本形式。"结合"一词带有更强的自然或血缘色彩,而"联盟"一词常常具有平等的个体或群体相互之间缔结契约的含义。社会的联盟都必须被限定在一个特定的目标和确定的手段上,只要联盟行动符合参与者的意志,它就是合法的。相反,共同体的结合在本质上是普遍的,如同"生命"本身一样,它的力量不外在于它自己,而是存在于它自身之内。

(二)社会与共同体的心理学认识

滕尼斯认为,考察人的行动以及相互之间结成的各种关系,必须以理解人心、理解个体如何看待他所从属的类为前提。社会与共同体是个人的意志及其力量的外在表现;二者对应到个体心理时的形态分别为抉择意志和本质意志。换言之,社会是联结在一起的抉择意志的主体,共同体是联结在一起的本质意志的主体;抉择意志中包含着发展社会的条件,本质意志中包含着发展共同体的条件。两种意志都是行动的原因或倾向。

抉择意志是思维本身的一个产物,它先于其所联系着的行动,且外在于行动;本质意志包含着思维,它内在于物理性的运动当中。抉择意志同本质意志的关系如同为了一定目的而被制造出来的一种人为工具或机器,同一个动物身体里的器官系统以及单个器官之间的关系。

思虑、愿望、概念是抉择意志的三种形式。第一,思虑与对一种对象的选择相关联。它指向令人感到痛苦的事物,这种事物在本性上就是不被人们意愿的;然而,这个过程存在的意义在于人们能从中获得最终的乐趣,这种乐趣才是同时原本地、现实地为人所意愿或愿望的东西。第二,愿望导向确定的、个别的行动。在思维着的人看来,大量个别的、可能的行动呈现为真实的对象,这些行动是现实的意志,即决定。第三,概念就是一种确定意义的、关于词语之使用的强制性判断。据此,思维者能够且愿意引导他的话语中的句子,除此之外,他还能够以概念为单位,将之当作一种标准,用它来比较、恰当地标记现实的种种事物及其关系。

首先,抉择意志的总形式是由意图、目的和手段组成的体系,也可被视作"努力追求"。其次,追求者绝不愿徒劳地做事,他做的所有事情,都应该给他带来收益;他始终都在盘算着他的利益,这些行动就是"计算",即体系的另一种规定形式。最后,为了更精准地计算,追求者需要自我评价来谴责已经实践的愚行,即"自觉意识",它是抉择意志最高的、最具精神性的表现。

喜好、习惯、记忆是本质意志的三种形式。第一,喜好或本能是存在于人的本质中对某些确定对象与确定行动的先天兴趣。一切个别的观念或感觉都派生自这个原始的统一体,而且它们处于必然的相互关联之中。第二,习惯是通过经验产生的意志或乐趣。经验是日常的练习,练习是形成习惯的活动。练习一开始是困难的,但随着多次重复,它将使不可靠和不确定的运动变得可靠和确定。第三,记忆是习惯的一种特殊的进化。习惯和记忆以相似的方式相互联系:一方面,后者从前者那里脱离出来;另一方面,后者同时作为一种越来越强大的力量,复归于前者。

首先,喜好、习惯、记忆衍生出激情、勇气、才华,它们以不同的比例关系混合在一起,构成了一个人的天性。当激情运用在、表现在一个人对他者肯定或否定的态度上时,它就被称为"信念",也就是爱与恨。其次,作为将这种信念实现为友好或敌对活动的意志,勇气被视为"道德"品质的典范,也就是"性情"。最后,个体所具有的才华——作为考虑和评判自己与外人、友好与敌对的行为方式及品性的记忆与思维的意志,并因此作为表现道德倾向与意见,即意愿的概念——通过普遍的同意,被确定为"良知"。

(三)中国社会治理共同体研究

自"社会治理共同体"提出以来,国内学术界主要围绕"是什么"和"怎么建"这两个问题展开了热烈研讨。

作为一个新近出现的名词,社会治理共同体的认识边界还在不断开拓之中。不同学科背景的学者针对社会治理共同体的内涵各抒己见。例如有学者将其解读为共同体概念在社会治理领域中的衍生,也有学者将其视为升级版的单位。尽管因学科视角差异而尚未形成完全统一的定义,但从既有结论中可得出如下共识——社会治理共同体理应包含治理成效取得与公共精神养成的意蕴。具体而言,第一,社会治理共同体的提出,是对社会主要矛盾嬗变、公共问题越发复杂的及时回应;有效解决实际问题、回应公共诉求是其建设的主要目标与功能所在,而且,这些问题和诉求是单一主体无法独自解决和满足的(王亚婷,孔繁斌,2019;朱健刚,2020)。如若治理成效未有显著提升,各方主体未能实现共享,那么对社会治理共同体及其构建的探讨就难免会沦为纸上谈兵。第二,培育公共精神理应是建设社会治理共同体的另一项更为重要的目标与功能。社会治理共同体的重大意义不仅仅在于应对当前的治理困境,其核心追求是在自身建设进程中激发各方主体的责任意识,培育他们协同参与公共事务的理性、志愿性、持久性(朱碧波,2020;张国磊,马丽,2020)。假设多元主体的公共精神未在实践中造就,那么社会治理共同体则很容易沦为一个纯粹的治理工具,也很难适应未来更具不确定性的治理情境。

关于如何建设社会治理共同体,既有文献也呈现出一系列的命题和举措。总体来看,可将既有观点区分为两类:党委统合与多元自主。党委统合侧重强调党委在社会治理共同体建设中总揽全局、协调各方的权威地位和统合作用。例如有学者指出,社会治理共同体的塑造是一种"一核多元"新型同心圆结构的建构。在这一结构中,党委领导是社会治理结构的第一特征,发挥着核心政治力量的多种功能(范逢春,张天,2020)。还有学者认为,中国共产党的群众路线能保证党委在密切联系群众中激发社会内生活力,保障公众权益(陈松,阴蕾,2020)。多元自主侧重突出(狭义的)政府、市场、社会在党委统合之下各司其职、各显其能的自主性价值。例如,有学者建议,在城乡基层社会治理共同体建设中,上级要给基层党委和政府(乡镇街道)赋权,使其从"行政末梢"转变为基层社会的"治理枢纽"(吴理财,2020)。有学者意识到社会组织的依附式自主拉大了社会组织与公众的距离,不利于共同体的建设(张贤明,张力伟,2021)。还有学者提议要通过机制设计解决民众参与社会治理的动力问题,同时又要避免基层陷入"为创新而创新"陷阱(郁建兴,任杰,2020)。

第二节 "能动"视角下的基层社会治理

一方面,社会治理中的多元主体协同离不开连接党政与社会的社区(麻宝斌,任晓春,2011),而且,基层社会与社区在处理具体社会事务的意义上大致是等同的。另一方面,社区不仅仅是静态的物理空间,它也是由行动者间的日常互动所构成的。因此,若要了解基层社会治理的实践,就要深入微观层面的社区单元,检视社区参与过程中各类行动者的行动逻辑。

一、基层党委政府

一般情况下,各级党委和政府通过公共政策的执行参与到社会(社区)治理的过程中。基层党委和政府处于执行过程的终端位置,直接感知和回应社会问题(孙柏瑛,2012)。基层党委和政府的执行行为会在很大程度上影响多元主体协同的塑造,公共政策执行中的基层党委和政府行动逻辑应当受到重视。

二、非党政行动者

多元主体参与公共事务是社区形成的核心机制(杨敏,2007)。社区参与被广泛认为是激发社会活力、提升基层治理水平和居民生活质量、实现社会稳定的重要途径。按照社区参与的组织化程度,下文将从两个方面展开阐述。

(一)个体参与

个体参与研究重点论述了作为社区参与主体的居民的行动逻辑(姜晓萍,衡霞,2007)。其中,一部分学者侧重分析了居民主体性对其参与行为的影响,例如:(1)居民的社区参与取决于成本与收益的理性权衡(陈伟东,姚亮,2005);(2)居民个体属性的差异会引发参与类型的分化,而个体意愿则会约束或激励他们在社区中的行动(Xu,2007);(3)不同社会身份的社区居民在参与中存在意愿与能力上的差异(徐林,杨帆,2016);(4)具有较强的奉献精神,有足够的参与意愿、有充分的时间和精力、行事公正且在社区中具有较大的权威和感召力的社区骨干往往能够主导社区参与(唐有财,王天夫,2017);(5)居民的个体特性并非一个"定值",通过制度供给搭建新的参与"平台",居民的公民性是可以培养的(徐林,徐畅,2018)。另一部分学者则侧重分析居民参与背后的关系、结构与机制,例如:(1)互惠性交换、对社会交往的心理需求以及人情、面子是社区"积极分子"积极参与背后的动力机制(桂勇,2007);(2)不同类型的社会资本对不同类型的社区参与具有不同的作用(黄荣贵,桂勇,2011)。

(二)组织参与

随着社会发展,水平化的组织群体在基层社区迅速增长(Saich,2000;Xu,Chow,2006)。大量基层组织的出现填补了由单位制和人民公社瓦解而造成的治理欠缺与裂缝,有效缓和了转型时期出现的各类社会矛盾。概言之,这些基层组织包括但不限于居委会、村委会、业主委员会、物业公司、社会组织、社区党组织。

居委会和村委会是基层民主实践的法定载体。业主委员会和物业公司是住房体制改革中出现的新事物,前者以社会关系为基础,后者以产权关系为基础(李友梅,2002)。作为一种新型自治组织,业委会主要以组织化的方式代表业主的利益来与物业及地产公司打交道(阿兰纳·伯兰德,朱健刚,2007),它在协助业主维权的过程中培养了城市居民的民主意识和公民权益,为社区自治注入了活力(Shi,Cai,2006;Tomba,2005)。

社会组织是当前社区建设的关键(陈洪涛,王名,2009),也是公共服务供给的主体之一。不同类型的社会组织通过承接党委和政府发布的公共服务项目进入城乡社区。这样一种创新模式,能够有效动员社会力量,提升公共服务的质量。然而,一些"走样"的服务提供过程也引起了学者的高度警惕。例如一些地方实践中出现了基层党委和政府与社会组织"合谋应付"上级检查,片面追求政绩亮点或形象工程的情况(陈天祥,郑佳斯,2016)。还有学者发现,在相同制度环境下社会组织在不同"项目点"的项目执行效果出现了较大差异(杨宝,2018)。从诸多实例中不难看出,大部分社会组织在其发展过程中都与党委和政府保持着若即若离的关系。较新的案例观察表明,社会组织的发展策略主要分为两种:积极向党委和政府靠拢或选择市场化的运作手段。二者并不必然互斥,可构成一种互补关系。社会组织需要不断调适两种策略才能获得最为合理的组合(王诗宗,罗凤鹏,2019)。

社区党组织作为国家力量延伸到基层社区的重要触角,是国家借以保持对社区掌控的主要依托(刘安,2013)。作为党的路线方针政策的执行者、社区政治生活和社会生活的组织者和直接参与者、居民群众根本利益的代表者(陈怡,

2010；马兆明，刘秀华，2006)，社区党组织理应在社区治理中发挥领导作用(朱卫卿，2017)。而且，由于党组织的民主性和群众性，它比政府更有利于社区自治因素的增长(王韶兴，2007)。一些成功的地方实践也证明了上述观点，例如深圳南山区开创了社区治理"一核多元"模式——以社区党组织为核心的"1+3+N""差序格局"(李小甘，2014)。但也有学者察觉到了一些问题，例如社区党组织的服务功能流于形式(周胜强，罗绍康，2015)。

第三节　本章小结

以案例研究为主的社区参与文献较全面地展现出基层社会中行动者的多元化及其能动性，从中可以感受到各类行动者在社会治理实践中的进步与不足、多元主体协同的可能与不确定。一方面，上级党委和政府不断规范下级的政策行动以避免后者过度自主而造成的无序与混乱，下级党委和政府理应发扬担当、进取的精神，结合自主空间提升治理水平。然而，上级控制与下级自主往往会陷入失衡状态，即"一统就死，一死就放，一放就乱，一乱就收"。那么，这样一种紧张的动态关系会对多元主体协同产生何种影响？另一方面，各级党委和政府的工作重点已经从单纯的经济增速追求转向经济发展和社会良治并进，在这一过程中，党委和政府不再无所不能，而要积极寻求社会力量的援助，共同推进公共政策执行。与此同时，党委和政府之外的各类行动者也在社会发展与社区建设中不断涌现。他们不再一味依赖党委和政府的公断与裁决，而尝试以其他合理合法的方式解决问题；他们也主动加入公共事务的治理环节，甚至承担越来越多的公共职能。然而公众在谋求各自利益的行动中难免会发生摩擦与纠纷；大部分公共参与仍然有许多不成熟的表现，特别是意愿不足与公共责任缺失。那么，在面对更大治理难度且需要协同的公共议题时，他们又会如何行动？

第三章 协同治理的影响因素研究

中国社会治理中的多元主体协同与西方的协同治理息息相关。西方的研究取得了许多与多元主体协同影响因素相关的成果,能为本书提供有价值的线索。按照学者的研究偏好与立场,可从该领域不断增长的文献中区分出两类研究:一类研究侧重于建构包罗多层次因素的综合性理论框架,推演因素之间的作用机理;另一类研究更加关注协同治理中实践者的经历与反馈,将分析视角限定于一定范围内,聚焦于单一影响因素。

第一节 综合性理论研究

本节将介绍三种较具权威性和影响力的综合性理论框架:Bryson(布莱森)等于 2006 年提出的"跨部门(sector)协同理论框架";Ansell(安塞尔)等于 2008年提出的"协同治理权变模型";Emerson(爱默生)等于 2012 年提出的"协同治理综合框架"。

一、跨部门协同理论框架

Bryson 等(2006)综合既有文献所建构的跨部门(政府、企业、非营利组织、慈善机构、社区以及公众等)协同理论框架涵盖了如下因素:初始条件、过程、结构与治理、突发事件与约束因素、结果与责任。它们可能会直接促使协同成功,也可能仅发挥调节或中介的作用。

初始条件包括动荡的环境、部门失败、强大的召集者、初始协议和既有的关系网络。(1)动荡的环境,特别是充满竞争和制度不稳定的环境会显著影响跨部门协同的形成和持续性。(2)部门失败是指单个部门尝试解决问题却失败了或者可能会失败,并且实际或潜在的失败也无法由单个部门补救,此时,他们最有可能尝试协同。(3)强大的召集者是在与问题相关的多个领域内享有信誉的个体(如市长)或组织(如私人基金会)。他们通常被认为是具有合法性的协同领导者,能够召集最初的利益相关者。(4)初始协议是指各部门对所要处理问题的定义、利害关系、相互依赖程度等事项达成一致性同意。(5)通过既有的关系网络,各部门得以判断其他协同成员的可信度与合法性。如果协同成员曾以积极的方式互动,那么协同就更有可能成功。反之,协同则更有可能从不需要太多信任的小型非正式交易开始,随后逐渐成形。

　　过程包括了达成初始协议、发挥领导作用(building leadership)、获得合法性、持续建立信任、管理冲突、规划。(1)初始协议的形式、内容及其形成过程将会影响协同结果。例如非正式协议可能更灵活,正式协议在问责层面更具优势。伴随新成员的不断加入,已经敲定的协议很有可能再次进入协商环节。(2)领导作用的发挥有助于协同的成功,这具体体现在坚定的资助者和有效的拥护者在多个层面提供正式或非正式的领导。正式领导的过程存在着许多不确定性,例如正式的领导者因不够强大而无法统筹全局,或者正式领导职位面临着人员的更替与流动。在某些时刻,非正式的领导显得更为重要。(3)合法性的获得对于协同的成功是有益的。协同合法性可分解为形式意义上的合法性、实体意义上的合法性和互动意义上的合法性。形式意义上的合法性表示协同作为一种形式能够获得内外部利益相关者的支持与资源;实体意义上的合法性表示协同作为一个实体能够被内外部利益相关者识别;互动意义上的合法性表示协同作为一种互动关系能够在成员间建立信任并促进自由交流。(4)信任关系通常被描述为协同的本质,它既能促进协同又可维系协同。协同成员通过共享信息和知识、展示能力和良好意愿、采取后续行动来建立信任。(5)冲突的发生在协同中很常见,各成员在目标、权力、地位上的差异均会导致冲突。对这些冲突的有效管理在一定程度上有助于协同的成功。(6)规划有深思熟虑和紧急之分,前者重视正式、谨慎的预先考虑,后者则重视在协同进程中加深对目标、角色、行动等事项的清晰理解。无论何种规划,它们都强调关注利益相关者,尤其是强调要及时回应关键的利益相关者,当它们相结合时,协同更容易成功。

　　协同的结构可能会影响协同的整体有效性,而协同结构又会受到环境因素的影响。由于协同成员资格的模糊与复杂,协同结构可能随着时间的推移而改变。为了使协同得以生存,作为一组协调和监视活动的治理必须发生,而治理的结构类型也会影响协同有效性。

上述"过程""结构""治理"与协同的整体有效性会受到一些突发事件与约束因素的影响,Bryson 等罗列了其中的三种:协同的类型、协同成员间的权力失衡、协同中相互竞争的制度逻辑。(1)协同成员之间伙伴关系的形成难度在不同类型的协同活动中不尽相同。例如服务提供型协同中的伙伴关系最易形成与维持,其次是行政型协同,最后是系统规划型协同。(2)协同成员之间的权力失衡是对协同有效性的一种威胁,尤其是在协同成员无法达成共同目标时。当协同成员拥有应对权力不平衡及其冲击的资源和策略时,协同成功的可能性便增加。(3)协同中存在着相互竞争的制度逻辑(不同成员及其行动代表着不同的制度逻辑),并且显著地影响着"过程""结构""治理"与预期结果达成一致的程度。制度逻辑既是象征性的也是客观存在的,它确立了"游戏"的正式和非正式规则,并提供了对行动的解释。例如在市场逻辑中,竞争和效率是象征体系的一部分,积累和所有权是客观存在的实践。不同的制度逻辑同时出现在协同情境中,彼此间的竞争就在所难免。

Bryson 等的理论框架还论及了跨部门协同可能产生的结果及协同中的问责。创造与维持跨部门协同的重点应该是产生公共价值,其中比较特别的价值是创造互惠的体制——以合理的成本产生广泛、持久的公共利益,并激发人们对更美好世界最深切的兴趣和渴望。公共价值在以下情况中最有可能被创造:跨部门协同建立在成员各自的利益、特点、优势上,同时寻找方法最小化、克服或弥补每个部门的弱点;跨部门协同产生了不同层面的积极效果;跨部门协同保持弹性,并定期重新评估。最后,问责是一个特别复杂的问题,因为诸如"谁需要对协同负责",以及"负责什么"通常是不清楚的,而且协同成员有各自的问责框架,彼此间可能不兼容。为了能够成功塑造跨部门协同,一个能够跟踪投入、过程和结果的问责系统是必要的。同时,协同结果及其变化情况、具体行动者及其对结果的干预等绩效信息都应当被记录。这要求协同成员要与关键的政治和专业支持者保持强关系,以及具备测量结果、战略性使用信息以提高绩效的能力。

二、协同治理权变模型

基于 137 项多领域协同案例研究的元分析,Ansell 等(2008)提出了协同治理权变模型,其内含的因素包括起始条件、领导力、制度设计和协同过程。

关键的起始条件由三个因素组成:权力/资源不平衡、激励参与、先前的冲突与共事。(1)权力/资源的不平衡意味着协同治理的过程很容易被强大的行动者操纵,而这是一个较为常见的问题。有效的协同治理就需要承诺积极赋权于弱势或处于不利地位的利益相关者,增强他们的代表性。(2)协同治理中的参与主要是自愿性的,而权力/资源的不平衡会影响到利益相关者的参与动机,如何激励参与就变得尤为重要。参与部分取决于利益相关者对协同过程是否会产生有意义的结果的期望,尤其是协同所需要的时间和精力的平衡。当利益相关者看到他们的参与同具体、有形、有效的政策结果之间存在直接关系时,参与就会增加。如果利益相关者意识到他们自身目标的实现取决于同其他利益相关者的共事,参与也会增加。但当利益相关者认为他们自己的意见仅仅是建议性的或主要是仪式性的话,他们就会拒绝参与。(3)利益相关者在先前协同中所产生的冲突将导致怀疑、不信任和刻板印象的反复滋生,而过去成功的共事经历能够创造社会资本和高度信任,从而生成协同的良性循环。

领导力在制定和维护明确的基本规则、建立信任、促进对话和探索共同利益方面举足轻重。不同的情况对领导者类型及其作用的需求各不相同,例如:在各方条件较为成熟的情况下,促进性领导者必须向参与者释放积极的信号,鼓励他们相互倾听,通过综合各类参与者的知识激发创造力,生成新的想法与理解;在冲突程度高、信任程度低、但权力分配相对平等、利益相关者有参与动机的情况下,通过各利益相关者都接受和信任的诚实中介者(broker)的服务(可能是一位专业的调解人),协同治理便能够顺利进行;在权力分配不平衡以及参与动机较弱的情况下,一位能够赢得各方尊重和信任的强势领导者有可能改变不利局面,促使协同成功。这样的强势领导者来自利益相关者的社区,而能否找到这样的领导者在很大程度上取决于当地的具体情况。

制度设计是指协同的基本协议和基本规则,它们对协同过程的程序合法性而言十分重要。首先明确的事项是协同中的参与者。成功的协同必须广纳所有受协同事项影响或关心这一事项的利益相关者,甚至是会"惹麻烦"的人。广泛的参与不仅体现在参与者的数量上,还需要包含实质性的内容,例如利益相关者共同讨论政策结果的机会,以及政策结果可以代表广泛的共识。其次,需要明确的是协同是否成为解决问题的唯一途径。如果这是肯定的,那么便会激发利益相关者的参与意愿,否则就可能意味着协同并不是最优方案。再者,清楚和透明是制度设计的重要特征。清晰一致的基本规则能够让利益相关者确信协同的过程是公平、公正和开放的。最后,需要明确的是截止日期。截止期限能够约束无休止的争论,但也可能会削弱协同的持续性,无意中降低长期共事的动力。

　　协同过程是一个循环迭代的过程。这一过程的起点是利益相关者之间面对面的对话。这是协同的必要条件而非充分条件,因为它有可能会强化刻板印象和地位差异。下一个环节是建立信任,这往往是协同早期阶段中最主要的一个方面,但会很困难。接着是利益相关者对过程的承诺。承诺与原始参与动机密切相关,它意味着"相互认可"或"共同欣赏",以及对过程的共同责任。利益相关者之间的高度依赖性可能会增强对协同的承诺,但这也会增强采取操纵行动的动机。如果协同不是一次性的,操纵行动可能会被抑制。在参与动机薄弱的情况下,强制型的协同形式或许是必要的,但这会掩盖部分利益相关者缺乏真正承诺的事实。承诺之后的环节是发展共同理解。利益相关者必须对他们所要实现的目标、问题的定义、解决问题所需要的相关知识达成一致。一些中间结果会在随后的协同治理过程中产生,这些中间结果本身可能代表着具体的产出,但都有助于协同的持续,鼓励建立信任和承诺的良性循环。在取得中间结果之后,利益相关者再次展开面对面的对话,继而更高质量地重复上述过程。

三、协同治理综合框架

　　Emerson 等(2012)所建构的协同治理综合框架提供了一组嵌套维度,包括大范围的系统背景、驱动因素、协同治理体制(collaborative governance regime,简称 CGR)以及其在系统内产生的影响与适应。

　　系统背景是协同治理发起与演进的多层次环境,是外部的三维空间,而不是一组初始条件。系统背景产生了协同的机会与限制,它不仅会在开始的时候影响协同的动力与绩效,还会在协同治理过程中的任意时刻带来新的可能性或意想不到的挑战。系统背景中影响协同治理的主要因素包括:资源条件、政策法律框架(行政、监督或司法)、先前未能通过传统渠道和权威解决的问题、社区内部和各层级政府间的政治动态和权力关系、现有网络内部和网络之间的连接程度、公认利益之间的历史冲突水平以及由此产生的信任水平和对工作关系的影响、社会经济/文化的健康和多样性。

　　驱动因素是启动 CGR 的必要因素,并决定了后者最初的形式和方向。它通过降低集体行动的初始形成成本、设定协同动力来激励或促使参与者的聚集。驱动因素包含领导力、结果性激励(consequential incentives)、相互依赖和不确定性。领导力指的是一个确定的领导者的存在,他能够发起并帮助获取资源和支持 CGR。结果性激励是指驱动协同行动的内部因素(问题、资源需求、利益或机会)和外部因素(情境或制度危机、威胁或机会)。相互依赖是协同行动的先决条件,即个人和组织无法独立完成某些事情。不确定性是处理社会问题的主要挑战,它能够推动团队协同以减少、分散和共担风险。这四项驱动因素出现得越多且能够被参与者识别,CGR就越有可能被启动。

协同治理体制(CGR)表示一个系统,在该系统中,跨界协同代表了行为、决策和活动的主导模式。CGR的发展及其有效程度受到内在两个组成部分的影响:协同动力(collaborative dynamics)和协同行动。协同动力由原则性参与、共同动机、联合行动能力三个循环交互的模块组成,这三个模块之间富有成效且自我强化的互动决定了协同动力的质量与程度。

(1)原则性参与以面对面或虚拟形式、跨组织网络或私人/公开会议等方式进行,并且可能在不同的时间点包括不同的利益相关者。通过原则性参与,具有不同诉求、关系和身份目标的人可以跨越各自所属机构、部门的管辖边界来解决问题和冲突,或创造价值。原则性参与的产生与维持依赖四个基本要素的互动,参与的有效性在一定程度上取决于互动过程的质量。这四个要素分别是"发现"(discovery)、"释义"(definition)、"协商"(deliberation)、"决定"(determination)。"发现"是指揭示个别的和共同的利益、关切、价值,识别、分析相关且重要的信息及其含义。"释义"是指通过阐明共同的目标,建立共同的意义;就参与者将用来描述和讨论问题和机会的概念和术语达成一致;澄清和调整彼此的任务和期望;提出评估信息和备选方案的共同标准。"协商",或称为坦率和理性的沟通,被广泛认为是成功参与的标志。它不是简单的"利益集合",而是细致审视问题、倾听他人观点,并就代表共同利益的事务作出公开判断。"决定"包括程序性决策(例如制定议程,提交讨论,指定工作组)和实质性决定(例如就行动项目或最终建议达成协议)。通过这四个基本过程要素的互动,协同伙伴发展出了共同的目标感和行动理论,创造及加强了共同动机,并建立了联合行动所需的能力。

(2)共同动机是一个自我强化的系统,突出了协同动力中的人际关系因素。在某种程度上,共同动机是由重复且高质量的原则性参与引发和强化的,一旦产生,它转而会加强或加速原则性参与过程。共同动机由四种要素组成,相互信任是第一种,它也是原则性参与的最初结果。信任使人们能够超越个体、制度和司法框架的参照和视角,从而理解他人的利益、需求、价值观和约束,这也构成了相互理解的基础。相互理解是共同动机的第二种要素。相互理解不是共识,前者是指个体在有可能不同意的情况下,理解和尊重他人立场和利益的能力。相互理解产生了一种人际认同感和认知合法性,即内部合法性,这是共同动机的第三种要素。内部合法性的产生表明协同中的参与者具有相互兼容和依存的利益,是值得信赖的,而正在进行的协同行动将被合法化并得到激励。接着,上述互动形成了共同动机的最后一种要素:承诺。承诺意味着参与者能够跨越组织、部门管辖范围的界限(这些界限以前将他们分开)走共同的道路。

(3)原则性参与和共同动机之间的互动产生且维持着联合行动的能力。随着联合行动能力的发展,它也能够加强或改善参与和共享动机,并在协同中确保更有效的行动和影响。联合行动能力是跨功能要素的集合,是共同创造采取有效行动的潜力,充当着战略与绩效之间的纽带。联合行动能力同样由四种要素组成。第一种要素是程度与制度安排,即管理一段时间内重复互动所必需的一系列过程协议和组织结构,包括正式与非正式的。第二种要素是领导力,它也是上面所提到的驱动因素中的一项。协同治理对不同类型的领导者提出了诉求,例如选区代表、技术专家,而且这些领导者在不同阶段具有不同等的重要性。第三种要素是知识,在许多方面,它是协同的货币(currency of collaboration)。本质上,协同需要对数据和信息进行汇集、分离、重组,以及生成新的共享知识。第四种要素是资源。充足的预算支持和其他所需资源有助于协同的成功。有用的资源可能包括资金、时间、技术和后勤支持;行政和组织援助;分析或实施所需的技能;其他所需的专业知识。权力也可以被视为一种资源,而且总是在参与者之间分配不均匀。

CGR 的另一组成部分是协同行动。Emerson 等罗列了几种可能的行动:获得支持、教育选民或公众、制定政策措施(新法律或法规)、调集外部资源、部署员工、选址和准许设施、建设或清理,实施新的管理实践、监控执行并强制遵从。如果协同伙伴都明确了共享的行动理论,且得到了联合行动能力的支持,协同行动则更有可能被实施。

CGR 的运作会引起整个系统内的某些变化——影响与适应。(1)影响是由协同动力推动的行动产生的。影响是系统环境状态有意或无意的变化;是先前存在的或预期的条件的变更,这种变更可能是需要的,也可能是不愿被看到的;还可能包括通过协同行动开发的社会新产品或技术创新的附加价值。影响可以是物理的、环境的、社会的、经济的、政治的;可以是具体的、离散的、短期的,这些影响容易被测量和确认;也可以是更广泛的、累积的、具有长期性的,这些影响则难以被验证和评估。总的来说,当参与者基于明晰的共同行动理论而采取协同举措,那么,其产生的影响可能更接近目标结果,非预期的负面后果将更少。(2)适应是指前述"影响"下的潜在的变革性变化,例如协同必须为参与者带来回报,以证明其继续行动的合理性。如果最初的联合行动没有发生,或者产生的影响不接近预期目标,CGR 将受到其协同伙伴的压力,要求对目标、行动理论、协同动力或在建立更多联合行动能力方面的投入进行必要的调整。如果应有的调整没有发生,那么退出的低成本将导致协同成员的离开。概而言之,适应主要体现在三个方面:系统环境对影响的适应、CGR 本身对影响的适应、协同动力对影响的适应。当适应与影响愈发匹配,CGR 就越具可持续性。

第二节　单一影响因素研究

除了建构综合性的理论框架,分析单一影响因素是该领域中另一大研究取向。有此研究偏好的学者通常选择在现实中寻找线索。其中,以 Huxham 和 Vangen 为代表的协同优势理论(the theory of collaborative advantage)做出了显著贡献。协同优势理论旨在加强对跨组织联合工作所涉及的管理问题的实际理解。两个截然相对的概念是这一理论的内核:协同优势(collaborative advantage)与协同惰性(collaborative inertia)。协同优势,顾名思义,它表示协同可以切实弥补单独行动的劣势与不足,以实现超越单一行动者能力范围的目标。这一概念出现在该理论发展的早期阶段,为协同的目的提供了有用的指引。然而,诸多的实践表明协同优势的解释力存在一定限度,或者说,协同的优势在现实情况里难以发挥,甚至会转向失败。这使得学者创制了协同惰性这一概念,以捕捉与分析现实中经常令人失望的协同产出。"优势"与"惰性"之间的紧张与不兼容并未使协同优势理论陷入难以自洽的困境,反而生成了该理论的终极关怀——如果获得协同优势是意欲启动协同的行动者的目标,为何协同惰性往往是其结果? 为了获得协同优势并最小化协同惰性,学者们不断深入了解并尝试概念化不同阶段的协同实践,识别与归纳其中导向成功(或陷入协同惰性)的协同"主题",即影响因素。本节将以此为主体并整合其他相关观点。

一、共同目标(common aims)

一般来说,人们主张以共同或至少是兼容、一致或清晰的目标集合作为协同的起点(Huxham,2003)。如果共同目标没有被很好地理解,或者没有在一开始就被明确地说明,那么协同可能会被认为是失败的(Schuler,2001)。的确,很难想象协同成员在缺乏共同目标的情况下会向前迈进,但实际上达成一致的目标极为困难,这主要是受到目标多样性与复杂性的影响。

目标的多样性是指协同情境中存在着许多不同的目标。对此,Vangen 和 Huxham(2005)借鉴了"目标系统"的分析理念与思路做了类型化的梳理(见表 3.1)。

表 3.1 协同中的目标分类

维度	类型		
主体	协同	组织	个体
起源	外部利益相关者	(协同)成员	
真实性	真实的	虚假的	
相关性	依赖于协同	独立于协同	
内容	协同过程	实质性目的	
外显性	明确的	不言而喻的	隐藏的

资料来源:Vangen,Huxham,2005。

表 3.1 从六个方面展现了协同中的目标多样性。其一,依据主体(ownership)这一维度,协同中的目标可分为协同(共同)目标、组织目标和个体目标。协同目标就是协同成员希望实现的共同目标,是协同成员为寻求协同优势的公开声明。共同目标常常与雄心勃勃的事业有关,因此它们在原则上涉及组织间领域,超出了组织或个体单独行动的成就(Trist,1983)。组织目标就是协同中各个组织所追求的目标,它们往往与各组织的职能、责任和活动范围密切相关。个体目标就是与个人愿望有关的陈述,它们可能与个人动机、职业发展或其他个人因素有关。三者相比,共同目标关乎联合行动的重点,组织目标关乎各组织可能从协同中单独获得的利益。成员组织中的个体会试图将与共同目标相关却不相同的组织目标纳入协同议程。这未必是有意识的行为,它可能只是不自觉的;这也可能是一种蓄意的尝试,以确保个体所属的组织从协同中获得额外的利益。不过,至少可以肯定的是,如果组织目标与共同目标较为吻合或相似,那么共同目标就容易实现。同时,个体参与协同可能是受所属组织的指派,也有可能是完全出于对自身利益的考量。因此,不同于组织目标,个体目标可能与共同目标毫无关联。当然,个体仍然会在协同中寻找共同目标与自身目标的某种联系。其二,共同目标还会受到外部利益相关者目标的影响。由此,依据起源(derivation)这一维度,协同中的目标可分为外部利益相关者的

目标和协同成员的目标。在多数情况下,以组织形式出现的外部利益相关者会将其目标强加给协同成员,例如政府倡导的某项整体改革会影响公共部门在其他某一方面的协同。以个体形式出现的外部利益相关者可能没有足够的权力将其目标强加给协同,但协同成员可能会需要他们的支持,尤其是当个体能够付出对成功协同至关重要(或者至少是有帮助的)的精力和资源时。其三,协同中的目标应当都是对诉求真实且公开的陈述,但实践中却时常出现两种反例。一种情况是某一协同成员的目标与共同目标相去甚远(如仅仅是满足自身发展的私欲),可实现这一目标又必须依赖协同。于是,他(们)便会虚构出一些应然的目标,进而增强自身存在的合法性并掩盖实际的诉求,隐藏真实的目标。这些目标在本质上只是象征性的,实现它们的承诺并不代表着成员会采取相应的行动(Latham,2003)。另一种情况是,即使目标没有被隐藏,那也不意味着一定会被公开。原因是公开阐明各种真实目标的机会本就有限(Eden,Ackerman,2002);协同成员总是想当然地认为其余参与者能够理解其目标,而他们自身又偏好对其余参与者的目标做出假设。以上两种情况已经涵盖了表3.1中三种目标类型的划分:依据真实性(authenticity)分为真实的目标和虚假的目标;依据相关性分为依赖于协同的目标和独立于协同的目标;依据外显性(overtness)分为明确的目标、不言而喻的目标和隐藏的目标。其四,表3.1中还剩下一种划分方式——依据内容(content)的区分。实质性目的就是获得协同优势,可简单地理解为理想意义上的目标;而协同过程由参与者(通常是含蓄地)提出,并且有助于实现实质性目的。协同过程并不总是积极的,那些"被迫"加入协同的成员可能会寻求最小化协同过程,直至令他们满意,或者绕过他们。

　　目标的多样性让情况变得更加复杂。第一,潜在的协同优势根植于不同成员所带来的各种资源、经验和专业知识(Beckman,Haunschild,2002)。各成员在付出资源、经验和专业知识的同时必然在协同中寻求所需的东西(利益)作为回报(Berger,Cunningham,Drumwright,2004)。他们的诉求差异通常意味着不同层面的承诺,甚至会引发在协同议程方面的竞争和冲突(Huxham,Vangen,2000d)。第二,表3.1中所罗列的目标与众多个体、组织和群体各自面临的问题密切相关,这本身就包含着不确定性。第三,各种目标一般是以组合的形式出现在协同实践中,而且目标类型之间的界限通常是模糊的,存在着相互替代的可能。例如,随着各方面的变化,协同成员可能会意识到有义务为真正的共同目标采取行动,这时他们先前为加入协同而声称的虚假目标便被替代了。不过,有些组合显然是不存在的,例如共同目标是不可能被隐藏的。第四,各成员对共同目标有不同的理解,甚至是缺乏了解。因此,即便他们在原则上完全致力于协同,也有可能阻碍而不是帮助共同目标的实现。第五,即便协同成员在共同目标上达成一致意见,并在较长的一段时间内保持稳定,一些预料之外的结果仍会导致目标发生变化(Arion,2003)。

总之,一系列零散、矛盾的目标之间的相互影响会严重制约协同的可持续性,甚至导致失败。一些学者就此认为,真正的共同目标(假设是存在的)存在于各成员目标的纠缠之中,要满足各方的愿望并非易事。所以,有时最好在没有完全对目标达成一致的情况下开始行动,并在过程中建立信任,进而为达成真正的共同目标奠定基础(Cullen,Johnson,Sakano,2000;Huxham,2003;Inkpen,Currall,2004)。

二、权力

权力是一个很抽象的概念,既有理论已尝试从不同角度展开具象化的理解。例如,Dahl(1957)从行为视角出发,将权力概念化为"A拥有的权力对B产生作用的程度达到了能够让B做出其不愿做的事情"。他区分出了权力的四种成分:基础(权力的来源)、手段(A用来影响B行为的工具)、范围(A能够影响B行为的范围或领域)和数量(由A的权力引起的B的实际表现或行动的程度或概率)。基于此分类,Kaplan(1964)描述了权力的三个维度:权重(A影响B的程度)、领域(A的权力影响B的权力的数量)和范围(由A决定的B行为的范围)。Bachrach和Baratz(1962)对Dahl的权力观做了补充——权力还可以阻止某些人想要做的事。他们进一步指出,权力不仅可以在决策过程中行使,也可以在非决策过程中行使。在非决策过程中,权力的行使可能会影响决策的环境或控制决策的议题。Lukes(1974)认为权力可以超越个体之间的关系,是一种社会结构和文化模式主导的结果。换言之,A可以利用某种根深蒂固的社会结构和文化模式对B施加影响,使得B内化A的意志并自愿采取行动。

在协同情境中,权力是学者们重点考察的一项因素。权力对协同的影响具有两面性。积极的一面主要表现为权力可以促进协同成员利益的趋同,从而达到互惠互利的目的;可以用来授权他人更积极地参与协同,从而达到利他主义的目的(Purdy,2012)。还有学者认为,权力在某种程度上是一种维持稳定关系的方式(Inkpen,Beamish,1997)。消极的一面主要表现为权力不对称(power asymmetry)(Provan,Milward,2001)。在协同关系中,权力几乎总是在参与者之间不对称地分布着,更强大的参与者拥有任意操纵的空间。为了解决权力不对称对协同造成的负面影响,不少学者提出权力共享(power sharing)这一方案——利益相关者在协同中分担决策和行动责任的过程。权力共享可以产生协同和信任的精神;促进责任、知识和风险的分享与共担(Linder,1999);建立牢固的伙伴关系(Carmichael,Knox,1999);确保治理的合法性(Jentoft,Van Son,Bjørkan,2007);减少碎片化(Ehler,2003)。权力共享也面临着不少挑战:它是一个耗时的过程,而且某些成员并不愿意分享权力,甚至会因此退出协同行动,进而导致执行不力和协同失败(Coff,1999;Gray,1985)。对此,有学者认为,在参与者之间完全共享权力显然并不可能。由于组织所处的特定社会—经济—政治环境,权力不对称更有可能成为协同的规范(Bing,Huiting,2018);而且在某些情况中,接受操纵权力的行为也是适当的(Huxham,2003)。

针对协同主体之间的权力关系,一些学者侧重分析了组织间的权力关系。他们认为,权力有三种来源/基础——权威、资源和话语合法性(Hardy,Phillips,1998)。权威是由各成员所处制度环境中的相对地位决定的。政府的权威与其制定和执行规则的权力相关,而非政府组织和公民的权威则源于他们参与治理或采取法律行动的权利。资源包括了有形资源(如人力、物资)和无形资源(如知识、文化)。资源的作用是强有力的,例如信息资源能够使政府的影响力超出权威作用的范畴(Freeman,Langbein,2000)。话语合法性是指在公共领域内,组织代表某一话语或代表某一事件发言的能力。具有话语合法性的组织从该话语所代表的价值或逻辑的地位中获得权力。即便缺乏权威和资源,如果组织被认为是替一个重要的社会理想(如生态保护或种族平等)发声,那么该组织就能够运用权力。主导权力来源的参与者通常都是协同中的核心角色,能够控制不同的协同领域,包括协同的参与者(谁可以加入和领导协同过程)、过程设计(何地、何时、如何,影响互动的性质以及用于沟通和决策的模式)、内容框定(framing)(要处理的议题及所追求的结果)。参与者可以依据权力的来源在不同领域内有谋略地运用权力(Purdy,2012)。

还有一些学者侧重分析了个体间的权力关系。他们将权力解读为对协同活动的商议、开展产生实际影响的方式,并以"权力点(points of power)"加以概括(Huxham,2003)。权力点有不同的表现形式,最突出的或许是为协同命名(Huxham,Beech,2002)。协同的名称定义了其运作范围,即使它被认为是启动协同的临时标签,也具有特别重要的意义,因为这可能会引导参与者思考应该邀请谁加入协同。选择协同成员的决定权也是权力点的一种体现,这种选择与参与者的代表性和身份密切相关。其他的表现形式还包括构成协同权力基础的参与者邀请形式、时间和地点安排等。理想状态下,权力点处于不断变化之中。例如应协同进展的需要,不断加入的新成员能够适时地改变某些行动的决议,即某部分权力点从老成员转向新成员。这种动态性表现出协同成员的参与、互动与共治。如若权力点被一方垄断,所谓的协同治理已是名不副实。

三、信任

在一般意义上,信任意味着信任者(trustor)在以下情形中对不确定事件的结果抱有积极期望:心甘情愿放弃对结果的控制并有可能遭遇由受信任者(trustee)带来的风险(主要是机会主义行为的出现)(Pautz,Wamsley,2012;Hosmer,1995;Rousseau,Sitkin,Burt,et al,1998)。信任者的积极期望来自受信任者的某些特征,例如可靠、可信、忠诚、信息共享以及交换伙伴之间的共同期望(Lamothe,Lamothe,2012)。如果受信任者被证明缺乏这样的特征来实现信任者的积极期望,那么信任者就会遭遇背叛(Mayer,Davis,Schoorman,1995;Mayer,Gavin,2005)。信任可划分为人际信任与组织间信任。人际信任指对某种人际关系的信任程度(Johnson-George,Swap,1982),主要包括三个维度:可预测、可依赖和信念(faith)(Rempel,Holmes,Zanna,1985)。人际信任可以扩展到组织间层面。组织间信任是指一个组织的成员对另一个组织有集体信任取向的程度(Dyer,Chu,2000;Jeffries,Reed,2000)。无论是人际信任还是组织间信任,都是经由长期、反复的互动而产生和再现的(Gulati,1995),而这是一个耗费时间和精力的过程(Henneman,1995)。

大多数学者普遍认为信任是成功协同的先决条件(Bryson,Crosby,Stone,2015;Leach,Sabatier,2005a),是培育协同的一个重要因素(Koski,2013;Vangen,Huxham,2003;Ysa,Sierra,Esteve,2014)。信任有助于在协同伙伴之间建立积极的态度和信心(Huxham,Vangen,Eden,2000b;Ring,Van de Ven,1992);确保商定规则的遵守(Lyon,2006);降低交易成本(Berardo,Heikkila,Gerlak,2014;Gulati,1995);提高开放性表达(Van Oortmerssen,van Woerkum,Aarts,2014);化解冲突(Ring,Van de Ven,1994);产生安全感和确定感、达成协同意愿;利于伙伴关系间的问责(Romzek,LeRoux,Johnston,et al,2014);提升协同绩效(Child,2001;Johnston,McCutcheon,Stuart,et al,2007;Oh,Bush,2016),等等。

然而,在较多的协同情境中各成员均是第一次共事,相互怀疑成为行动的起点。信任度较高的群体也不一定比信任度较低的群体表现得更好(Dirks,

1999)。即便协同成员不完全信任彼此,协同成功的可能也是存在的(Getha-Taylor,Grayer,Kempf,et al,2019)。不过,从长远来看,不信任会造成负面影响(Gambetta,1990)。为了保证协同的深入与可持续,增加信任仍是必要的(Connelly,Faerman,2008)。最初的信任很有可能源于个体间的交流与沟通,或者正式和非正式的交易过程(Ring,1997)。制度化的人际信任与组织间信任紧密相关(Sydow,1998)。当作为各组织代表的个体相互建立信任取向时,组织间信任开始产生。通过协作和互动,组织代表间的人际信任将影响其他组织成员对协同组织的信任取向。随着交互的继续,信任可以在整个协同组织中得到进一步加强、重建、模式化和制度化。这种信任取向的制度化将形成一种组织间信任,并且约束着组织和个人的行为(Zaheer,McEvily,Perrone,1998)。此外,信任与积极的结果相关,包括任务绩效的提高、公民行为的改善、事与愿违的行为的减少(Colquitt,Scott,LePine,2007)。

信任固然是一种降低风险的机制(Bradach,Eccles,1989;Lane,Bachmann,1996),但信任的建立也意味着冒险(Lewis,Weigert,1985;Luhmann,1988)。如果最初的期望得以实现,那么这种冒险反而会增强信任感(Das,Teng,1998)。接续这一思路,Vangen 和 Huxham(2003)认为两个因素对于建立信任关系而言非常重要。第一个因素是协同预期的形成,这些期望将基于声誉或过去的行为,或者基于更正式的合同和协议。这种预期越适中,风险水平就越低,满足预期的机会也就越大。第二个因素波及承担风险。参与者要有充分信任彼此的意愿,以便准备好承担风险来启动协同。如果这两点都被现实允许,那么参与者可以通过一个周期性的循环过程建立信任:首先,以一些适度且现实可行(可能取得成功)的目标作为建立信任的起点;其次,通过目标的完成增强信任态度;最后,前两个步骤为更大规模的协同奠定了基础。在这一过程中,积极的结果是信任发展的基础,随着这些结果的连续积累,一个良性循环逐渐形成。当然,协同目标的复杂与多变、协同结构的动态性、权力失衡等问题会不可避免地制约信任的建立以及协同的进程。

四、领导力(leadership)

在协同情境中,领导力被视为引导参与者走出困境(缺乏共同目标、权力不平衡、缺乏信任)的关键因素(Frame,Thomas,Day,2004;Heikkila,Gerlak,2005;Imperial,2005),可谓是重中之重。这方面的文献汇集了大量不同学科、不同层次、不同视角的评议和定论。

一些学者重点关注领导力的主体性,详述了何种特质、角色、风格的领导者能够促进协同的成功。第一,不少学者指出,弱势的(frail)领导角色会导致协同难以顺利推进(Currie,Grubnic,Hodges,2011;Dudau,2009)。还有学者认为个性(personality)也是一个重要的解释变量。外向的人更加健谈、果断、充满精力,他们有很强的动机参与社交活动,并在其中处于主导地位;随和的人更加善良、深情、具有同情心,他们努力在团队内保持一致,谦逊而不苛求;敏感的人(neuroticism)往往会紧张,通常被否定地看待;乐于接受经验的人与创造性的表现和吸收信息的能力有关,他们很有可能富有想象力和洞察力(Uhr,2017)。第二,在领导协同的过程中,政府通常是重要的行动者,但不是唯一的行动者。非正式领导力的发展可能更为重要,因为参与者往往不能依靠明确、易于执行的集中方式(Crosby,Bryson,2010)。在政府主导的协同项目中,将部门领导工作交给非政府组织的利益相关者可以促进参与、节省政府的治理成本(Crosby,Bryson,2005)。另外,不少学者发现,在协同关系中发挥实际领导作用的行动者几乎都是受协同项目雇用或委托且从事跨边界工作的个体,譬如边界扳手(boundary spanners)、伙伴关系经理、代理者、主导成员(Armistead,Pettigrew,Aves,2007;Williams,2002)。第三,有学者通过实证研究证明了变革型领导(理想化的影响、鼓舞人心的动机、个性化的考虑、智力激励)对于(公共部门间)协同结果(目标实现、价值创造、再评估)具有显著的正向作用(Ramadass,Sambasivan,Xavier,2018)。

另一些学者则有意关注领导力的过程性和动态性。第一,有学者认为领导者理当采取新的思维方式(mind-sets)和行动方式(ways of being)以应对领导协同过程中所固有的不适、模糊和不确定性(Slater,2005)。不同的领导者可能需要在不同的时间部署不同的方法来应对不同的环境和挑战(Van Wart,2003)。他们不仅要在各种压力下充当自己所属组织的领导者,还要与其他组织共同努力。第二,有学者发现,不同类型的协同结构与不同特质、风格的代理人的结合形塑了领导协同的方式、行为与结果。作为实质意义上的领导者,代理人是特定协同结构的产物,但他们可依托技能、经验和专长采取独立行动。这些行动由根植于信念和价值观的框架(framing)和意义建构(sense-making)过程来调节,而信念和价值观又受到政策思想、专业素质、部门和组织的影响,如此循环(Sullivan,Williams,Jeffares,2012)。第三,有学者分析了由三名共享领导角色(shared leadership roles)的个体参与者组成的正式工作小组如何协调与推进组织间的协同项目。历时性的案例观察表明,正式工作小组的领导者会在不同阶段灵活调整不同类型的领导行为。在开始阶段,领导者会侧重通过组织变革型领导行为(organizational-change leadership)诱导协同成员接受共同目标和愿景。在结尾阶段倾向于依赖管理型领导行为(managerial leadership)提高决策效率,并通过外部关注型领导行为(externally-focused leadership)督促整体进度。同时,全程保持参与式领导风格(participatory leadership)以营造协同氛围(Kramer,Day,Nguyen,et al,2019)。

Huxham(赫克萨姆)和 Vangen(范根)对领导力的分析更加细致。他们认为领导力是"使事情发生(make things happen)"的机制,是协同政策、活动议程的形成和执行以及其对结果的影响。领导力机制包括两个方面:领导媒介(leadership media)和领导活动(leadership activities)(Huxham,2003;Huxham,Vangen,2000a;Vangen,Huxham,2003)。

领导媒介是指创建并推进协同议程的媒介,具体包括结构、过程和参与者。第一,结构是指协同中的参与者及其相互关系,是制定和执行议程的关键驱动力。一般来说,开放的结构允许任何有参与意愿的组织广泛地加入协同,同时也允许他们的退出,但这往往不利于制定和执行清晰的议程,因为解决分歧、协调行动将变得十分困难。相反,严格控制的成员结构(如具有指定的领导组织,少量且明确的核心成员)更有助于达成共识并执行,但这可能会将一些关键利益相关者排除在外,并且会限制参与者制定议程、获得资金的自由。第二,过程是协同中必不可少的一部分,同样在制定和执行议程中起着重要作用。此处的过程是狭义的:正式和非正式的工具。例如依托委员会、工作坊、研讨会以及电话、传真、电子邮件等工具展开协同的交流。第三,参与者包括了个体、群体和组织。任何与协同有关的参与者,如果他(们)拥有影响和制定伙伴关系议程的权力、专业知识或实践经验,就都可以发挥实际的领导作用 。

结构、过程与参与者共同主导着协同议程的形成与执行,而且三者之间相互关联——结构影响着过程的设计和参与者能够做的事;过程影响着出现的结构和谁可以影响议程;参与者影响着结构和过程的设计。由于三者在很大程度上不受协同成员的控制,即结构和过程常常是强加于协同活动之上或从协同活动中产生,并且许多影响议程制定的参与者并不是协同中的成员,因此可以认为它们提供了一种情境领导(contextual leadership)。

领导活动是指在设定的领导媒介背景下,个体参与者为制定和推动议程而实际开展的各种类型的活动。它包括两种风格对立的活动类型:"协同精神"(spirit of collaboration)与"协同谋杀"(collaborative thuggery)。

"协同精神"活动包括四项内容。其一，吸纳（embracing）。吸纳"正确"（right）的成员是塑造协同的初始任务。其二，赋权（empowering）。吸纳活动的顺利开展并不代表着成员就能够在协同中"发声"（have a voice）或是做出贡献，赋权是保证他们能够积极参与的重要活动之一。其三，支持（involving）。支持活动主要是指为了支持成员参与协同而针对性地克服障碍的行动。其四，动员（mobilizing）。吸纳、赋权、支持都是必不可少的领导活动，但它们仍然不能"使事情发生"，而这一切要在动员活动中得以真正实现。

"协同精神"活动的开展本身就不是一件容易的事，参与者尚未"加入"（on board）、无法相互交流等"协同惰性"时常会出现。对此，伙伴关系经理倾向于积极主导（而非促进）协同成员同意并共同执行他们自己的议程。他们一般都会采取一些看上去与"协同精神"相去甚远的行动——"协同谋杀"，具体表现为操纵（manipulating）协同议程和玩弄政治（playing the politics）。操纵协同议程主要指伙伴关系经理直接将自己对议题的实质性理解强加给协同成员、以隐蔽的方式推动进程等。玩弄政治主要指探查成员之间的政治利益纠葛、管理不愿合作的成员之间的关系、想方设法排除那些不值得争取的个体/组织等。

"协同精神"是一种促进型、支持型的领导活动，有助于互惠关系的培育，而"协同谋杀"则是一种控制型、指令型的领导活动，甚至表现出粗野、蛮横的特点。显然，二者之间存在一定张力，但它们不是非此即彼的关系。"协同精神"固然必要且令人期待，但仅仅依靠它并不能完全保证协同优势的产生。"协同谋杀"似乎表现出更高的执行效率，但在此活动中，某些成员实质上并不心甘情愿，伴随其中的往往是成员之间的相互侵犯、超越与争夺资源。因此，过分强调两种活动中的任意一种都不太可能获得协同优势，二者的平衡、结合及合法化才是关键。对于伙伴关系经理而言，他应当熟练开展"协同精神"和"协同谋杀"活动，并且能够管理好两种活动的转换与交互。还需补充的是：任何一项领导活动的完成都需要大量不同形式的资源，例如精力、奉献、技能；需要关系技能，例如耐心、同理心、诚实和尊重；需要持续培养个体参与者来影响伙伴关系的方向与产出。

第三节　本章小结

协同治理的影响因素研究积累了广博的成果并展示出方法的多样性。"综合框架"研究详尽论证了可能影响协同的因素及其相互关系，并且有意或无意地强调了决定协同治理成败的诸因素间的组合。然而,这些蕴含机制性解释的理论框架在逻辑上具有延续性,本质上都大同小异。而且,绝大部分框架都缺乏数据验证和案例证明。它们涵括了大量不同层面的因子,这既增加了检验的难度,也在某种程度上丢失了理论应有的简约性。Emerson 等(2012)也在文中承认,尽管他们的理论框架包含了许多交互式(interactive)的组件和因素,但这并不代表着这些组件和因素都是必需的,或者在同一水平或相同程度上都是必需的。下一阶段的研究重点应该是发现在什么情况下哪些关系是重要的,也就是说,研究者需要确定在何时、何地以及为何需要哪些组件,并在何种程度上能够促进协同的成功。再者,"单一因素"研究偏好扎根于基层实践,专注于解析某几个特定因素,这提示本书要重视关键因素并留意现实生活中的蛛丝马迹。然而,这部分文献既忽视了多因组合可能会对结果产生的影响,也缺少完整的故事性叙述,这导致真实的因果关系无法被清晰感知。因此,下文将要讨论的影响因素既要有恰当的理论依据,也要贴近现实世界;既要有统计数据的佐证,也要置于动态情境中去检视。

第四章 基层政策执行研究

公共政策执行已被广泛研讨,然而一些基本却重要的问题尚未能引起国内该领域学者应有的重视。例如,主流观点认为公共政策执行研究起源于 20 世纪 70 年代,并以 Pressman(普雷斯曼)和 Wildavsky(韦尔达夫斯基)出版的《执行》一书为标志,但事实上,有关执行的现实问题先于"执行"这一学术用语而存在,并受到组织学、社会学等学科的关注。又例如,既有的学术讨论多聚焦于政府这一执行者身上,其中隐含的前提便是执行公共政策是自上而下贯彻权威指令的过程,而源于社会基层自下而上的集体行动却或多或少被忽视了。这些问题看似无关紧要,但对它们的厘清有助于为相关研究提供不一样的思路。

第一节 不同学科领域中的公共政策执行研究

公共政策执行研究散见于不同的学科领域。换言之,有关执行的研究常以不使用"执行"术语的方式进行。前人的文献梳理工作将本部分的写作引向了如下三个方向:法治、民主、制度(迈克·希尔,彼特·休普,2011)。

一、法治与公共政策执行

法治与公共政策执行具有密切的关联性。法律与公共政策的概念内涵在一定程度上已经支持了这一观点——二者均是指目标、行动与结果之间的联系。进一步而言,法治研究包含权威、控制、秩序、自由裁量等因素,这些也都是执行研究所必然涉及的。例如在有关自由裁量的文献中,法学家们在法律能在多大程度上约束政府官员行为上产生了诸多争论,这样的争论实际上始于学者对控制基层政策执行过程的关注(Davis,1969;Jowell,1973;Maynard-Moody,Musheno,2000;)。

二、民主与公共政策执行

民主理论与公共政策执行研究都高度关注公众参与。有关官僚制民主化的三种代表性观点非常适用于公共政策执行过程。(1)代表官僚制观点认为,在一个政治系统中,当高层政府官员的社会经济与种族背景与作为一个整体的民族的这些背景相符,这一系统就更为民主。(2)多元主义观点认为,公共决策中的民主以不受中央集权的政治权力的干预为保障,官员们必须参与到议价交易、谈判以及与不同利益群体进行的党派间相互调适的活动之中。(3)制度主义观点认为民主的控制取决于代表机构参与政策制定的程度。

三、制度与公共政策执行

制度理论中的许多议题是公共政策执行研究不可忽视的主题。各类行动者的行为会在不同程度上和范围内受到结构的制约,这一观点使公共政策执行的研究者意识到制度分析对于执行行为的特殊重要性。具体而言,在制度分析的框架下,既定的权力结构、社会网络等因素成为影响政策执行输出与结果的独立变量,或者说执行过程将生成于这些独立变量的相互作用之中。对于执行研究而言,这意味着要对执行过程的外部环境予以必要的关注(March,Olsen,1996)。

第二节　西方公共政策执行研究

尽管有学者质疑公共政策执行研究的时间起源,上一部分也已对这一争议做出简要的回应,但将 Pressman 和 Wildavsky 出版的《执行》一书作为执行研究的奠基之作仍是学界的主流认知。以此为论述起点,执行研究大致形成"自上而下""自下而上""综合"三种阵营。本节就将回顾与梳理其中主要的学者与观点。

一、"自上而下"阵营

"自上而下"阵营的研究文献聚焦于高层的决策,集中探讨某种权威性的决定,如政策、计划、方案等,如何经由科层体系的组织与责任分工而获得实践,并提供控制执行过程的准则。这一研究路径强调层级间的指挥命令关系,某些中央控制的变量对于地方执行的影响优于其他的因素,也注重上级政府对于下级政府的政策指挥、监督与控制的角色与责任,以达成政策预期目标。代表性的学者及其观点如下。

第一,政策目标与政策结果的巨大差异引发了 Pressman 和 Wildavsky(1973)对执行不足(implementation deficit)的思考——侧重分析影响目标实现的障碍。他们认为政策不仅包含了具体的目标,还包括了完成目标的手段;而政策结果的好坏就取决于执行链条上相关行动者之间的互动。

第二,Van Meter 和 Van Horn(1975)在依据执行难度(政策调整的幅度与共识达成的程度)对政策进行分类的基础之上,提出了更具经验解释力的理论模型。这一模型包含了影响执行结果的 6 个变量:环境(政治、经济、社会)、政策标准与目标、可获得的资源和激励手段、组织间关系的性质、执行机构的特征、具体执行者的偏好(对政策的认知、回应方向、回应强度)。

第三,Bardach(1977)将执行过程解读为一个包括“博弈”的过程。他进而建议,高层决策者应当重视情境设计(scenario writing)和控制博弈(fixing game)以提高执行的有效性。换言之,为取得理想的政策结果,高层决策者要尽可能设想出在执行过程中可能出现的各种情况,同时保证政策在执行过程中得以严格贯彻。

第四,Sabatier 和 Mazmanian(1980)明确区分了政策形成与政策执行,并且强调了政策反馈的重要意义。他们将影响执行过程的因素归纳为三点:影响政策问题可处理性的因素、非法定的影响执行的变量、法令对于规制执行实施的能力。

第五,Hogwood 和 Gunn(1984)罗列了一份关于达到“完美执行”的必要条件的汇总清单:执行机构不受外部环境过强的限制;充足时间和资源的高获得性;执行过程不仅在总体资源方面没有约束,而且在每一阶段所需的资源配置也能真正获得;需要执行的政策基于正确的因果关系原理;原因与结果之间的关系是直接的,其间很少有干预性环节;能够取得成功的执行机构是单一的而无须依赖其他机构,即便后者必须介入,执行机构对其的依赖在量和重要性上只能是最小限度;对政策目标的全面理解与一致同意的共识贯穿整个执行过程;在朝着一致同意的目标努力的进程中,有可能把每一位参与者需要执行的任务在全部细节和恰当的排序方面予以详细说明;充分的沟通与协调;权力机构的政令畅通并得到正确的遵从。两位学者认为,这份清单的受众应是政策制定者,这就意味着有效执行的关键在"上"而非"下"。

二、"自下而上"阵营

"自下而上"阵营的研究文献聚焦于政策链条中较低和最低层次,更加重视分析基层政策执行者和目标群体的动机及行为。这一研究路径关注公共政策执行过程中主体的多元化现象,以及这些行动者之间的复杂关联。多数学者认为公共政策执行过程是由不同行动者之间的讨价还价所塑造的;拥有自由裁量权的基层政策执行主体能够对执行过程及其结果造成实质性影响。代表性的学者及其观点如下。

第一,Lipsky(1971)被认为是"自下而上"研究路径的旗舰式人物;街头官僚(street-level bureaucracy,或译为基层官僚)是他重点关注的分析对象。凡是在工作中必须与民众直接互动,或是在执行公务方面具有实质裁量权的公职人员均属于街头官僚的范畴。他认为,"自上而下"的控制观点与实际情况并不完全吻合,公共政策执行在实质上是具有高度服务理念的街头官僚在多重约束和压力下,发挥其决断能力和主动精神所做的工作。Lipsky 的这些观点对关于上级政府如何贯彻其意愿的"自上而下"论述构成了挑战。

第二,Hjern(1981)同样认为强化"自上而下"的控制无益于公共政策执行有效性的提升。他与合作者发现了执行过程中的结构——与政策相关的组织群体在共识基础上自行选择并经过互动而形成的一种网络。执行结构概念的提出使得执行过程中各类公共与非公共行动者的互动关系受到了更多的关注。

第三,Barrett 和 Fudge(1981)提出,被执行的公共政策并非一个定量,执行者往往会依据具体情境和主观认知对政策进行调整,甚至彻底改变原有的内容。他们进而强调政治过程贯穿执行的始终,政策制定与政策执行难以被截然区分。

第四,Elmore(1985)非常在意政策执行链条低端发生的真实情况。他认为在一些可能存在的情形下,政策最好保留灵活性,以便通过街头官僚的执行活动进行更加准确的设计。

三、"综合"阵营

"综合"阵营的研究文献采取了较为全面的视角来看待公共政策执行过程。学者将政策制定和政策执行过程融合在一起,既考虑了决策者在政策执行过程中的影响,也分析了基层政策执行者所拥有的自主权及其对政策结果的影响。

代表性的学者及其观点如下。

第一,Scharpf(1978)突出了网络在执行过程中的重要作用与意义。他认为重要的公共政策不太可能(如果不是完全不可能)由任何单独的一元化参与者的选择过程产生;政策的形成和执行必然产生于具有不同利益、目标、策略的多元行动者之间的互动。不同于 Hjern(1981)提出的"执行结构",网络的概念体现了传统意义上国家与社会的二分法,"上"与"下"的持续性、稳定性互动消解了政策形成与政策执行之间存有的中断性。

第二,尽管前述已将 Sabatier(萨巴蒂尔)划入"自上而下"阵营,但他在之后的研究中引入了"自下而上"的分析思路,并提出了"支持者联合架构"的观点,即公共政策执行过程涉及所有不同范畴的公共部门和私营部门的参与者的卷入(Sabatier,1986)。

第三,Lane(1987)在规范意义上论述了前述两种阵营的最大区别——"自上而下"阵营强调责任,偏好控制、计划和层级;"自下而上"阵营强调信任,偏好自发性、学习和适应。他进一步指出,研究执行需要厘清两个问题,一是如何在执行过程中鼓励责任性,二是何种程度的信任与对责任性的要求相一致。

第四,Goggin 等(1990)将注意力转移至政府内部层级间的沟通,并建构了一个公共政策执行的沟通模型。在其中,州的执行是因变量,自变量包括联邦层面的诱导与约束、州和地方层面的诱导与约束,中间变量包括组织能力、生态能力、反馈和政策重新设计。

第五,Palumbo 和 Calista(1990)提出应将执行过程纳入范围更加宽泛的政策制定过程中去研究,也就是说,执行并不是对预先设计好的政策指令的落实,它是政策制定过程中的一个合理部分。实际上,最初形成的政策往往是模糊的,与政策相关的行动者会对政策进行细化。

第六,Kickert,Klijn 和 Koppenjan(1997)进一步发展了网络概念的解释力。他们认为政策是大量参与者在互相依赖的参与者网络中通过复杂的相互作用产生的。在政策网络中,一方面,参与主体拥有各自的目标并且具备相对自主权,而合作是取得理想结果的必要条件;另一方面,尽管政府被视为众多参与主体中的一员,但它与其他主体的性质不一样,并且在多数情况下是不可替代的。

第七,Rothstein(1998)指出依据清晰的政策目标采取执行行动是不现实的,他进而从合法性和信任两个维度来回应如何实现成功的执行。一方面,一些执行过程往往包含了大量不确定性,并且需要灵活性加以应对;不确定性和灵活性越大,执行过程对组织及其合法性的要求就越困难。另一方面,一旦失去公民的信任,执行很有可能走向失败。

关于"网络"的研究是"综合"阵营研究中一项重要内容。政策网络与在此基础上发展起来的政策执行网络研究更为关注政策执行过程中不同行动者之间稳定持久的联系,并且重在分析网络的不同形态及其演化。

关于政策网络,三种典型的分类值得提及。

第一,罗兹的分类。罗兹将政策网络定义为一个由不同组织构成的集群或者复合体,其中的组织是通过资源依赖而相互连接在一起的。他通过区分五种类型的网络对这个定义进行了详细的阐述——政策共同体、专业网络、政府间网络、生产者网络、问题网络。这五种网络涵盖从紧密整合的政策共同体到松散整合的问题网络的一个连续统一体。这些网络也因成员资格和成员资源分配的不同而有所区别。

第二,威尔克斯和赖特的分类。威尔克斯和赖特采用的是一种社会—中心的研究途径,他们强调的是人际关系而非结构关系。不同于罗兹的分类,他们的分类强调产业政策部门中政策网络的分散性,而且实际上已经指出这种分散性在所有政策部门中都存在。因此,产业"既不是单一的,也不是同质的",政府是"碎片化的、差异化的并且有分裂能力",而且,理解政府—产业关系的关键在于将政策网络分解成子部门的政策网络。

第三,马什和罗兹的分类。马什和罗兹将政策共同体、政策网络和问题网络视为利益集团与政府之间的关系类型。他们将政策网络视为一种通称。网络可以依照其内部关系的亲疏程度不同而沿着一个连续统一体发生变化。政策共同体位于连续统一体的一端,它们所涉及的是紧密的关系;问题网络则位于连续统一体的另一端,它们所涉及的是松散的关系(罗兹,2020)。

关于政策执行网络,新近的研究已对这方面的文献进行了较为详尽的梳理(陈静,黄萃,苏竣,2020)。政策执行网络应被视为与政策网络不同的实体,因为参与者协商其交换关系的参数是不同的。例如,在执行复杂政策的情况下,行动者行为通常由法规调节。法规并未确定交换关系,因为其含义是可竞争(并且有争议)。政策执行网络往往是特设的、动态的和/或持续时间有限的。因此,应将执行网络定义为相互依存的行动者之间的社会关系(行动)模式,这种关系围绕(次级)政策问题和/或政策方案形成。网络中的行动者既交换资源,又通过谈判或竞争来控制(额外的)资源,从而生成聚合的执行输出(Grantham,2001)。

第三节　中国公共政策执行研究

中国的公共政策执行是全面深化改革的重要依托，也是观察与理解"中国之治"的窗口和线索。基层是公共政策执行的重点环节。中国的基层政策执行是政策目标转换为实际效果的关键场域，亦是解释中国经济长期繁荣、社会长期稳定的核心变量。

有关基层政策执行的文献已是汗牛充栋。为了能够大致且迅速了解这一研究领域的全貌，本书以"基层政策执行"为关键词进行模糊匹配，从中国学术期刊网 CNKI 的跨库检索中，共检索出 2234 篇与基层政策执行相关的文献。自 1985 年以来，有关基层政策执行的研究论文数量在整体上呈波动增长趋势，尤其在 2002 年之后研究热度明显上升。

为了更形象地描绘出基层政策执行领域的研究进展，本书运用 CiteSpace 信息可视化软件（版本为 5.7. R2.64-bit），试图廓清基层政策执行研究的知识结构、演进趋势和热点动向。该软件主要基于共引分析理论（co-ciation）和寻径网络算法（path finder），对特定领域文献（集合）进行计量，以探寻出学科领域演化的关键路径及其知识拐点，并通过绘制一系列可视化图谱形成对学科演化潜在动力机制的分析和学科发展前沿的探测（陈悦等，2015）。

首先，本书按照研究主题的匹配度、文献类别、期刊等级等条件，对 CNKI 数据库中模糊检索得到的 2234 篇中文文献进行二次人工过滤，最终筛选得到 500 篇有效文献，并以 Refworks 文献格式导出。其次，借助 CiteSpace 软件自带的数据转换功能，将 500 篇有效文献的 Refworks 文献格式转换为 CiteSpace 可识别的数据格式。再次，在 CiteSpace 分析界面将时间跨度设置为 1990—2021 年，将时间切片（time slicing）设置为 1 年，将文献的被引频次 c（citation）、文献的共被引频次 cc（cocitation）、文献的共被引系数 ccv（cosinecoefficient）以及关键词的阈值（threshold）分别设置为 2、2、20、2。最后，利用 CiteSpace 软件中的关键词路径计算法，计算出关键词的共线频率和中心度，经过参数调整之后得出 1990—2021 年基层政策执行研究的关键词聚类分析结果。

聚类分析结果显示，政策执行力、政策执行偏差、地方党委政府、基层党委政府、精准扶贫等关键词的研究热度居于前列。结合关键词分布区块可以发现，基层政策执行研究大致可分为两类议题：一类研究重点讨论了基层政府的政策执行结果,尤其关注压力型体制下公共政策在"自上而下"的执行过程中往复出现的政策执行偏差现象,针对性开展溯因和对策分析。另一类研究则将观察视角聚焦在基层政府(如乡镇政府)、地方政府,偏好运用街头官僚理论阐发基层政府官员与公众在公共政策执行中的互动关系,重在探究公众协同参与的合法性路径及其边界,推进政策执行模式变革与创新。

总体而言,以行动者为分析主线,解答如何实现公共政策的有效执行是基层政策执行研究领域的重点内容。而且,既有研究的关注点已从基层政府逐渐延伸至政府以外其他的行动者。

第四节　基层政策执行者与目标群体的理论研究

一、街头官僚与自由裁量权

街头官僚是公共政策下达至基层后的最终实际执行者。凡是在工作中必须与民众直接互动,或是在执行公务方面具有实质裁量权的公职人员均属于街头官僚。作为一套较为成熟的理论,街头官僚的基本旨趣是探究这样一群基层政策执行者的惯例和主观回应方式是如何影响政策执行的,其中,自由裁量权是理论对话的焦点。

学者对自由裁量权的界定大抵一致。宏观上的自由裁量权是指在立法机关广泛授权的前提下,一个公共机构在执行层面具有较大的自由度;微观上的自由裁量权通常被视为一组参数内的选择范围。这些参数或以组织规则的形式存在,或来自同组织外的法律、专业实践相关的规范或守则,它们共同限制了单个服务提供者的行为(Scott,1997)。

关于街头官僚能够拥有自由裁量权的程度,一种普遍的观点认为,街头官僚处于(广义)政府与"街头"环境的交界面,拥有着外部无法企及的专业技术与信息获取优势(黄俊尧,2011),同时又垄断着某些公共服务或利益的供给。正是这样一种唯一的中介角色赋予了他们较充分的自由裁量权(Prottas,1978)。但另一种观点认为,有些基层岗位的自由裁量权格外有限。例如有学者发现英国的社会工作者就不具备充分的自由裁量权。在绝大部分情况下,他们只能亦步亦趋跟随上级的指令,按照既定规则完成规定事务(Harris,1998)。

对于自由裁量权的影响因素,既有研究多是各执一词。其中,一部分学者侧重讨论街头官僚的内在因素是如何影响他们处理自由裁量权的。例如：（1）有同情心的公共福利机构工作者倾向于为客户提供更多利益（Kroeger，1975）；（2）有正义动机的教育工作者会根据需求正义（justice of need）原则分配社会服务资源（Musheno，1986）；（3）扶贫工作者自身对政策受众的看法与认知会影响具体的执行方式（Blomberg，Kroll，Kalli，et al，2013）；（4）共情能力（empathy abilities）较高的惩教所雇员会在执行中优先考虑弱势服务对象的诉求，而不是完全以既定规则为导向（Jensen，Pedersen，2017）。另一部分学者则侧重讨论个体外部因素所产生的影响。例如：（1）组织惯性和强调遵守规则的组织文化都会严重抑制街头官僚的灵活性（Kelly，1994；Peyrot，1982；Wasserman，1971）；（2）知识渊博的客户通常会向福利机构办事人员施加压力，迫使他们修改官僚程序以符合自身的利益（Tripi，1984）；（3）信息技术与电子政务的发展使得基层执行行为趋于规范，自由裁量权的范围随之受限（Bovens，Stavros，2002）；（4）国家层面的政治环境能够在一定程度上干预监狱一线工作者对政策的理解，进而使他们在执行中表露出某种政治倾向（Lerman，Page，2015）。

关于自由裁量权与政策结果的关系，不同观点之间产生了巨大的分歧。一部分学者认为，自由裁量权是一种必要的治理工具，街头官僚能够以积极的方式处理它并助推政策执行。例如 Lipsky（1971，1980）认为，等级森严的体制、繁重的公务压力、资源的匮乏、预期目标的模糊与冲突、服务对象的不可预知性都极大地挫伤了街头官僚的工作积极性，他们必须使用自由裁量权建立机制/惯例以减少与工作相关的压力，同时，他们依旧尽忠职守，无逾越权责之举。后来的学者指出，街头官僚更加熟悉基层情况，因此有必要赋予他们自由裁量权去解决特定的问题（Maynard-Moody，Musheno，Palumbo，1990）。一些学者观察到：不同岗位的街头官僚在各自工作领域内，或能通过监督检查私人企业的过程收获知识与心理层面的满足感，增加工作满意度（Nielsen，2006）；或作为"边界扳手"（boundary spanners）在政策执行的跨界协同中帮助不同主体建立非传统的伙伴关系（Honig，2006）；或在上级没有提供具体的指导时，利用个人资源（网络）落实政策（Sager，2007）；或扮演街头政策企业家的角色，有效推动政策创新（Petchey，Williams，Carter，2008）。与上述观点相左，另一部分学者则认为街头官僚倾向于运用自由裁量权应对和消解各种形式的工作压力，或为自己攫取利益，而不是服务于客户或公众。例如 Lipsky（1980）自己就对街头官僚的可靠性表露出某种程度的担忧。有学者发现，由于风险厌恶，街头官僚会大大高估自身行为被视为不当的可能性，于是他们通常会退缩到形式主义、僵化和无所作为的状态以寻求补偿和平衡(Koch,1986;Satyamurti,1981)。

二、目标群体的行动逻辑

目标群体(target group)是指受公共政策影响最大的组织或团体中的诸多个体,他们应做出改变以符合政策需要,并适应政策调整后的新互动模式(Smith,1973)。在公共政策执行的实践中,目标群体不是完全被动的,他们回应政策的方向与强度在很大程度上决定着执行结果,这在规制政策中最为明显(迈克·希尔,彼特·休普,2011)。下面将总结三种主要的回应方式:遵从、抵制和捕获。

(一)遵从

遵从(comply)是指实际遵照并依从既定规则(Haas,1998)。公共政策能够要求和得到目标群体的遵从是有效执行的关键(Hogwood,Gunn,1984),更重要的是,遵从并非召之即来。即便遵从发生了,也可能是非情愿的(Gong,Zhang,2017),这对于执行的可持续而言并不是好事。于是,学者们纷纷尝试从各种成功案例中找寻有价值的经验与启示。

一些学者发现目标群体的政策遵从受制于诸多因素或条件。一是目标群体的内部因素。例如:先前的政策经验(Aschemann-witzel,Bech-Larsen,Apacci,2016);规避责任的动机(Innes,Sam,2008);遵从收益与成本的权衡(朱光喜,2011);个体的政策意识(Zhang,Che,Yang,et al,2012);人口特征属性(年龄、性别与职业)和心理感知(感知价值、知觉行为控制、主观规范、政策有效性感知、非正式回收系统有效性感知)(徐林,凌卯亮,卢昱杰,2017)。二是目标群体的外部因素。例如:目标群体的组织或制度化程度(Smith,1973);激励与惩罚措施(Callan,Thomas,2006);政策时效性(Iyer,Kashyap,2007);先发者(first movers)的以身作则(López-Pérez,2009);情感参与、积极同伴(positive peer)之间的互动(Aschemann-witzel,Perez-Cueto,Niedzwiedzka,et al,2012);社会资本(韩洪云,张志坚,朋文欢,2016);透明的沟通、参与执行细节的机会(Anthony,Goldman,Rees,et al,2019)。

还有学者的经验观察证明,在需要民众广泛参与和支持的公共事务领域,政府动员民众的现象普遍存在(李斌,2009)。较典型的动员方式包括如下六种。一是话语技术。它指将意图与主张用经典文本和意识形态进行包装,或将政策主张进行政治正当性的包装(李勇军,2011)。二是基于"命令—服从"逻辑的行政机制(徐勇,2007)。三是经营式动员,即加入更多市场化的物质激励因素(程宇,钱蕾,2015)。四是政策营销,即借鉴"顾客导向"的市场逻辑,尽可能用温和的手段而非强制措施来推行政策(谭翀,2013)。五是政策框架(frame),即动员主体能够通过对政策意义的解说与具有不同世界观和兴趣的个人建立联系,继而产生共鸣(resonance)并激发、协调行动(Coburn,2006)。六是依托非政府行动者(当地"能人"、自治团体,或有能力承包政策任务的第三方机构)的二次动员(王诗宗,杨帆,2018)。

(二)抵制

抵制是指公共政策的目标群体因对政策或执行的不满而采取一系列旨在维护自身利益的抗争行动。按照方式的不同,可大体将抵制区分为两类:直接抵制与间接抵制。

直接抵制是目标群体与抵制对象直接碰撞的抗争行动。与此相关的学术文献散见于西方的社会运动研究。西方学术界所探讨的社会运动一般是指"有许多个体参加的、高度组织化的、寻求或反对某些特定社会变迁的体制外政治行为"(赵鼎新,2005),它们都包含了因公共政策过程中的利益纠纷而引发的抵制行动。西方学者分外重视微观层面的动员行为,相关的研究试图开发出通则式的理论模型以解释这类行动的普遍性规律。首先,西方的动员行为具有高度组织化与专业性的特点。再者,西方的动员结构主要是基于组织、网络和空间等多因素的组合(肖唐镖,2017)。

间接抵制是目标群体不与抵制对象发生正面接触,相对含蓄、隐蔽的抗争行动。之所以采取间接的方式,往往是由于弱小的目标群体受到了许多限制,只能以一种低姿态去倾诉内心的愤懑。从已有的文献来看,间接抵制包括但不限于以下方式。一是虚假遵从。这是一种在象征性遵从掩护下的抵制行动,实属于斯科特所提的"日常抗争"(everyday resistance)范畴。由于公开抵制将遭受惩罚,甚至是毁灭性的报复,于是政策目标群体只能采取阳奉阴违的迂回策略,例如逃避、欺骗、拖沓、偷懒、装糊涂、暗中破坏。这些消极作为通常是匿名不公开的,这让追责变得异常困难,抵制的成本也将更低(李明,2016;詹姆斯·C.斯科特,2011)。二是仪式表演与抗争。这是一种以媒介为载体的程序化活动,通过表演性、娱乐性和隐喻式的"图像事件"来动员社会、扩大影响、引起政府的重视和处理。仪式表演与抗争的公开程度要比虚假遵从高一些,主要有线上、线下两个途径。随着信息技术的发展,两种途径渐趋融合(刘奕,2018)。

(三)捕获

强大的公共政策目标群体能够在不同程度上支配政策执行的进程与结果。

例如英国伦敦的一家垄断企业不仅能够渗透到政治决策的各个层面、确定政治议程，还能操纵政策执行过程，躲避本应受到的处罚和制裁（Blowers，1983）。诸如此类的情况并不少见，相关研究也几乎都是基于案例的描述与解释，较为零散。对此，官僚控制理论的学者建构了"官僚捕获"（capture）这一术语来分析这类现象。他们以联邦政府中管理调控的过程和独立的管制（管理）委员会为主要研究对象。其观点是：随着时间的推移，受管制的行业（如全国层面的航空系统；地方层面的一般零售企业）会对他们的监管者产生很大的影响，甚至会反过来控制其监管者（乔治·弗雷德里克森，凯文·B. 史密斯，2008）。

第五节　本章小结

若要揭示社会治理中多元主体协同的生成机制，就必须提供关于过程的详明注解，更确切地说，就是要"厚描"（thick description）过程中协同成员的行动逻辑。基层政策执行则为深入摸索提供了契机。一方面，基层政策执行过程会卷入多类行动者，这就诱发了具体可观察的微观行动，能够为追踪社会治理中多元主体协同的生成路径提供最直接的素材。另一方面，位于执行过程两端的行动者——街头官僚与目标群体——可被清晰地辨认，与之相关的文献能为本书提供方向和思路，为理论化的解说配备了适当的工具。

第五章　多元主体协同与基层政策执行关系的理论考察

本书真正的起点是对基层政策执行过程的观察（详见第六章）。若直接在经验层面展开分析将导致"逻辑跳跃"，因为仅凭局部的案例素材并不能完全证明社会治理中的多元主体协同能够生成于基层政策执行过程之中，或者说很难实现特殊性向普遍性的跨越。避免这种"逻辑跳跃"就有赖于对先验命题的思索——在规范意义上考察多元主体协同与基层政策执行的基本关系。因此，本章的目的是增强研究的学理深度，建立理论与经验之间的桥梁，而不是演绎逻辑下的分析框架构建。

第一节　协同的概念辨析

本书的"因变量"是社会治理中的多元主体协同，其要义在于协同。协同是一个容易引起混淆的学术概念，这种混淆主要体现在如下几个方面：同一个中文表述对应着不同的英文概念；同一个英文概念存在着不同的中文译法；不同概念之间的相通。对此，本节将作出辨析，以明确协同的基本指向。

一、协同概念的语义简析和学科定位

首先需要回到本源去重温汉语中有关协同的释义，并以此作为概念辨析的起点。汉语中的协同主要包含四种意思。第一，协调一致、和合共同。如《汉书·律历志上》所记载："咸得其实，靡不协同。"《后汉书·桓帝纪》所记载："内外协同，漏刻之闲，桀逆枭夷。"第二，团结统一。如《三国志·魏志·邓艾传》所

记载："艾性刚急，轻犯雅俗，不能协同朋类，故莫肯理之。"《乐府诗集·燕射歌辞二·北齐元会大飨歌皇夏三》所记载："我应天历，四海为家。协同内外，混一戎华。"第三，协助、会同。如《三国志·魏志·吕布传》所记载："卿父劝吾协同曹公，绝婚公路。"清李渔《比目鱼·奏捷》："若果然是他，只消协同地方，拿来就是了。"第四，相互配合。如《中国通史》第四编第三章第一节所记载："遇有战事，召集各部落长共同商议，调发兵众，协同作战。"《后汉书·吕布传》所记载："将军宜与协同策谋，共存大计。"

在简要回顾协同的基本汉语意思后，需继续明确它在公共管理学科中的理论内涵。协同概念易混淆的第一点表现是同一个中文表述对应着不同的英文概念。例如将"synergism"译为协同；将"synergy strategy"译为协同战略；将"collaborative governance"译为协同治理。本书在浏览相关文献后发现，这些术语各自蕴含着不同的学科基质（disciplinary matrix），但它们所指称的经验现象都可以纳入协同的范畴。具体而言，"synergism"是物理学中的常见术语，它是指远离平衡的开放系统中具有差异性的组分之间相互协调、补充，自组织地产生出系统的有序时空结构和功能，或从一种有序状态走向新的更高有序状态的行为（范如国，2014）。"synergy strategy"是企业管理中的常见术语，它是指整体效益大于各独立组成部分总和的效应（坎贝尔，卢克斯，2000）。"collaborative governance"是公共管理中的常见术语，它是指在公共政策决策和管理的过程和结构中，人们建设性地跨越公共机构、政府层级、"政企社"之间的边界，以完成难以实现的公共目标（Emerson，2012）。不难看出，这些定义在不同程度上与中文协同相对应，所以，不同学科、领域的学者会不约而同地将这些英文术语译为古已有之的协同。坦诚地说，本书无法也无必要考究所有译为协同的英文概念，因此，必须找到一个与公共管理学科更相关的概念作为寻找对话文献的指向标。根据本书主题，本书暂且将"collaboration"作为协同对应的英文概念，以形成研究聚焦。

二、协同概念的理论辨析

在公共管理文献中，关于"collaboration"常见的中文翻译有三种：协同、合作与协作。该如何理解？首先，从第9版《牛津高阶英汉双解词典》的译法来看，"collaboration"和"cooperation"的中文解释都是合作、协作，"coordination"的中文解释也是协作，而"synergy"的中文解释才是协同（霍恩比，2018）。其次，更详确的解读仍在学术文献中。在英文文献中，较早一篇相关主题的文章中有这样一句定义："collaborative advantage is concerned with the creation of synergy between collaborating organizations"（Huxham，1993），句中的"collaborative"和"synergy"明显是相通的，或者说作者将"synergy"的意思注入了"collaborative"之中。再之后，Ansell 和 Gash（2008）直截了当地指出"collaboration""collaborative governance"以及"collaborative management"是可以交替使用的。除此之外还有更细致的研究，例如 Huxham 和 Macdonald（1992）分辨了"co-operation""co-ordination""collaboration"的区别。"co-operation"是指各参与者仅为了更好地完成自身的使命而相互沟通、交流；"co-ordination"是指各参与者之间没有直接的沟通、交流，他们的一项目标是在自身行动中考虑其他参与者的行动；"collaboration"是指各参与者在共同追求"元使命"（meta-mission）的同时也在追求各自的使命。

Head（2008）进一步谈到，"co-operation"是最常见和最广泛的网络形式，通常存在于任务导向、短期的、自愿参与的工作中。参与者可保持他们的组织身份且不必被迫合并其独立目标。结果的成功可能会让参与者对更加雄心勃勃的项目产生兴趣。而较复杂的项目可能需要网络参与者之间的"co-ordination"，即联合规划或协商一致，以及根据以往工作关系历史来制定中期工作方案。成员之间的关系可能会变得更加稳定和正式。"collaboration"是长期稳定的多元利益相关者之间的承诺，通常发生在成员之间联系更加紧密的场域中。他们必须超越彼此熟悉的角色和功能，并开始创建特定的新角色和新功能。这是一种真正的相互依赖，一种真正的权力、风险和回报的共享。在中文文献中，张康之（2006）根据社会发展的演进趋势辨别了协作与合作的实质性差异。他认为，协作的前提是协商一致，而合作的开展无须预先说明。协作的基础是明确的契约与规章制度，它不接受道德的制约，而合作的基础是自愿、信任与承诺，它首先需要满足道德的审查和判断，只有在道德判断中存在争议的时候，才会诉诸法律。协作者根据对自己和相对人的责任、义务进行计算而选择自己的行为，而合作者根据自己对地位平等的知觉而选择与相对人开展合作。协作者仅仅是满足协作条件的形式化符号，而合作者是具有个体性的独立人。协作是利我，而合作是利他。协作在根本上是"他治"，而合作是真正的自治。总之，合作是协作的升华，是更高级别的社会整合模式。郁建兴等（2012）指出，关于协作性公共管理（collaborative public management）的讨论，可以为社会协同关系模式的构建提供思想资源。协作性公共管理是指通过促进多组织安排中的运行过程，以解决单个组织不能解决或者不易解决的问题。协作是一种用来解决问题的有目的的关系,它在既定的限定条件下创造或者发现一个解决办法。而社会协同治理就是指政府出于治理需要,通过发挥主导作用,加强对社会的支持培育,与社会一起,共同促进社会建设。

依据上述线索可以大致判断:一般意义上的中英互译存在着模糊性,再加上概念的现实基础、学者的研究视角等各方面的差异,这些因素共同导致了同一个英文概念有不同的中文译法。不过,每一种译法在不同语境下都有其合理性,"collaboration"的确可译作协同、合作或协作,甚至在某种情境中存在互换使用的可能。对于本书而言,本书并不打算统一已有的译法,而是根据研究对象选择较为合适的中英搭配,进而能够保证理论对话的有效性和经验分析的可靠性。本书认为在中国社会治理的话语下,协同强调了元治理者统合下的共建共治共享。相比之下,合作越发凸显主体间的平等地位,负载了更多良好的公共价值,而协作者的主体性更低,协作的工具性色彩更为浓厚。如此,"collaboration"应与协同更为匹配。

还需要厘清的是不同概念之间的相通表象。这一点已在前面有所提及,本段将作一些补充。本书在一些学术文献中注意到,协同(collaboration)还与另一些概念有联结。比如 Graddy 和 Chen(2006)宣称,我们已经进入了一个新的治理时代,在这个时代中,公共组织越来越频繁地将公共政策的执行移交给跨部门(cross-sector)协同——异质组织之间的网络(networks)或伙伴关系(partnerships)。网络是层级与市场之外的第三种实际治理结构,是积极的协调机制(Powell,1990)。有学者在狭义上将其界定为由三个或更多在法律上自治的组织为了实现各自目标和集体目标而在一起共同工作。这样的网络可能是成员自发形成的,也可能是由公共部门授权或委托的(Provan,Kenis,2008)。伙伴关系的概念与网络成为一种治理形式的趋势密切相关。在这种趋势中,公共行动者需要考虑到与其他行动者之间的相互依赖性。有学者给出了伙伴关系的工作定义(working definition):一个跨部门、跨组织的团体,在某种公认治理形式下工作,朝着共同的目标努力。如果这些目标由其中任何一个组织来处理,即使不是不可能实现的,也将是极其困难的(Armistead,Pettigrew,Aves,2007)。从这些论断中可以看出,协同与网络、伙伴关系在概念层面表现出某种程度的同一性,协同也能以网络和伙伴关系的名义存在。当然,三者绝非完全等同。首先,严格意义上说,网络的概念并不清晰,它的重要性更多体现在区别于以往治理形式的隐喻表达。由于表现出对政府干预的抵制并且仅具备非正式的手段,网络很难产生很大规模的协同(王诗宗,2009)。其次,伙伴关系是一种以管理各种社会行动者之间日益增加的相互依存关系为目的的治理方案(Teisman,Klijn,2002),而协同就是这一方案的必要非充分条件(Armistead,Pettigrew,Aves,2007)。另外,也有学者认为协同与伙伴关系在参与度和承诺度上存在着差异(Himmelmann,1996)。

最后可以确定,公共管理学科中的协同(collaboration)是本书的核心概念之一。不过,它依旧有多个版本的定义,下面将列举几种代表性观点,以便为后文的讨论提供理论资源。Gray(1989)指出,协同描述了这样一种过程:各方行动者(parties)观察到了同一问题的不同方面,他们积极地探索彼此的差异,寻找超越他们有限视野的解决方案。Imperial(2005)认为协同治理的本质是具有不同程度自治的个体和组织参与社会政治事务的新水平,是解决现代社会需求和实现共同目标的更有效方式。Bryson 等(2006)认为跨部门协同是指两个或多个部门通过联结或共享信息、资源、活动和功能,以实现单个部门无法实现的结果。Ansell 和 Gash(2008)提出,协同治理是治理的一种类型,公共和私人行动者在特定过程中以独特的方式共同工作,为公共物品的提供创立法律和规则。协同治理是一种旨在制定或执行公共政策或管理公共项目或资产的治理安排,其中,一个或多个公共机构吸纳非官方(non-state)利益相关者直接参与正式的、以共识为导向的、协商的集体决策过程。该定义强调了六个重要标准:(1)由公共部门发起;(2)参与者中包括了非官方行动者;(3)参与者直接参与决策,而不仅仅是作为公共机构征求意见的对象;(4)具有特定结构的正式关系;(5)基于共识形成决策;(6)聚焦于公共政策与公共管理。Koschmann(2013)将组织间协同视为各组织成员围绕焦点问题形成的一种独特组织形式,以利用资源完成无法单独实现的目标。

第二节　国家与社会关系研究

国家与社会是一对相互交织的历史范畴。无论是国家还是社会,它们各自的变化都是二者关系变迁的折射。因此,对社会治理的研究就不能仅仅局限于社会本身,而需要整体上把握国家与社会关系的演变历程。

一、西方国家与社会关系研究

中国的国家与社会关系研究是建立在学习与引入西方理论基础之上的,尽管理论移植与本土现实之间存在张力,但这不妨碍本书从中汲取有启发性的理论资源,并在此基础上与西方学术展开理性对话。因此,本部分首先简要地梳理西方的相关论点。

(一)传统西方国家与社会关系研究

西方传统的"国家—社会"二分法以韦伯式的国家概念为前提,往往在分析中对国家与社会作出鲜明的区分,并且关注点侧重于国家。从有关美国国家建设的论述中可以发现,尽管美国被描述为低度"国家性"的国家,但其制度中的科层制与国家自主性要素仍被突出强调(Laura,2008;Desmond,Robert,2008)。然而这种二元区分忽视了一些重要的事实:横向、纵向政府部门及其管辖范围的多样性,这使得国家与社会关系的分析更加复杂。一些学者基于 20 世纪 60 年代发达国家的经验观察证明,制度和决策过程的变化造成了国家—社会区分本身更加模糊化。例如,出于保护生态系统、落实环境政策以及促进地方社会经济发展的目的,地域性要素在政策安排中得到更多的体现;国家调控利用更有效力和更有效率的市场机制,以实现国家目的;制度化的公民参与机会在各种背景下扩大,促进多元利益表达。

(二)当代西方国家与社会关系研究

显然,传统的二分思维已难以把握经验现实,而当代的西方国家与社会关系研究大致可从两个方面进行归类。第一,国家中心论。以国家中心的视角主要采取一种国家行为体内部决策者的观点,侧重探讨决策内容以及国家与社会关系的相互作用。其中,自上而下的国家中心论偏重解析国家制度与发展政策、政治精英的作用,强调组织及其领导者在采纳创新方面的核心地位(Michael,Raquel,2006),探索国家政策和制度对公众集体行动动员和动员潜力的方式的影响(Peter,2005)。而自下而上的国家中心论则侧重分析地方性要素。例如地方层面的制度和社会条件对政策成败的重要性;地方等级体系中各层级之间的相互作用;地区领导力。第二,社会中心论。以社会为中心的视角转向对社会要素、动因的观察,聚焦于国家之外的个体、群体和机构。其中,自上而下的社会中心论集中关注经济体系的制度以及高端组织(peak organizations)之间的倡议和关系(Walter,Tim,2003)。而自下而上的社会中心论则重点分析了以下要素:地方与地区性经济、城市和农村环境下的邻里关系等。

随着社会现实复杂性、动态性、多样性的增加,西方世界的"国家—社会"关系研究越来越关注共同治理过程中国家行为体与社会行为体之间的互动。以往的假定是,国家仍然在某种程度上独立于社会行为体动因的作用,而如今取代这种假定的是,国家与社会之间的相互作用和相互依赖已经开始确立为社会科学的常识(塞勒斯,2014)。总的来说,国家对于社会的集体行动而言至关重要;反之,社会为国家效力的发生提供了关键支撑要素。

二、西方国家与社会关系研究的三个层次

可将既有研究分为如下三个层次:宏观层面的结构性解释;中观层面对政府与社会组织间关系的描述和分析;微观层面对行动者行为与策略的解释(陈映芳,2015)。

(一)整体结构研究

全能主义(也称整体主义)、总体性社会、权威主义(也称威权主义)是在宏观层面关于国家与社会关系的一种诠释模式。

全能主义与总体性社会是从不同侧面对国家与社会关系进行描述的理论模型,二者具有相似性(章高荣,2018)。在全能主义中,"政治机构的权力可以随时地无限制地侵入和控制社会每一个阶层和每一个领域,直到思想。全能主义政治指的是以这个指导思想为基础的政治社会"(邹谠,1994)。总体性社会则是指社会的政治中心、意识形态中心、经济中心重合为一,国家与社会合为一体以及资源和权力的高度集中,使国家具有很强的动员能力与组织能力,但结构较为僵硬和凝滞的结构形态(孙立平,2004)。可以看出,尽管全能主义与总体性社会有所区别,即两者各自从国家维度与社会维度透视国家与社会的结构性关系,但本质上都是反映国家权力对社会控制的一种特殊状况(马胜强,吴群芳,2016)。这如同一枚硬币的两面:一面称为全能主义国家;另一面称为总体性社会,而且国家与社会在结构上是具有同构性的(文军,桂家友,2015),呈现出国家消融在社会里面,社会与国家相浑融的状态。

相比于上述概念,威权主义混合了民主与强制的成分。威权主义的基本特点是要求公民和社会组织严格遵从政府的权威,而政府常运用压制性手段,用来维持和执行社会控制。国家权威渗透到公民生活中本应属于个人自由的各个方面,与此同时,威权主义国家也可能允许一定的意识形态分歧,以及某些自主性社会组织的存在。

(二)政社关系研究

政社关系是研究国家社会关系的一个重要切入口。多元主义与法团主义作为两大分支先后占据理论分析的主流位置。依照菲利普·C.史密特的解释,

多元主义和法团主义都是以社团形式组织起来的民间社会的利益同国家的决策结构联系起来的制度安排(Schmitter,1974)。不过,它们对利益团体和国家的角色以及二者间关系有着不同的理解,这也是两种理论传统的主要区别(Wilson,1982)。多元主义理论传统认为国家与非国家行动者是相互独立的,它更多地肯定参与的重要性,强调国家是相对被动的行动者,负责调节数量众多且地位不平等的社会团体(Spire,2011)。到了20世纪90年代初,法团主义在对多元主义的质疑中逐渐兴起。法团主义是一种特殊的社会——政治过程,在这一过程中,数量有限的、代表种种职能利益的垄断组织与国家机构就公共政策的产出进行讨价还价。它强调国家与社会是一个有机体,并且国家应积极主动作为。

以上源于西方学术领域的分析工具都共享着相同的现实基础与理论前提,即存在着不受制于国家权力支配的自由社团,它们能够自我调节、自我维系,并能有效决定或影响国家政策方向。然而在中国的条件下,这些西方理论观点在本土的适用性或多或少遭受质疑。

(三)行动者行为与策略研究

微观层面的国家社会关系研究通过观察社区内各类行动者的具体行动过程,进而解读社区建设过程中的国家与社会关系变化,并且产生了三种不同的观点。

第一类观点将居民自发维护自身权利、自主参与社区建设的活动视作民间社会成长的具体表现。

第二类观点认为规划和推进"社会"的生长和发育是国家有意的制度安排与结构调整。"社会"的发育程度始终被限制在国家权力可介入、可控制的框架之内,甚至会被遏制(陈映芳,2010)。

第三类观点认为一系列重大变革并未造成国家与社会单向度的进或退,两种力量交汇于微观实践中,呈现出一种"粘连"状态(桂勇,2007)。有学者发现,在城市基层的权力格局中,传统体制下行政"命令式"的单向服从的关系模式正在向"协商式"的双向服从的关系方向转变(李友梅,2002)。有学者提出国家与社会的互动过程是一种"国家形塑社会、社会也形塑国家"的交互建塑过程,二者相互影响、彼此融合。

第三节　中国社会治理的学术认知

要辨识中国社会治理中的多元主体协同就必须以社会治理的准确解读作为必要前提。在对中国社会治理的解读中,部分学者往往不加区分地使用"社会治理"和西方理论中的"治理"这两个概念,可是,中国社会治理的现实状况表明,社会治理与西方(公共)治理理论并不相通,欲取得对中国社会治理的准确认知仍需回归本土的话语和实践。

西方治理理论共同的焦点是关注国家体系之外社会力量的生长。在这种理论视角下,国家与社会关系呈现出两种截然相对的静止态势:国家与社会的均衡;国家对社会的高度控制。但现阶段的社会治理不是绝对意义上的社会自治,社会治理中的多元主体协同不可能完全内生于社会。后一种态势则是以国家与社会关系的日趋紧张作为预判,但也不符合当下的现实——社会并未退回至"总体性社会"的状态,且依旧能够主动参与或不参与公共事务。这意味着,现阶段的社会治理不是国家单方面对社会的管理,社会治理中的多元主体协同不可能由国家一手造就。

概括以上,"国家—社会"关系研究对现今社会治理概念的理解仍具有较大的启迪,然而论点中的局限却可能是部分学者将中国的社会治理简约等同于西方(公共)治理的原因,例如将社会治理单纯地理解为"去中心化",这与社会治理的真实特征是否吻合,似可商榷。

党的十八届三中全会后,国家治理与社会治理概念被官方所强调并形成一个动态的政治源流,引起了各界对这两个"新"概念的普遍关切。(广义的)国家治理包含了社会治理,在学术界,研究者对国家治理的内涵有不同的看法和诠释,相应地,每一个不同论点都意味着社会治理将承担不同的角色(郁建兴,王诗宗,杨帆,2017)。从既有的学术文献来看,不同论点之间的最大差异在于是否以西方(公共)治理理论所倡导的规范价值作为中国治理实践的导向。

倡导西方(公共)治理理论规范价值的学术文献主张"西学为用"。在这一类观点中,国家治理是对国家统治和国家管理的"弃"与"扬"。国家治理的理想状态是善治,其本质特征就是国家与社会处于最佳状态。国家治理是坚持"合法性、透明、参与、法治、回应、责任、效益、廉洁、公正、和谐"的基本价值,凸显治理主体的多元、开放、合作、平等,以实现公共利益最大化的治理过程(何增科,

2014a;俞可平,2014)。

较之于理想化的看法与诠释,另一类观点则更加现实。针对国家治理,胡鞍钢(2014)鲜明地指出,中国的"治理"术语是在长久社会经济发展中提炼而得,与本土实情极为契合,绝非搬用或是借鉴西方概念。徐湘林(2014)认为,国家治理理念强调了转型社会国家发挥主导作用的重要性,同时也考虑到了治理理念所强调的社会诉求,更为均衡、客观。国家治理包括两个层面的价值目标:维护国家的基本秩序和稳定;发展国民经济和提供公共服务。陈明明(2014)提出,在中国的语境下,治理并不仅仅是着眼于"多元、多中心"而来的分权式的活动,它还应该纳入有助于克服分散化、地方经济"诸侯化",保证国家统一、经济增长和社会整合的政治过程。在对国家治理作如此剖析的意义上,中国的社会治理既不同于带有管控色彩的社会管理,也不同于西方理论中的治理(刘鹏,刘嘉,2019)。如果将中国的社会治理看作对社会管理的引申,那么就无法解释国家为何一再重视社会协同和公众参与;如果完全以西方(公共)治理理论的逻辑和标准去指导和匡正中国的社会治理,那么将可能削弱国家的治理能力,甚至导致社会的分裂。

将社会治理置于国家治理的话语下进行领会,可看到中国的社会治理既吸收了西方理论中的有益元素,也继承了中国历史上治国理政的优良传统,更有中国特色社会主义的显著特征。重要的是,在复杂的转型阶段,社会治理正不断发展与成熟,表现出不同于既往学术认知的特征。要准确捕捉这些特征,并形成对中国社会治理的合理认知,不能全凭浪漫的学术想象与演绎,而必须进一步将党和政府的文献和阐述作为基准,把握社会治理概念的精髓。

第四节　基层政策执行:多元主体协同生成的一种可能路径

至此,本章已经澄清了协同概念中的混淆,归结了学术界对中国社会治理的不同认知,而这些工作都是为研判多元主体协同与基层政策执行的基本关系所做的必要准备。下一步,本节将在深刻学习官方文献的基础上厘清中国社会治理及多元主体协同的"在地化"意涵,从而初步论证基层政策执行过程可能是社会治理中多元主体协同生成的路径。

一、国家治理、社会治理及制度执行力的基本关系

制度和治理是两个核心概念,制度优势须通过执行力转化为治理效能。而考察社会治理内涵,探究其在治理现代化中的位置与功能,必须将国家治理、制度执行力等关键词与社会治理置于一处,进行综合性的理解。

(一)国家治理与制度执行基本关系

解决中国现实问题的根本途径是全面深化改革①,全面深化改革的总目标是完善和发展中国特色社会主义制度,推进国家治理体系和治理能力现代化。这一目标既规定了改革的根本方向——中国特色社会主义道路,也规定了在根本方向指引下完善和发展中国特色社会主义制度的鲜明指向②。在习近平总书记的有关论述中,"制度优势是一个国家的最大优势,制度竞争是国家间最根本的竞争"。③ "中国特色社会主义国家制度和法律制度需要坚持好、实施好,也需要不断完善和发展"④,而制度的完善与发展本质上依赖执行。通过"中国之制"实现"中国之治",制度执行是必经桥梁。因此,习近平总书记在 2019 年中央政治局第十七次集体学习时明确指出:"制度的生命力在于执行……要强化制度执行力,加强制度执行的监督,切实把我国制度优势转化为治理效能。"⑤

进一步看,中国特色社会主义制度及其执行力与国家治理体系和治理能力现代化之间存在深刻的关系。2014 年,习近平总书记在省部级主要领导干部学习贯彻十八届三中全会精神全面深化改革专题研讨班开班式上就强调,"国家治理体系和治理能力现代化是一个国家的制度和制度执行能力的集中体现,两者相辅相成⑥"。而所谓国家治理体系是指一整套紧密相连、相互协调的国家制

① 中共中央宣传部,2016.习近平总书记系列重要讲话读本(2016 年版).北京:学习出版社,人民出版社.

② 中共中央宣传部,2016.习近平总书记系列重要讲话读本(2016 年版).北京:学习出版社,人民出版社.

③ 《求是》杂志发表习近平总书记重要文章 坚持和完善中国特色社会主义制度 推进国家治理体系和治理能力现代化.人民日报,2020-01-02(1).

④ 习近平.坚持、完善和发展中国特色社会主义国家制度与法律制度.求是,2019 (23).

⑤ 习近平.坚持、完善和发展中国特色社会主义国家制度与法律制度.求是,2019 (23).

⑥ 习近平强调:推进国家治理体系和治理能力现代化.(2014-02-17).http://www.gov.cn/xinwen/2014-02/17/content_2612860.htm.

度;国家治理能力是指运用国家制度管理社会各方面事务的能力①。国家治理体系与能力相互支撑,形成一个有机整体——国家治理。可见,国家治理的使命是发挥中国特色社会主义制度优势、提升治理效能,而制度执行又是将制度优势转化为治理效能的必经途径,因此,国家治理必定依托于制度执行。

(二)社会治理的制度执行功能

国家治理作为实现全面深化改革总目标的战略任务,涵盖了国家一切事务,包括社会治理。同时,"党政话语"实际上也强调,不能将社会治理视为社会完全被动地接受国家的治理,而应将社会治理看作国家治理体系中不可或缺且起积极支撑作用的组成部分。通过进一步解读可以发现,社会治理是落实制度执行力的制度装置。

第一,社会治理不是单纯制造出来的一套新口号,而是对国际国内局势深刻变化的一种理论与实践上的回应。党的十八大报告指出,"当前,世情、国情、党情继续发生深刻变化,我们面临的发展机遇和风险挑战前所未有"。党的十八届二中全会再次强调,"当前,国际形势依然复杂多变,国内改革发展稳定任务依然艰巨繁重,我们具有做好工作的许多有利条件,但也面对着许多严峻挑战"。在此关头,党的十八届三中全会提出"社会治理",反映了"我们党对社会运行规律和治理规律认识的深化,是推进国家治理现代化的重要体现"。②

第二,社会治理是国家治理体系和治理能力现代化进程中一个重要的领域。党的十九届四中全会非常明确地指出"社会治理是国家治理的重要方面"。首先,重要性的赋予主要是依据经济与社会发展严重失衡及其导致的社会矛盾积压这一事实。其次,十八届三中全会以来,历届党代会公报都在不同程度上对社会治理进行了阐释。虽然内容各有侧重,但都涉及如下要点:增进民生福祉、防范重大风险、维系平安稳定。这些要点恰恰与国家治理的核心目标——国家长治久安、人民生活质量普遍改善、社会可持续发展高度相关。可以说,社会治理的良好运转能为国家治理提供坚实的保障。

第三,社会治理对社会力量的公共参与有着内在要求。社会治理不是一个国家治理的无关紧要的"外挂",它倡导国家对社会的增能赋权,重视党政之外所有社会力量的公共参与。一方面,社会治理所面对的问题往往不是单一部门

---

① 中共中央宣传部,2016.习近平总书记系列重要讲话读本(2016年版).北京:学习出版社,人民出版社.

② 中共中央宣传部,2016.习近平总书记系列重要讲话读本(2016年版).北京:学习出版社,人民出版社.

或系统所能化解的,需突破主体的边界和局限(王名,2019)。另一方面,支持和鼓励社会力量广泛持久地参与公共事务是"群众路线"这一优良传统的延续。党的十八届五中全会就提出要"坚持共享发展,必须坚持发展为了人民、发展依靠人民、发展成果由人民共享,作出更有效的制度安排,使全体人民在共建共享发展中有更多获得感"。

第四,社会治理的核心功能是增强"制度执行力"。社会治理服务于国家治理,国家治理的目标是社会治理的重心;国家治理以制度执行力为目标,社会治理当以制度执行力的增强为总体方向。事实上,已经有学者发现,在社会的基层,以制度执行力为目标的国家治理体系与能力同强调共建共治共享的社会治理创新是内在统一的。需要强调的是,旨在增强制度执行力的社会治理与以往的运动治理存在根本性区别;社会治理以"人民性"为基本准则,以"公共性"为核心追求,重点回应民众的需求和期待,即让人民的"获得感、幸福感、安全感"不断提升。正因为如此,制度执行力的增强不可能仅仅依靠强化传统执行者的权力,而是在制度执行中根据治理需要将社会治理共同体中的主体纳入统一的制度框架,同时强调他们的主体性和责任感,提升他们的满意度和获得感。

据此,本书可以判断,我国的社会治理实际上并不强调国家与社会之间的清晰分野以及二者间的静态态势:国家与社会间的"均衡"或国家与社会间的"绑定",而试图将国家与社会视为一个有机统一体。这样的制度设计使得原有的主要制度和政策执行方——科层制组织不再"孤独",民主集中制有更佳的表现;党委和政府可以向社会扩展其实质影响力,在执行中得到城乡居民自治组织、社会组织等力量的全面配合。如此,制度执行力的基础便不仅是法定权威,协同的共同体将使得政策对象也成为执行者的组成部分;通过协同而得到强化的制度执行力,能更好地将我国的制度优势转化为治理效能。从这个意义上看,党的十九届四中全会明确社会治理作为国家治理的有机组成,体现了党深远的战略眼光。

二、基层政策执行过程:由多元主体协同实现执行力

无论在何种语境下,治理的核心特征都是多元主体的有机结合与非零和博弈,而协同就是该特征的具体表征之一。现阶段,中国的社会治理不能脱离协同,但协同又需要被造就。对此,本章前面的论述已经否定了国家单方面塑造协同和协同自成于社会的可行性。这样的话,公共政策执行过程就很有可能成为塑造多元主体协同的路径。

这样的设想并非空想。第一,在社会治理的重点领域——基层,社会治理的重点工作往往在于公共政策执行;这些政策聚焦于"公众及其问题",显著有益于人民的生计和发展。基于精良公共服务的政策执行能够提升国家(党政)的政治合法性、确保社会的规范有序与充满活力;而唯有依托有效的公共政策执行,国家意志才能被顺利贯彻。已有实践也表明,"人人有责、人人尽责、人人享有"的社会治理共同体能在具体的公共政策执行和服务供给过程中发生与成长(王诗宗,徐畅,2020)。第二,公共政策执行无法避开各自利益、目标和策略相异的多元参与者之间的互动,中国也不构成例外。公共政策执行中的种种互动往往跨越了不同机构或部门的边界,为了适应这样的趋势,单纯的等级模式正在被摒弃,执行本身已经转向了治理。这对不同主体之间的相互依存与共事提出了极为强烈的诉求,而协同恰好能够强有力地满足这种诉求。第三,从理论上说,某些类型的政策更容易激发协同或更需要参与。按照Lowi(1972)的观点,公共政策有四种类型:分配型政策(distributive policy)、构成型政策(constituent policy)、规制型政策(regulative policy)和再分配型政策(redistributive policy)。其中,再分配型政策与目标群体的切身利益相关,最易引起他们的关注与响应。这就预示着多元主体协同在公共政策执行中的必要性和可能性。

概言之,社会治理与特定类型的公共政策执行都必须依靠多元主体之间的协同。公共服务政策(再分配型政策)与目标群体的切身利益相关;在执行中引入协同,在协同中强化执行力的目标是可达到的,通过此类政策执行,各方力量都可能"习惯于"协同,贡献于执行力。

第五节　本章小结

不论与西方公共治理存在多少相似性,中国的社会治理仍应是对本土现实的描述与抽象。然而,在理论思维中过度依赖西方话语,在经验研究中放弃逻辑的整体性,在研究目标上缺少现实针对性等现象却依旧存在。甚至存在"将中国经验的销子插进西方理论的洞中"的危险(Yu,Wang,2016),这极易导致将中国的社会治理简约等同于西方(公共)治理,例如将社会治理单纯地理解为"去中心化",这与我国社会治理的真实意图并不吻合。

本章依据党和政府对国家治理及社会治理的阐述,对社会治理予以再认知。第一,社会治理承载着国家治理的使命,其核心使命是增强制度执行力,而不是塑造国家与社会之间的固定态势或静态"景观"。第二,社会治理共同体中的主体构成亦不限于狭义的社会领域;共同体中,党委、政府、市场、社会等各方均应"在场"并进行互动,而协同是互动关系的实质。第三,以制度执行力为目标的社会治理和以政策绩效为根本导向的公共政策执行是统合的,二者相互形塑,并成为"共建共治共享"的制度要件。

至此,本章大致可以判断,社会治理中的多元主体协同有可能生成于基层政策执行过程之中。在基层政策执行中,取得党政与社会的共识,通过协调行动达致共同目标,既是社会秩序的体现,也是社会活力的表征;而多元主体协同,不仅是社会治理作为国家治理组成部分的应有之义,更是社会治理通过执行力推进国家治理体系与治理能力现代化、由制度优势真正迈向治理效能的必然要求。

第六章　多元主体协同生成的关键影响因素

　　上一章已经建立了社会治理中的多元主体协同与基层政策执行的理论勾连,对这一理论问题的进一步研究应立足于现实情境,以此为基础,才有可能深入推进本土化的研究。在万物相联系的经验世界中,多元主体协同势必受到诸多因素的影响。那么,该如何确定关键的影响因素? 这一问题的答案无法从既有理论积淀中直接获取。因为丰富的理论线索会模糊分析焦点,使得研究者有些无所适从,而且,推断因果的基础必然是经验观察(彭玉生,2011)。综合考虑之下,本书认为扎根理论法可能很合适。一方面,扎根理论是一种受到广泛应用的定性研究方法(Corbin,2017)。这种方法不仅能够科学地从日常生活中提炼数据、发展概念,还有助于厘清现象背后的复杂关系。另一方面,在西方学术研究中,运用"扎根"理念构建协同及其影响因素的文献较为常见,并且受到了认可(Huxham,2003;Huxham,Vangen,2000c),而这样的做法在国内还不多见。我们可以期待借助扎根理论的思想和技术既可概念化本书的研究对象与本土的经验事实,还能初步判别变量之间可能存在的现实关联。

第一节　扎根理论法在本书中的实施步骤

　　扎根理论研究发端于社会学,在公共行政领域内还不常见。作为一种研究方法,扎根理论是一套系统的数据(data)收集和分析程序。基于该方法的研究旨在从数据中归纳出新的概念和理论,以产生对人类社会过程的解释模型,或阐述和修改既往理论(Glaser,1992;Strauss,Corbin,1994)。扎根理论法在自身发展过程中衍生出了不同的版本,引发了诸多争议,这也导致文献中存在一些不规范的用法。对此,本节的目的就是简要辨析不同版本的扎根理论法,明确本书将遵循的操作步骤。

一、扎根理论法的类别及分辨

扎根理论法诞生于 20 世纪 60 年代两位美国社会学家 Glaser(格拉泽)和 Strauss(施特劳斯)的一项研究中。他们考察了在美国不同医院内发生的一些死亡过程,并仔细记录了护士和临近死亡的病人是如何、在何时得知他们即将告别这个世界的消息,以及在得知消息后他们又会做些什么。在研究过程中,Glaser 和 Strauss 同多位护士、病人进行了深度交流,他们将大量琐碎的访谈信息整理成文本,从中寻找分析线索,并最终形成了理论类属。他们在这项研究中收获了如下宝贵的认知:(1)需要实地描述和准确理解正在发生的事情;(2)扎根于现实的理论对于学科的发展与进步很重要;(3)经验的本质是不断发展;(4)个人在塑造他们所生活的世界中扮演着积极的角色;(5)生活是复杂多变的,变化与过程是重要的;(6)条件、意义和行动之间存在着相互关系(Eaves,2001)。随后,他们将这些认知以及在方法论层面上养成的行动惯例总结为系统策略,并编撰了《扎根理论的发现:质性研究的策略》一书。

扎根理论法沿用至今已吸引了众多追随者,但他们在使用方向上产生了分歧(Well,1995),这些分歧至少涵盖了三种论点。其一,以 Glaser(1998)为首的一部分学者坚持扎根理论法的原始版本。他们认为"发现"是扎根理论法的精髓,更重要的是,研究者不能受到任何既有理论的干扰。其二,Strauss 和 Corbin(科尔宾)将"扎根"引向了证实(verification)的方向。二人的主张是扎根理论研究的程序化与公式化,但有学者质疑他们的做法过于程序化与公式化(Melia,1996)。而 Glaser(1992)则批评他们的版本将预设概念纳入了主观分析,"强迫"(forcing)而非"允许"(allowing)数据出现,这违背了扎根理论研究的本质。其三,Charmaz(卡麦兹)(2017)开发出了扎根理论法的构建型版本。他认为,保持开放和不受干扰的状态并不等同于头脑一片空白,研究者在观察和分析具体事件时总会有一些来自研究兴趣、敏感性概念以及学科视角的先在观念和技巧。它们提供了一个开始而非结果;发散而非限制学者的思维。另外,在更严格的意义上,数据都不是被研究者发现的,因为研究者自身也是数据中的一部分。换言之,扎根理论产生于研究者与真实生活中的行动者、事件的互动。不过,对于 Charmaz 的构建型版本,Glaser(2002b)也不认同。

总的来看,上述理论家彼此立场的差异主要产生于客观主义与建构主义各自不同的理论取向。Glaser、Strauss 和 Corbin 各自坚持的扎根理论研究偏属于客观主义,而客观主义存在于实证主义传统中。客观主义的扎根理论法要求研究者与观察对象保持距离,并秉持价值中立原则去关注数据本身而不是数据产生的过程。Charmaz 的版本则属于建构主义,而建构主义存在于解释学传统中。建构主义的扎根理论法要求研究者融入所要观察的现象,不仅要关注数据,更要优先考虑数据产生的过程(吴肃然,李名荟,2020)。

二、本书中扎根理论法的操作设计

上一小节提到了扎根理论法在使用方向上存在的不同见解,不过,评判何种版本的扎根理论法更加优越不是此处讨论的目的,而且,也没有哪种版本是绝对的正确或错误(Piantanida,Tananis,Grubs,2004)。对本书而言,最重要的应该是明确能够指导本书的操作步骤。比较上述三种版本,本书更加赞同 Charmaz 的构建型版本,故下文将遵照他所提出的使用规范。当然,这不表示要彻底抛弃其他学者的主见,一些有价值的共识性见地同样值得学习。

(一)使用理论文献

在扎根理论研究中如何使用理论文献一直饱受争议。Glaser 和 Strauss 在扎根理论法创立之初就提议,在收集与分析数据之前应避免阅读可能与观察对象有关的理论文献,并把文献述评工作置于分析完成之后。这样是不愿看到学者在已经认可某些论点的前提下去"扎根"(费小冬,2008),并帮助新手从旧观点的束缚中挣脱出来。还有一些学者也提出了相似的意见,他们认为扎根理论研究的核心目的是在现实中寻求新的分析元素,而不是用经验素材去验证之前的概念、假设和理论。因此,研究者应在实地调查前暂且将已经积累的概念、假设和理论束之高阁(Backman,Kyngas,1999;Shah,Corley,2006)。与上述观点相左的是,一些学者认为刻意忽视理论储备的做法过于天真(Bulmer,1979)。研究者固然不能被既往文献所左右,但可以采取批判的态度看待它们(Henwood,Pidgeon,2003)。事实上,面对大量且零散的数据,研究者极有可能毫无头绪,陷入有心无力的困境。此时,理论文献能够提供一些有价值的引导性意见。对于后一种观点,Glaser 和 Strauss 的立场也发生了微妙的变化。Glaser 在《理论敏感性》一书中就谈道,研究者在编码过程中应当先了解已经存在着的理论代码有哪些;而 Strauss 更是在与 Charmaz 的交谈中直接表示,扎根理论家在着手进行他们的研究之前都有着先在的生活和知识(凯西·卡麦兹,2009)。

那么,在扎根理论研究中究竟该如何使用文献?综合来看,以下办法值得效仿：其一，在所有的研究环节中均可回顾相关理论文献（Dunne，2011；Smith，1997）；其二，相信理论文献之外的资料，而不是任由理论文献指挥，同时尽量开放、自由地收集与分析数据（Goulding，2001）；其三，将已有的理论文献视作一种数据类型，并保证它们与经验素材之间的充分"互动"，最终形成更具解释力和说服力的知识（Glaser，1998）。

（二）收集数据

数据是扎根理论研究的基石。这里的数据不单单是纯粹的统计数字，历史档案、党委和政府记录、田野笔记等以各种载体被记录的资料均属于数据的范畴，总之，"一切都是数据"。

数据不会自动生成为文档，它们隐藏于各个角落，需要研究者深入实地展开调查，以合理的方式使其自然呈现。收集数据的方式比较多，其中最主要也是最常见的应算是深度访谈。访谈是很基本的指向性谈话，和一个已经有相关经验的人进行深度访谈会对一个具体问题产生深入的探究（凯西·卡麦兹，2009）。通过访谈至少可以得知：事件发生的背景与过程；相关行动者的目的、行动及意义；他们在思想、态度、感情层面的变化。

深度访谈可不是日常闲聊，其难度要比想象中大得多。首先，采访的对象、形式就是一个未知数。其次，访谈对象极有可能会拒绝研究者的采访，并且他们拒绝的理由也是极为正当的。再次，在访谈中，访谈对象所展现的可能只是一套公关术语，从中无法得知他们真实的想法。访谈对象会受自身职业、年龄、阅历等因素的干扰而对同一个概念有不同的理解，甚至会表现出偏见。最后，如果谈话中牵涉到一些敏感的话题，这可能会引起他们的不适，进而影响后续的调查。

为了尽可能避免上述情形，Charmaz（2009）给出了一些建议。第一，通过初始抽样（不是统计中的随机抽样）挑选要开始的地方。研究者在进入现场前应建立人、案例、环境以及／或者背景的抽样标准，根据这些标准选择有代表性的调查地点和访谈对象。第二，在访谈前设计一份开放式的访谈提纲，并预测所有可能会出现的状况。第三，事先了解访谈对象的相关情况，同时在访谈前有意识地摆明访谈者的身份，这或许能够决定访谈对象想表达的内容和方式。第四，在访谈中侧重聆听而不是刨根问底，表示赞同而不是质疑。第五，活跃地互动，注意受访者对同一定义的不同阐释，并对有趣的线索保持警惕。第六，考虑访谈对象的感受，并适时发出接受性、澄清性和引导性的信号，以激活和延长对话。第七，与访谈对象建立并维持友好的关系。第八，就某些小项目而言，25 次访谈可能就足够了。

关于访谈提纲的设计，Glaser 与 Charmaz 有不同的看法。Glaser(1998)反对提前设定访谈提纲，因为这很有可能会变相成引导访谈对象说出研究者想要的回答。Charmaz(2009)同样强烈反对将访谈中的数据强行纳入预先形成的类属中，但他认为设计一份开放式的访谈提纲和把类属强加到数据上并不完全相同。访谈提纲能带领谈话双方快速进入情境，也能帮助新手化解冷场的尴尬。Charmaz 还建议，提纲中的问题既要足够普遍，以涵盖经验的广泛范围，又要足够准确，以引出和阐明被访者的特殊经验。

(三)分析数据

通过实地调查与深度访谈可获得丰富的数据，但这些数据极为杂乱琐碎，因此需要对它们进行系统梳理以生成一般化的分析性概念。数据分析的过程就是编码(coding)。编码是指研究者对一大堆数据进行分类、概括、说明，并贴上标签的过程，换言之，就是将数据内容转化为理论代码、类属和概念。研究者既可用理论文献中的术语也可用访谈对象自己的一些独特词语(原生代码)作为数据的标签。

编码不是纯粹在理论逻辑上组织语言或拼凑字符，它要求研究者在过程中回忆实地调查和深度访谈时的细节，例如当时的场景、访谈对象的神情语态。它还要求研究者站在访谈对象的视角去理解记录和记忆中的一切，当然这不是说可以毫不批判地接受访谈对象的看法。需要强调的是，从数据收集到分析，乃至完整的扎根研究都不是单向度的线性过程，而是在迭代中推进(Birks，Fernandez，Levina，et al，2013)。一轮数据收集后的编码不仅是获取理论线索的手段，也可用来指引下一阶段的数据收集，如此循环往复才有可能保证最后建构的概念和理论与经验事实契合(fit)、与研究主题相关。按照 Charmaz(2009)的观点，编码的过程分为四个阶段。

1.初始编码(initial coding)

初始编码是指将词、句子、段落以及事件转化为初始代码的过程。它有助于观察行动、识别重要过程，为接续的编码工作奠定必要的基础。初始编码允许逐字、逐行或逐个事件地处理数据，无论在哪一个数据单位上编码，研究者都需要注意：(1)把数据拆分成不同的部分或属性；(2)明晰数据中的行动及其意义；(3)寻找默认的假设；(4)持续比较数据以发现其中的相同和差异、缝隙和漏洞；(5)使用动名词；(6)在两种极端中求得平衡——既不主观臆测，也不受数据迷惑；(7)组织要点。另外，选择何种代码表述数据也要周密考虑。合适的代码应该满足如下标准：保持开放，贴近数据，简短、生动、精确且具有分析性。

2.聚焦编码(focused coding)

这是编码的第二个阶段，它指对初始代码进行更具指向性、选择性和概念性的抽象与归纳,继而导出聚焦代码的过程。在这一阶段中,研究者应当聚焦于出现最为频繁的初始代码,同时还要敏锐判断出哪些代码可能是重要的,哪些关键数据又可能被遗漏了。一方面,研究者需要再次回顾原始数据或是展开新一轮的数据收集,这意味着初始编码与聚焦编码之间也不是一个单向度的线性过程。另一方面,聚焦代码理应更为简洁、清晰,这不仅是进一步抽象与归纳的应然结果,也是在为下一阶段的编码(形成理论类属)做准备。更明确地说,研究者可以尝试将聚焦代码作为潜在理论类属的资料。

3. 理论编码(theory coding)

这是形成核心概念的决定性阶段。研究者将从多种聚焦代码中选择最有意义、最具代表性和包容性的代码,将其提升到更加抽象、更加理论化和普遍化的水平,从而得到契合实际的理论类属。在 Glaser 和 Strauss(1967)的界定中,类属是指"理论中的概念因素"。在反复比较中初步确定理论类属后,研究者可以提出类属的基本定义,说明它们的属性、特征以及产生、保持和变化的条件;还可以将类属之间可能的关系具体化,并描述结果。这能让原始数据背后的故事更加连贯和富有逻辑。

4. 理论抽样与饱和

这将是编码的最后一个阶段,在上一阶段,理论类属已经出现,但这些类属或许会显得单薄、模糊和空洞。实质上,它们只是建议性的,而非定义性的。理论研讨的深入依赖更具分析力度的概念,而理论抽样(theoretical sampling)能够使类属的内涵更加饱满。理论抽样是指搜寻更多(类属及其属性)的相关数据来加工和完善已经确定的类属。研究者需要尝试各种方式获得、比较、解析各种类型的数据,例如:阅读理论文献、参与式观察、回访并征求受访者对已生成类属的确证;考虑对数据的每一个可能解释,并追求最优解;察觉既有类属的漏洞(该类属不能解释相关经验的所有内容)、类属之间的差异。通过理论抽样,研究者将能了解更多基本(社会)过程的变化,同时完成编码的工作:其一,赋予类属更加精确的理论意涵,并更加清晰地描述类属的属性,这些类属可作为研究中的核心概念;其二,具体化类属之间的关系,这可作为相互连接多变量的假设(Glaser,1998)。

何时能够停止编码并展开后继的理论研讨?在扎根理论研究中,这一评判标志就是理论饱和(theoretical saturation)。如果对于一个理论类属,搜集更多的数据已不能揭示其新的属性,也不能产生更多关于该理论的理论见解时,就可以说达到理论饱和了。按照既有学术文献的做法,可将访谈材料总数的 1/3

留作理论饱和的检验(王建明,王俊豪,2011)。值得强调的是,完成编码并不代表着已生成的类属或已建构的概念是一成不变的。随着新数据的出现,它们仍有可修正(modifiability)的余地(Partington,2000)。

第二节　对社区的实地调查与关键变量提取

一、社区实地调查的基本情况

探求社会治理中的多元主体协同就必须有微观层面的行动事实作为支撑。依循这一思路,若要实现研究目的就需降低分析层次,立足于具象的场景与过程,而场景和过程的择取就直接决定了由经验素材组成的论据是否有说服力。

首先,本书选择社区作为观察场域。这是因为,第一,基层社会生长于社区空间之中(李文钊,2019),社区既是公共服务与管理传递所依托的基本载体,也是微观社会领域发育的重要依托(李友梅,2017)。许多协同方案均强调了社区的参与(King,Felty,Susel,1998;McCaffrey,Faerman,Hart,1995),也就是要使居住在本地的人们参与进来(Huxham,Vangen,2000a)。第二,城乡社区是基层社会治理的建构性原点。2014年,习近平总书记在全国两会参加上海代表团审议时就曾指出,社会治理的重心必须落到城乡社区 。① 许多地方举措也在一定程度上反映出社会治理重心不断向基层下移的新趋势。例如:北京的"街乡吹哨、部门报到"实践;上海市取消街道招商引资职能、强化社会治理的改革;浙江省基层治理"四个平台"的建设(郁建兴,2019)。

其次,"垃圾分类"是本书所要分析的具有规制型和再分配型特征的公共政策。这是因为:一是垃圾分类的真正目的与最大价值在于垃圾的减量化、资源化和无害化处理。科学地分离不同种类的垃圾能够避免它们之间的相互污染,进而提升处置效率。当然,垃圾自身不会归类,需要每个个体将其投入特定的类别。这一常识理应受到所有人的认同。二是常规性的居民环保行为不可能一蹴而就,需要在公共规则约束下长时间养成。对于大多数人而言,"垃圾分类"几乎是一件新鲜事,短时间内形成自觉、正确的分类习惯是不现实的。再加上搭便车行为的易发,主动的垃圾分类行为更是

---

① 习近平:推进上海自贸区建设 加强和创新特大城市社会治理.人民日报,2014-03-06(1).

难以自然产生。因此,垃圾分类有理由成为一项公共政策。三是家庭生活垃圾在城乡垃圾中的占比较大,城乡居民的参与在很大程度上决定了垃圾分类的成效。因此,城乡居民是垃圾分类政策规制的主要群体,引导他们自觉有为地分类是执行的重要内容。四是垃圾分类是一项综合难度极高的系统工程。垃圾分类属于前端投放环节,它与中端收集运输、后端集约处置两个环节紧密相连、相互契合,因而需要整体性的制度设计、全方位的科学规划,以及高层次、全过程的经济技术要求(李锦峰,俞祖成,2019)。这就是说,垃圾分类实际上是政府向社会全体公民提供的一项公共服务,每位公民都有权利享受垃圾分类后的宜人环境。

本章立足的现实场域是省会城市 H 下辖的县级行政区 Y。Y 区总面积 1228 平方公里,现辖建制村 180 个、社区 186 个,户籍人口 109.86 万人(统计时间截至 2018 年末)。2017 年 10 月,Y 区党委政府通过购买服务,委托属地民营企业 G 公司在全区推进生活垃圾分类工作,这为本书考察如何在基层政策执行过程中塑造社会治理中多元主体协同提供了良好的素材。更详细地说,社会治理中的多元主体协同是指不同主体之间的协同,其中暗含的前提是必然存在着两个及以上的行动者。Y 区垃圾分类政策的执行过程就关联着党政、市场、社会各方主体。其中,代表党委和政府的行动者是区级党委、政府、镇街、居(村)委会。区级党委和政府负责制定政策、提供保障、监督执行;各镇街作为责任主体与企业签订服务合同,推进、监督政策执行;居(村)委会作为实际执行主体负责政策的落实。代表市场的行动者是 G 公司。它作为受托方全面负责"干垃圾"[①]的回收、运输、分类处置和资源化利用。代表社会的行动者是 Y 区居民。他们作为政策受众,需要按照 G 公司的标准将家庭垃圾分为"干""湿"两类,并呼叫 G 公司垃圾回收专职人员上门回收。[②][③]

---

① "干垃圾"包括废旧家电类和废旧家具类等大件垃圾;废书废纸类、废塑料类、废包装物类、废金属类、废玻璃类、废纺织物类和有害垃圾类等小件垃圾。与"干垃圾"相对应的是"湿垃圾",具体包括厨余垃圾、果皮和卫生间垃圾。G 公司只负责处理"干垃圾"。

② 垃圾回收专职人员是 G 公司下属员工(每 1000 户配备 3 名固定员工),其个人收入与垃圾回收量挂钩。他们的工作职责是:上门回收"干垃圾";免费回收小区内无主大件垃圾;对小区内的错投垃圾进行二次分拣,对无主垃圾、误投可回收物进行巡查回收;配合做好居民的宣传工作。

③ 居民将从"垃圾分类"中获得 G 公司回赠的与人民币等价的"环保金"(除大件干垃圾外,小件干垃圾每公斤值 0.8 元)。环保金存入 G 公司为居民开设的电子账户中,可用于 G 公司线上商城和线下商店的抵扣消费。

需要强调的是,在进入 Y 区开展调查前,笔者尚未形成任何具体研究问题,"协同"主题也是在后期实地走访与文献回顾的数次碰撞中逐渐成形。因此,实地调查才是本书真正的逻辑起点,这也吻合扎根理论的精义(贾旭东,谭新辉,2010)。

本书的实地调查分为两个阶段。第一阶段的调查是集中于 2018 年的 7 月 1 日至 7 月 15 日之间的参与式观察。本书以 G 公司提供的居民参与率为依据①,抽取了 6 个社区作为"扎根"场域,分别是 LZ 社区、HHT 社区、QQ 社区、XH 社区、MY 社区、HQ 社区(两个较高、两个中等、两个较低)。笔者以 G 公司垃圾回收专职人员的身份深入社区,并与各方行动者互动。在第二阶段,本书借助理论文献,设计了半结构化的访谈提纲,分时段单独采访不同角色的行动者。访谈对象不仅包括上一阶段已经接触过的部分人士,还包括新的行动者,如此可保证经验事实的相互印证。如表 6.1 所示,本书共计采访 29 位相关人士,其中包含 11 次时长超过一小时的深度访谈。

表 6.1　Y 区受访者部分个人信息

受访者编号	性别	年龄(岁)	学历	垃圾分类政策执行过程中的角色
SC-1	男	30—40	研究生	G 公司高层管理者
SC-2	男	20—30	高中	G 公司垃圾回收专职人员
SC-3	女	20—30	本科	MY 社区物业经理
SC-4	男	30—40	本科	QQ 社区物业经理
SC-5	男	20—30	高中	G 公司垃圾回收专职人员
SC-6	男	30—40	中专	G 公司垃圾回收专职人员
SC-7	男	30—40	高中	G 公司垃圾回收专职人员
SC-8	男	30—40	本科	HQ 社区物业经理
SC-9	女	20—30	本科	G 公司中层管理者
SH-1	女	50—60	本科	退休,QQ 社区垃圾分类宣传员②

---

① 2018 年 6 月 11 日(第一阶段调查前),本书已向 G 公司高层管理者询问了大致情况。

② 垃圾分类宣传员是 G 公司向各小区招募的志愿者。他们都是本地业主,主要负责向居民宣传 G 公司的服务。他们不用接受奖惩考核,每月只领取少量的补贴。一般情况下,一个小区只有 1 名宣传员,住户较多的小区会有 2 名或 3 名。

续表

受访者编号	性别	年龄(岁)	学历	垃圾分类政策执行过程中的角色
SH－2	男	50—60	大专	退休,QQ 社区居民
SH－3	女	50—60	中专	退休,MY 社区垃圾分类宣传员
SH－4	女	50—60	中专	退休,MY 社区垃圾分类宣传员
SH－5	女	50—60	初中	退休,QQ 社区居民
SH－6	女	50—60	高中	退休,LZ 社区垃圾分类宣传员
SH－7	男	50—60	大专	退休,LZ 社区居民
SH－8	男	60—70	高中	退休,XH 社区居民
SH－9	女	50—60	中专	退休,XH 社区垃圾分类宣传员
SH－10	男	50—60	高中	退休,HQ 社区居民
SH－11	女	50—60	初中	退休,HQ 社区垃圾分类宣传员
SH－12	女	20—30	本科	企业文秘,MY 社区居民
SH－13	男	20—30	本科	证券经理,QQ 社区居民
SH－14	女	50—60	高中	退休,TL 社区垃圾分类宣传员
ZF－1	女	30—40	本科	QQ 社区居委会主任
ZF－2	女	30—40	本科	MY 社区党委书记
ZF－3	男	30—40	本科	LZ 社区居委会副主任
ZF－4	女	30—40	本科	HHT 社区居委会副主任
ZF－5	女	30—40	本科	XH 社区党委书记
ZF－6	男	30—40	本科	HQ 社区党委书记

注:出于简便的考虑,本书按照(广义)政府、市场、社会的划分逻辑粗略地标记各方行动者(下同):"SC"代表市场行动者,"SC－1"代表第一位访谈的市场行动者;"SH"代表社会行动者,"SH－1"代表第一位访谈的社会行动者;"ZF"代表(广义)政府行动者,包括了居(村)委会,"ZF－1"代表第一位访谈的(广义)政府行动者。这些标记的含义并不等同于行动者本身的应然属性。另外,访谈顺序不同于编码顺序。

二、关键变量的提取

对访谈资料进行逐级编码是扎根理论的精髓。随着扎根理论在质性研究中的快速应用与发展,编码的方法已经逐渐从手动编码演化至程序编码,MAXQDA、N-vivo、Atlas/ti、Ethno-graph 等计算机程序成为辅助编码的重要工具。但本书秉承着尽可能复原扎根场景、还原真实经验世界的"初心",选择手动编码方式,试图摆脱预设程序的限制,捕捉被访者在访谈过程中闪现的逻辑和观点。据此,本章遵照 Charmaz 的编码步骤,对 15 万余字的访谈记录进行了手动编码,结果如表 6.2、表 6.3、表 6.4 所示。

表 6.2　初始编码的部分结果

初始代码	原始访谈记录
整体规划	1. 2015 年相关体系不是很完善……整个体系的搭建很重要(20190415－ZF－5)
	2. 政府和 G 公司谈好(20180709－ZF－4)
	3. 垃圾分类不能赶热度,要考虑方方面面(20200119－SH－13)
市场的专业化运作	1. 再生资源企业缺位的情况下做生活垃圾分类注定会失败(20180611－SC－1)
	2. 后端处置的量、力度能不能跟上前端的分类比较关键(20190415－ZF－5)
	3. 应该由更专业的部门开展……还是要把市场力量引进来(20180710－ZF－5)
社区人手不够	1. 社区本身人力确实不够,我们当时可能只有 8 个正式在编的工作人员(20190415－ZF－5)
	2. 社区太忙,没有参与宣传(20180710－SC－7)
	3. 社区人员不充沛,不能深入宣传(20190719－SC－9)
居民不配合	1. 居民知道垃圾分类这个事但不会去做,即便做也不准确(20190415－ZF－5)
	2. 当面说得好好的,但需要坚持下来真的很难(20180703－ZF－2)
	3. 老年人有的时候有点毛躁、有点不讲理(20180709－SC－6)
宣传侧重点	1. 要激起居民的羞耻心和同理心……让居民对自己的行为有自我关注……我们要让居民觉得做垃圾分类……是为了公共的利益(20190415－ZF－5)
	2. 侧重讲垃圾分类对环保的益处(20180706－ZF－3)
	3. 当居民有一些不耐烦,我就迅速强调能卖钱;当居民有些兴趣时,我会强调环保意识,比如为环境做贡献(20180707－SH－1)

续表

初始代码	原始访谈记录
行政事务 层层下达	1.区党委政府以考核的形式将垃圾分类任务下到镇街,镇街肯定再下到我们这(20190415－ZF－5)
	2.政府有多少个部门,社区就有多少条线(20180706－ZF－3)
	3.上面怎么布置,我们就照着做(20180709－ZF－4)
认同当前 模式	1.从社会发展的角度来看,这项工作是要做的(20190415－ZF－5)
	2.G公司进来,简便多了(20180706－ZF－3)
	3.垃圾分类是必然趋势,老百姓对垃圾分类有热情的(20180710－SH－8)
志愿者 消极宣传	1.有些志愿者在那里就是做做样子的、没有投入的(20190415－ZF－5)
	2.有时候可能跑了,但是宣传不到位,或者有可能自己瞎填一下表……没责任的(20180707－SH－1)
	3.志愿者党员的力量用到垃圾分类比较少,大家觉得脏,积极性不高(20180711－ZF－6)
电子消费	1.根据废品重量计算"环保金"……是一种专门的电子钞票(20180611－SC－1)
	2.然后在便利店报手机号码换一点油盐酱醋(20190724－SH－1)
	3.以前卖的钱零零碎碎的,在这里也不方便,现在可以直接用手机消费了,还是方便的(20200119－SH－13)
宣传员 较真	1.志愿者锲而不舍的这种较真的精神(20190415－ZF－5)
	2.要是你没卖过干垃圾,我明天或下个月还是要到你家来宣传,又来敲你的门,你也麻烦,我也累(20190724－SH－1)
	3.她们真的说得蛮清楚的,有时候急了都不给面子,直接说你哪里哪里分得不对(20180703－SH－5)
信息追踪	1.构建精准到户的系统,有利于分类监管,可追溯居民的原始信息(20180611－SC－1)
	2.后台有数据,每天回收多少(20180701－SC－2)
	3.这个系统是G公司做的,我们加入一个APP,根据这个表格上门(20190724－SH－1)
既往公 共政策 的失败	1.我们H市已经推行了16年的垃圾分类,但是收效甚微,政府提出的政策都是理想主义的东西,很多与现实脱节(20180611－SC－1)
	2.2010年我们社区推行原来的模式,这8年的时间,我感觉这项工作收效甚微(20180710－ZF－5)
	3.不太适合老百姓,很繁琐,不太适合去做(20180706－ZF－3)

续表

初始代码	原始访谈记录
政府召集	1. 政府……扶持企业到一定规模,然后退出;引导和宣传;监管我们的效果(20180611－SC－1)
	2. 政府的管理界限要明确(20190415－ZF－5)
	3. G公司是政府辅助单位,但政府也要叫他拿出成绩来(20190724－SH－1)
企业后端处置能力	1. 我们企业对末端终端牢牢把握才能往前走(20180611－SC－1)
	2. G公司的效果也是看得到的,我们这里杂七杂八垃圾一年有17万吨(20180703－ZF－2)
	3. 我们收来的废弃物基本上都是后端可以解决掉的(20190719－SC－9)
居委会压力大	1. 社区承担了太多行政事务职能(20180710－ZF－5)
	2. 街道考核我们,很看重结果(20180703－ZF－2)
	3. 社区的重点工作太多了,垃圾分类仅仅是下面的一块(20180709－ZF－4)
G公司依赖居民宣传	1. G公司向社区招聘宣传员,由宣传员上门推广(20180701－SC－2)
	2. 白天住户又不在家,没法很好去动员,只能依靠自下而上的动员(20180709－ZF－4)
	3. G公司相当聪明,因为要靠他们自己是绝对打不进来的,他就想到动员退休的大妈……全靠我们(20190724－SH－1)
智能操控	1. 我们对员工要求很高,要掌握我们自己的APP(20180611－SC－1)
	2. G公司给小区保洁员设置了账号(20180705－SC－5)
	3. 手机二维码(20190724－SH－1)
消极期望	1. 个别不配合的居民认为垃圾分类没有意义(20180710－ZF－5)
	2. 老百姓是农民的,环保意识没有到那一步(20180711－ZF－6)
	3. 没用的,还是做做样子,都弄了多少年了(20180702－SH－2)
公共环境改善	1. 没来之前有很多乱丢现象,G公司来了之后小区整洁了(20180711－SH－10)
	2. 现在垃圾分类好多了,因为干垃圾拿走了(20190724－SH－1)
	3. 小区里建筑垃圾不怎么看得见了(201901227－SH－12)
宣传员负责	1. 有责任感的、热心的,退休有时间的(20180702－SH－1)
	2. 看着她们挺辛苦的,一把年纪,还爬楼梯(201901227－SH－12)
	3. 我们跟他们关系都很好的,有时候5点半过去,他们还没吃饭,我就旁边买点面包给他们吃(20190724－SH－1)

续表

初始代码	原始访谈记录
举办宣传活动	1. 不定期地组织志愿者举办活动(例如包粽子)宣传(20180701－SC－2)
	2. 今年暑期,居委会组织志愿者开设兴趣班,其中一节课是请 G 公司的工作人员宣传垃圾分类(20180703－ZF－1)
	3. 大型宣传活动很有作用(20180709－ZF－4)
群体压力	1. 居民担心没做好被曝光丢面子,邻里间看到会难为情(20180706－ZF－3)
	2. 我看看大家都蛮积极的,我也跟着试试(20180703－SH－5)
	3. 群里天天都在讨论……拍照传到群里曝光(201901227－SH－12)
居民抵制G 公司	1. 一小部分居民对 G 公司的便利店有意见,G 公司便利店的商品与外面的商品差额太大(20190415－ZF－5)
	2. 社区商家觉得生意受到影响,便以 G 公司所回收的垃圾影响居住环境为理由,发动居民抵制(20180703－ZF－1)
	3. 居民会有些抵触,因为居民认为小区公共区域的垃圾都没有分类好,为什么要求居民分类(20180703－SH－4)
入户宣传	1. 上门宣传(20180702－SH－1)
	2. 我今天刚开始进行上门宣传,你们来之前我去了第一家(20180705－SH－6)
	3. 也是入户宣传加上这些宣传活动(20180709－ZF－4)
分类习惯改变	1. 他们的袋子不错,现在会常叫他们来(201901227－SH－12)
	2. 现在会去分的(20180702－SH－2)
	3. 哪怕没有补贴了,也是要分的(20180703－SH－5)
熟人宣传	1. 宣传的时候需要社区居民熟悉的人带着(20180703－ZF－2)
	2. 下面还有她自己的一批小姐妹……私底下关系很好(20180703－ZF－1)
	3. 比如我遇到有人不在家,我跟其他邻居说下,帮我宣传下,代劳下,他们会说,可以,帮你宣传下(20180711－SH－11)
居民遵从	1. 垃圾分类工作的推广需要不断宣传(20180703－ZF－2)
	2. 垃圾分类最关键的还是前端,居民的分类意识(20190415－ZF－5)
	3. 一批居民已经养成了垃圾分类的习惯(20180709－ZF－4)
宣传员难为情	1. 她做了宣传员了,就不好意思让别的志愿者去宣传,因为 G 公司给她补贴(20180703－ZF－2)
	2. 我被聘成宣传员,那我一个人跑,别人怎么好意思叫他们跑,我有补贴(20180703－SH－3)
	3. 有些不是宣传员的志愿者就没津贴,我就有点过意不去(20190724－SH－1)

续表

初始代码	原始访谈记录
积极期望	1.居民得知 G 公司这样一种模式,希望引进(20180703－ZF－2)
	2.好多独居老人借着 G 公司上门回收的那点时间,很想跟他们一起聊天(20180709－SC－6)
	3.他们就是每天电话,下载 APP……蛮忙的(20190724－SH－1)
认可 G 公司	1.服务范围以外的社区居民主动带着垃圾到工作站(20180701－SC－2)
	2.夏天的时候会拿点冰西瓜给他们(20180703－SH－5)
	3.听到 G 公司的时候,都说好好好,还有这种好事啊(20180711－SH－11)
硬件设备	1.收运车辆安装了 GPS 定位设备(20180611－SC－1)
	2.接入区智慧环卫监管平台(20190719－SC－9)
	3.微信公众号(20200119－SH－13)
居民误解 G 公司	1.有一些居民仍以为 G 公司就是回收垃圾卖钱,跟以前的拾荒者没什么区别(20180702－SH－1)
	2.G 公司就是企业,挣钱,没什么大的情怀(20200119－SH－13)
	3.他们理解错了,这个是干垃圾,卫生间的垃圾不收的(20190724－SH－1)
口耳相传	1.居民会在一起讨论垃圾分得是否准确(20190415－ZF－5)
	2.我们跳舞的小圈子也会聊起 G 公司(20180702－SH－1)
	3.上班的时候也会聊起来的,很热门的议题(20200119－SH－13)
专项经费	1.街道下拨一笔经费专门用于垃圾分类的宣传(20180703－ZF－1)
	2.经费到位了,这项工作就较为顺利(20180703－ZF－2)
	3.很大的问题也包含经费紧张,活动资金不足(20180709－ZF－4)
政府考核	1.考核结果不好的话,评先评优就不评了,类似一票否决(20190415－ZF－5)
	2.街道也会不定期检查公共区域是否堆放了垃圾或杂物(20180709－SC－6)
	3.政府会对我们公司的回收情况考核(20180701－SC－2)
居委会协助 G 公司	1.居委会为 G 公司提供了一些店面信息(20180703－ZF－1)
	2.社区推荐我去当宣传员(20180705－SH－6)
	3.派我们去街道与 G 公司、跟物业对接好,安排好房子(20180711－ZF－6)

续表

初始代码	原始访谈记录
G公司 针对性 服务	1. 我们是在每个社区开我们的便利店,每个便利店很完善(20180611－SC－1)
	2. G公司进驻小区,对于公共区域垃圾的收集是有帮助的,比如建筑垃圾,打电话给他们,就来收了(20180703－SC－3)
	3. 家里大的家具G公司是免费收的,如果物业处理是需要花钱叫车的(20190724－SH－1)
宣传困难	1. 宣传中最大的困难就是被拒绝,别人不热心不在乎的样子(20180703－SH－3)
	2. 其实说老实话我们这些志愿者对于垃圾分类也搞不灵清,志愿者本身垃圾分类意识也不高(20180710－ZF－5)
	3. 有的觉得分类太麻烦了,没有意识的居民就算多走几步也会觉得麻烦(20180706－ZF－3)
居民分类 积极性被 打击	1. 之前做过垃圾分类,但是发现后端处置是不分类的,感觉前端分类没有意义了(20180703－SH－4)
	2. 2015年H市推广的垃圾分类,垃圾分好类之后,倒在一起处理,这对居民的打击很大(20180706－ZF－3)
	3. 政府的统收统运对于居民垃圾分类信心打击很大。很多居民目睹,还写信给城管局投诉(20180710－ZF－5)
居民警惕 G公司	1. 诚信缺失,没有志愿者,他们上门的阻力会很大(20180703－ZF－2)
	2. 老百姓安全意识很高,就算你跟他说明了身份,他们也不相信,所以有的时候敲不开门(20180709－ZF－4)
	3. 一听我是G公司的就说不要,以为是传销的……老人比较小心(20180710－SH－9)
线上交流	1. 我还自己写了倡议书,发到各种群里面(20180703－SH－3)
	2. 网上的报道太多了……业主群里他们也在发(20191227－SH－12)
	3. 传群里,群通知(20180702－SH－2)
宣传员 无私奉献	1. 钱不钱无所谓的,关键是为了社区(20180705－SH－6)
	2. 总是有一部分人,无论有无奖励,他们都很积极(20180703－ZF－2)
	3. 但是大部分都是自愿义务劳动(20190724－SH－1)

　　注:表6.2仅罗列了各初始代码所包含的三条原始访谈记录,并剔除了原始访谈记录涵盖量低于3的初始代码。另外,括弧中的八位数字表示具体时间(下同)。

表 6.3　聚焦编码的结果

聚焦代码	初始代码
功能互补	政府召集;居民遵从;市场的专业化运作
单一主体行动失败	社区人手不够;居民不配合;居委会压力大;既往公共政策的失败;居民抵制 G 公司;居民分类积极性被打击
各主体优势	企业后端处置能力;G 公司依赖居民宣传;居委会协助 G 公司;G 公司针对性服务
直接效果	公共环境改善;分类习惯改变
系统适应	认同当前模式;认可 G 公司
政策支持	整体规划;专项经费
行政问责压力	行政事务层层下达;政府考核
动员内容	宣传侧重点;宣传困难
动员形式	举办宣传活动;入户宣传
动员途径	群体压力;熟人宣传;口耳相传
动员主体性	志愿者消极宣传;宣传员较真、负责、难为情、无私奉献
可预测	消极期望;积极期望
可靠	居民误解 G 公司;居民警惕 G 公司
信息应用	电子消费;信息追踪;线上交流
技术手段	智能操控;硬件设备

表 6.4　理论编码的结果

理论代码	聚焦代码
社会治理中多元主体协同	功能互补;单一主体行动失败;各主体优势;直接效果;系统适应
制度设计	政策支持;行政问责压力
社区动员信任	动员主体性;动员形式;动员内容;动员途径可预测;可靠
数字技术	信息应用;技术手段

　　至此,编码工作已全部完成,关键的影响因素也呼之欲出。为了避免实践与理论之间的脱节,下面将简要阐明经验素材与理论要素之间的串联。(1) Huxham(2003)认为协同的核心是内在、固有的动力,从这一论断可进一步推出,作为结果的"社会治理中多元主体协同"应是一种相对稳定的状态。状态的

稳定有多种表现,从第五章有关协同治理的定义来看,它至少包括多个行动者共同致力于问题的解决。这与 Y 区的实践是贴合的,即党委、政府、市场、社会围绕生活垃圾的分类、运输和处置紧密配合、有序运转。(2)早在 2010 年,Y 区党委、政府就已在全区陆续推行垃圾分类政策(其中也包括购买服务的举措),但执行效果一直不佳甚至遭受社会非议。而 2017 年 10 月,区党委、政府推出的新政策明显改善了垃圾分类的效果。按照 Y 区 XH 社区党委书记的说法,"那时候还不是很深入,基本上停留在口号上……现在区里很重视垃圾分类"(访谈记录 20190415-ZF-5)。有关权力的理论研究表明,(行政)权力对于协同成功具有正向的推动作用;而在协同治理权变模型中,"制度设计"则是格外重要的一环。(3)相比于以往受委托的企业,G 公司最大的特点在于它依托数字技术整合了线上回收平台和线下物流平台。"2016 年的政府工作报告首次提出了'互联网+政务服务'的新要求,开启了数字技术与公共治理深度融合的序幕。之后,信息通信技术、大数据、互联网等成为地方治理中的关键词。"(郁建兴,2019c)而在学术领域,"数字技术"(digital technologies)在社会(协同)治理中的作用业已引起热切议论(陈慧荣,张煜,2015;Huang,Yu,2019;门理想,王丛虎,2019)。(4)G 公司在刚进驻各社区时遇到了不同程度的阻力。一方面,部分居民视 G 公司垃圾回收专职人员为非本小区的外来人。另一方面,居民仍旧认为有关部门会"混收混运"。两方面的情况均能反映出居民的不信任,而信任又是被研究者反复论证的影响因素。(5)G 公司在遭遇阻力后决定向社区招募垃圾分类宣传员。经过他们的动员,新政策才得以顺利落实,但不同社区的执行结果又存有差异。很显然,这与"领导力"息息相关。总结以上,表 6.5 报告了本书的核心概念及其工作定义。

表 6.5　本书核心概念及其工作定义

核心概念	工作定义
社会治理中多元主体协同	各方行动者在元治理者的统合下围绕共同目标各司其职,以解决单一主体无法处理的公共问题,并形成相对稳定的运行状态
制度设计	一套围绕目标实现而制约和使能各类行动者的要素集合的生成和调整过程
社区动员	诱导社区居民主动参与公共事务以实现特定目标的过程
信任	一方有依据地信赖另一方并自愿采取相应行动的状态
数字技术	全部类型的数字化设备和应用程序

第三节　本章小结

社会治理既关联着党委、政府、市场、社会各方行动者,又涵盖了多个层次领域的公共事务。一方面,作为一种社会现象,社会治理的复杂性可能超过了某些自然现象;而若要达到相对令人满意的多元主体协同亦是困难重重。即便如此,众多学者从未放弃找寻引起社会治理中多元主体协同变化的原因。本书同样抱有这种期待,试图发现其中的因果规律。另一方面,概念是众人就某一现象或观念达成一致的结果。成熟的概念包含了建构者对经验事实的理解、抽象和想象过程,可引发类比性的思索。这也意味着不能不加辨别地借用他人的概念作文字上的组合,因为概念是不同观念的集合,而这些观念则是对同一类事物的不同解读(巴比,2009),不同的解读有可能在时空因素的作用下相互印证或驳斥。由此,概念界定的过程应当重视去体悟所要研究的经验对象,在主观推敲与既有概念的比照过程中逐渐形成共识。于是,本章借助扎根理论研究中的数据采集与分析技术,完成了对社会治理中多元主体协同的界定,提取可能的关键影响因素。进一步而言,多元主体协同与这些关键影响因素之间的具体关系是什么? 后者又是如何推动多元主体协同的生成? 这些疑点都有待解答。

第七章 多元主体协同与其关键影响因素的关系推测

揭示真实的因果关系向来都是理论研究的动力与方向,但必须承认,完全且精准地把握因果关系几乎是不可能的(Abell,2004;Gerring,2005)。社会科学研究者所确证的变量间关系至多只是近似的因果,譬如逻辑因果或量化相关(陈超,李响,2019)。尽管研究者无法全面知悉真实的因果关系,但通过对一定样本量的统计推断以缩小寻找真实因果关系的范围仍是可能的。在这一过程中,不少学者发现导致大部分社会结果出现的因素往往不止一项,而是多样的;因素之间不是相互独立的,而是相互依赖、相互作用的。这种因果关系的复杂特性就决定了研究者应当转变自变量相互独立、因果对称和单向线性的思维认知,进而重视因果关系中的组态(configuration)效应,即条件组合的不同状态对结果的不同影响(Fiss,2007;Vis,2012)。虽然传统的回归分析能够有效处理因素间的交互作用,但当因素数量大于 3 时,这一技术的效用便受到了限制(Goertz,Mahoney,2013)。相比之下,近些年逐渐兴盛的定性比较分析(QCA)是一项不错的选择。这一兼顾"组态比较"与"集合论"的方法对于因果复杂性的剖析极具针对性(马克斯,里候科斯,拉金,等,2015)。

社会治理中的多元主体协同无疑是一种"一果多因"现象,而且有关协同治理影响因素的综合性理论研究也已显示出因果关系中的多因性或共因性。因此,本章就将在第六章结论的基础之上,利用 QCA 的思想和技术去推测多元主体协同与关键影响因素之间的关系趋向。

第一节　QCA方法在本书中的实施步骤

QCA的开创者注意到了真实因果关系中复杂和多样的特征。他们认为大多数现有的统计方法并不能有效处理这些问题，于是，QCA方法应运而生。在创立之初，QCA方法的雄心是有机融合定量与定性方法的长处。尽管任重而道远，但它的确有效填补了量化研究和质性研究的部分不足——前者偏离因果复杂性；后者缺乏结论推广度（Vaisey，2009）。这样的效果归功于一套独特的逻辑体系，其中包括合理的基本假定、适用的技术类型、完善的操作步骤。根据这些假定、类型和步骤，不同的研究者可依循同样的规则运算相同的数据，并得出一致的结论。那么，本节就将简要陈述这些假定、类型和步骤，以为后续的分析作铺垫。

一、QCA方法的基本假定

使用QCA方法就必然要接受它内在的基本假定（里豪克斯，拉金，2017）。其一，多重并发因果关系（multiple conjunctural causation）。"多重"指因果路径的数量，而"并发"则指每条路径都是由不同的条件组合所构成。该假定认为同一个特定结果可能是由不同的因果路径引起，或者说，特定结果的发生是多个原因同时存在或者以某种整合方式存在。其二，等效性（equifinality）。该假定是指不同的条件组合在相同结果的发生率层面是等效的。等效组合间的差异主要体现在两点：一是组合中的核心条件不同；二是组合中的核心条件相同但边缘条件不同（Fiss，2011）[1]。其三，因果关系的非对称性。该假定指出特定结果的出现与否需要不同的条件组合来分别解释。一项组合被认定是引发结果的原因，但同样的结果不会因为该项组合的不存在而消失。其四，因果效应的非一致性。该假定指出，一个给定的条件与其他条件组合时可能会对结果产生正面影响，但这一给定的条件与另外的条件组合时则可能对同一个结果产生负向影响。其五，组态比较与集合分析。QCA方法的核心逻辑是案例导向的组态比较（configurational comparative），即将每一个经验案例都归入由变量（条

---

[1] 核心条件是指在"简约解"和"中间解"中同时出现的条件，它会对结果产生重要影响；边缘条件是指不出现在"简约解"但出现在"中间解"中的条件，它对结果有辅助性贡献。

件和结果)构成的组态,同时将组态转化为可运算的数据集,继而系统比较。①组态比较是依靠集合论来实现的。集合论的思想要求研究者必须先将有待分析的几个变量校准为集合。简单地说,校准就是依据标准(理论和实际)将案例中的变量概念化为集合,再将测量变量的原始数据转换为隶属得分(案例隶属于集合的标记或程度)(Basurto,Speer,2012)。例如:隶属得分[0]表示完全不隶属于某一集合;隶属得分[1]表示完全隶属于某一集合(Misangyi,Greckhamer,Furnari,et al,2017)。校准后,研究者可依据隶属得分评估条件(组合)集合与结果集合之间的集合关系,并以此推测变量间的因果关系。

二、QCA 方法的技术类型

针对变量的不同类型,QCA 的开创者研发了三种分析技术。其一,csQCA(清晰集)。csQCA 是第一代 QCA 分析技术,它只适用于二分变量。以"性别"这一条件为例:若[1]表示完全隶属于"男性"集合;[0]则表示完全不隶属于"男性"集合,也就是完全隶属于"女性"集合。目前,这一技术得到了广泛应用,但很多文献将非二分变量的原始测量数据(如定比变量)主观分割为二元类别,这会导致转换后的变量不一定实用或是有意义,也很容易遗失一些关键的案例信息(Goldthorpe,1997),并产生大量的矛盾组态(contradictory configurations)②。其二,mvQCA(多值集)。mvQCA 是 csQCA 的拓展版。运用这一分析技术,研究者能够将案例中定序或定距变量的原始测量数据编定为多个隶属得分(Cronqvist,Berg-Schlosser,2009)。以"成熟度"这一条件为例:研究者可将"很不成熟"标记为[0];将"轻微不成熟"标记为[1];将"轻微成熟"标记为[2];将"很成熟"标记为[3]。如果实际案例的成熟度是"很不成熟",那么这些案例就归并为[0]集合,其余依次类推。另外,mvQCA 规定,多值条件的隶属得分必须以"0"为起点,并且在多数情况下,每个条件仅包括三个或四个隶属得分,避免超过五个③。其三,fsQCA(模糊集)。前面两种分析技术的本质是案例的整体性归类(非此即彼),这样简单的分类使得研究者无法测量变量在程度或水平上的变化,在分析定比变量时仍然受到较大限制。fsQCA 的出现为观

---

①　组态包含两部分:给定"条件组合"及其引致的固定"结果"。每种组态可以对应不同数量(包括 0)的案例。

②　矛盾组态是指如果两个组合内的条件是同样的值,但相应结果的值却不一样,此时这两个条件组合在逻辑上便是矛盾的。在运算 QCA 时,应当尽可能避免矛盾组态的产生。

③　mvQCA 中隶属得分的大小与隶属程度并无关联,仅仅是一个类别标记而已。

察集合隶属的渐进变化(gradations)提供了可能。fsQCA实现了隶属得分的刻度化,例如,隶属得分[1]表示完全隶属于某一集合,接近[1]的分数(如0.8或0.9)则表示不完全隶属,而是强隶属于这一集合,即部分隶属(里豪克斯,拉金,2017)。这样的话,案例信息丢失的可能性就大幅降低。凭借着刻度后的隶属得分,研究者就可判断某一案例在多大程度上隶属于某一集合。

三、本书中QCA的操作设计

比较QCA方法的三种分析技术,fsQCA在深入特定案例情境与凝练案例(样本)间共性规律方面更具先进性,拥有了更为显著的定性定量双重分析属性(Katz,Hau,Mahoney,2005)。因此,本书将采用fsQCA技术来推测因果关系。在此之前,本小节将简要介绍fsQCA技术的操作步骤。

(一)条件的选择

QCA术语中的"条件"是指解释特定结果发生或不发生的因素。从方法本身来说,QCA要求研究者保证条件总量与案例总量之间的良好平衡(Greckhamer,2016)。因为组合的数量随着条件总量的增加呈指数增长,一旦条件总量远超案例总量,那么,逻辑上的条件组合将比实际观察到的条件组合多得多,所得到的结论极有可能成为个案描述,这就不利于获得能够对跨案例进行规律性、综合性解释的结果。而且有学者认为,条件越少,就越可能接近反映因果机制的"核心"(张明,杜运周,2019)。该如何确定条件总量?一个可供参考的范围是4—7个条件对应10—40个案例(Berg-Schlosser,De Meur,2009)。另一个注意事项是,条件的筛选必须遵循相关理论的标准(Caramani,2009)。QCA方法允许研究者通过多种理论分析途径简化竞争性解释,以获得有待考量的条件(组合)。例如,从访谈内容中提炼变量和指标(McKnight,Zietsma,2018;王凤彬,江鸿,王瓅,2014)。这样的先例也辅证了本书将扎根理论法同QCA方法相结合的可行性与合理性。还需着重强调的是,由于因果关系的复杂特性,研究者可以不提出具体的假设(杜运周,贾良定,2017)。

(二)案例的选择

案例选择是否得当直接决定了QCA的运行结果是否科学。按照QCA开创者的想法(里豪克斯,拉金,2017),案例的选择至少要兼顾如下四点。(1)案例结果的可比性。清晰界定研究中的因变量是选择案例的前提。只有试图解释的结果是有研究意义的,才有继续的必要。(2)案例总体的同质性。被选案例应在事实上存在某种程度的相似性。所有案例必须具备足够相同的背景或特征。研究者可以通过限定案例的时间与空间以达到增强同质性的要求。这样做的目的类似于"控制变量"。(3)案例的多样化。研究者应当在最少数量的案例中实现最大程度的案例间异质性。尤其重要的是,被选案例必须同时囊括具有"正面"和"负面"结果的案例。(4)理论支持。选择案例不能简单地采取机械程序(如随机抽样)。案例的纳入要配备清晰的理论说明(Mahoney,Goertz,2004)。

(三)校准:构建模糊集

在选定案例和变量后,研究者就可通过校准获得模糊集数据。如前所述,校准就是依据标准(理论和实际)将案例中的变量概念化为集合,再将变量的原始测量数据转换为隶属得分。校准的关键就是设定阈值(thresholds)——定性转折点(breakpoints)。该阈值是决定不同案例是否隶属于某集合的"门槛",其数量与形式有明确的参考标准,如表7.1所示。研究者应谨慎设定契合研究本身的阈值,例如使用平均值、中值对变量的原始数据进行划分。

表 7.1　定性转折点设定参考标准

三值模糊集	四值模糊集	六值模糊集	"连续"模糊集
1(完全隶属)	1(完全隶属)	1(完全隶属)	1(完全隶属)
0.5(既非完全隶属,也非完全不隶属)	0.67(偏隶属)	0.9(非常隶属)	0.5<Xi<1(偏隶属)
0(完全不隶属)	0.33(偏不隶属)	0.6(有些隶属)	0.5(既非完全隶属,也非完全不隶属)
	0(完全不隶属)	0.4(有些不隶属)	0<Xi<0.5(偏不隶属)
		0.1(非常不隶属)	
		0(完全不隶属)	0(完全不隶属)

资料来源:拉金(2019)。

(四)评估集合关系

在 QCA 研究中,集合关系是推测因果关系的重要依据(Ragin,2006)。经过校准程序,研究者可通过对集合关系的评估来推测结果与条件(组合)之间的具体关系。集合关系的评估需按如下步骤依次展开:评估条件的必要性、构建真值表(truth table)、标准分析(standard analyses)。

1.条件必要性评估

鉴别特定结果的必要(但不充分)条件是这一阶段的首要环节(谭海波,范梓腾,杜运周,2019)。必要条件是指特定结果发生时也必然存在的条件,但这一条件的存在并不能保证特定结果必然发生。评估条件是否为必要的阈值有两种:一致性(consistency)和覆盖度(coverage)(黄荣贵,郑雯,桂勇,2015)。首先,一致性类似于回归分析中的显著性(拉金,2019),它反映了一个集合构成另一个集合的子集的程度。一致性程度越高,子集关系越明确。必要条件的一致性反映了特定结果集合在多大程度上构成了条件集合的一个子集,其最低限度为0.9。该阈值超过0.9就表明所考察的条件是特定结果的必要条件(Ragin,2000)。其次,覆盖度类似于回归分析中的R2(张明,陈伟宏,蓝海林,2019),它反映了通过一致性评估的集合关系的经验解释力(迟永,2014)①。覆盖度越大,解释力越强。必要条件的覆盖度反映了通过一致性评估的必要条件对特定结果的经验解释力,该阈值暂不设定最低限度,但太低的覆盖度显然是没有说服力的。需要补充说明的是:(1)除非有明确的理论或经验支持,否则仅需评估单个条件的必要性,而不考虑条件的组合;(2)需要分别评估单个条件在"出现"(present)和"不出现"(absent)状态下的必要性;(3)根据具体情况决定是否需要评估单个条件在结果不出现状态下的必要性;(4)已经被认定的必要条件仍需纳入后续的分析程序,如果它(们)在标准分析中被化简了,那么必须仍将其作为核心条件纳入结论中(张明,杜运周,2019)。

2.真值表构建

真值表是由模糊集转变而来并且包含了案例、组态的数据合集。构建真值表的目的是更好地完成QCA的核心使命——求得引起特定结果出现的条件组合。从这个意义上说,构建真值表的实质就是评估条件组合的充分(非必要)性。真值表构建的前提是以下四类阈值符合标准:除了一致性、覆盖度②,还有PRI(proportional reduction in inconsistency)和案例频数(frequency of cases)。首先,充分条件组合一致性反映了条件组合集合在多大程度上构成了特定结果集合的一个子集,其最低限度为0.75(刘丰,2015)③。该阈值超过0.75就表明

---

① 由于因果关系的复杂特性,多个条件(组合)引起特定结果出现的情况将普遍存在,而且条件(组合)之间往往会有解释特定结果的重叠部分,因此,覆盖度又分为原始覆盖度(raw coverage)、唯一覆盖度(unique coverage)和解的覆盖度(solution coverage)。原始覆盖度指单个条件(组合)覆盖特定结果案例的比例(包括重叠部分);唯一覆盖度指单个条件(组合)覆盖特定结果案例的程度(除去重叠部分);解的覆盖度是一种总覆盖度,指所有条件(组合)覆盖特定结果案例的比例。

② 充分条件(组合)覆盖度的评估过程、标准与必要条件覆盖度基本一致,故不再赘述。

③ 有观点认为,若样本规模较大,该阈值的最低限度可再低一些。

所考察的条件组合是特定结果的充分条件;若该阈值超过 0.85,这就表明充分条件组合与特定结果之间的关联更加紧密(Ragin,2008a)。不过,符合 0.75 标准的条件组合很有可能同时构成两个矛盾的结果集合(如高绩效与低绩效)的子集,即矛盾组态。此时就需要评估条件组合的 PRI。PRI 的值越高,矛盾的情况就越少,其最低限度为 0.7(杜运周,贾良定,2017)。其次,在实际操作中,一种普遍的情况是每一种可能会产生特定结果的充分条件组合并不是都会有相匹配的经验案例。按照 QCA 的规则,缺乏经验案例支撑的组态应当被视为"逻辑余项"(logical remainder)(下文还将具体说明)。决定组态是否为逻辑余项的阈值就是案例频数,换言之,低于案例频数的组态就是逻辑余项。案例频数的取值与样本规模相关。当样本总数较小时,案例频数通常为 1;当样本总数更大时,案例频数也应更大,至少要等于样本总数的 75%(杜运周,贾良定,2017)。

3.标准分析

标准分析是在真值表的基础上利用 QCA 软件推导结论的过程。研究者将从中获得三个解(solution):复杂解(complex solution)、简约解(parsimonious solution)、中间解(intermediate solution)。复杂解是只对有经验案例支撑的组态的分析结论。但是,这一结论由于忽视了逻辑余项而欠缺简约性(简约性是 QCA 研究的一种期望与宗旨)。所谓逻辑余项,就是指缺乏经验案例支撑的组态,即潜在的反事实案例(Ragin,2008b)。例如,假设条件的总数为 n,各条件的隶属得分仅为 0 和 1,那么在逻辑上应有 $2n$ 个组态。如果有经验案例支撑的组态总数为 X,那么逻辑余项的数量就是 $2n-X$。在标准化分析中加入逻辑余项或可提升结论的合理性和简洁度。在加入逻辑余项时需要对其进行假设,并且要给出理论或现实依据。如果这一过程是容易的,例如它试图化简的条件明显是冗余的,那么这样的逻辑余项就被称为"容易的逻辑余项",反之就是"困难的逻辑余项"。在复杂解的基础之上,对全部逻辑余项(容易的和困难的)进行分析后所得出的结论就是简约解。由于加入了困难的逻辑余项,简约解可能会变得不切实际,而中间解在简约性和复杂性之间取得了平衡。只对容易的逻辑余项进行分析后所得出的结论就是中间解,它一般是最终结论的首选(拉金,2019;Schneider,Wagemann,2013)。

(五)稳健性检验

有不少学者对 QCA 方法的客观性提出了质疑,他们认为阈值(定性转折点、一致性、案例频数)的设定过于主观,这会导致研究结论的不可靠(Gary,

Mahoney,2012；Krogslund,Choi,Poertner,2015；Lieberson,2004；Seawright，2005)。作为回应,QCA 方法的拥趸早已尝试了多种方式对研究结论进行稳健性检验(Fiss,Sharapov,Cronqvist,2013；黄嫚丽,张明,皮圣雷等,2019；Kim，2013)。目前,较为通用的检验方式是依据理论与实际调整阈值继而再次运算(Skaaning,2011)。若二次运算的结果仍旧支持初始结论,那么该结论便算是通过了稳健性检验(徐家良,程坤鹏,苏钰欢,2019)。

第二节 对案例素材的测量与运算

一、结果和条件的测量说明

测量是接近事物(概念)本质的重要渠道。在社会科学的理论研究中,细密无误地测量几乎是行不通的,研究者只可能在有限范围内选择适当的测量方式。通常,相对清晰的概念可以用单一指标来测量,而对抽象、模糊的概念进行测量就得操作化(吴肃然,2013)。

(一)结果的测量说明

在上一章,本书已经用质性语汇描述出作为结果的社会治理中多元主体协同生成,但若要用数字去表达则困难得多。从既有文献来看,不少学者已经在协同有效性评估方面做了大量尝试,这为本书提供了极有价值的参考。

Innes 和 Booher(1999)认为协同实践会带来三种积极的影响。第一,一阶影响(first order effects)。这是协同过程的一个直接结果,是可以立即识别的。它包括社会、智力和政治资本的创造,高质量协议和创新策略。第二,二阶影响(second order effects)。它可能包括新的伙伴关系、协调和联合行动、超越协同的联合学习、协议的执行、实践和观念的变化。当协同以良好的状态继续进行时,这一层面的效果很可能出现。第三,三阶影响(third order effects)。这可能需要过一段时间才会显现出来。它可能包括新的协同、在协同成员之间出现更多的共同进化和更少的破坏性冲突、实地结果(服务、资源、城市和地区的适应情况)、新机构、解决公共问题的新规范和社会启发、新的话语模式。

Koontz 和 Thomas(2006)重点关注了环境治理中的协同有效性。他们区分了协同过程中的产出(outputs)与结果(outcomes),并强调要加强分析协同行动与结果之间的关联。他们提倡使用能够反映环境状态变化的直接、客观的数据去测量协同方式在优化环境方面的有效程度。同时,他们还指出,一些社会结果(如信任、合法性、社会资本)也应当被纳入测量的范畴。

Marek 等(2015)学者运用李克特量表开发并验证了一套协同有效性的理论评估模型,其中包括了七项有效协同的关键影响因素:情境、成员、过程、沟通、共同目标(function)、资源、领导力。他们向 77 个联盟中的 456 名主要成员发放了调查问卷,度量了受试者对有效协同及其影响因素的态度与看法。

Emerson 和 Nabatchi(2015)认为,过程绩效和生产力绩效的混淆会阻碍对协同整体绩效的评估。他们聚焦于生产力绩效,将其定义为协同产生的行动/产出、结果和适应,并结合先前提出的协同治理综合框架构建和验证了一个绩效评估矩阵。该矩阵包括了三个分析单元——参与组织、协同系统、目标,以及三个绩效维度——行动/产出、结果和适应。在参与组织层面,他们通过计算 CGR[①] 为各参与组织带来的收益或增加价值去评估行动/产出层面的绩效;通过寻找 CGR 促进组织能力(知识、技能、资源)提升的直接证据和测量参与者对能力、绩效提升的主观感知去评估结果层面的绩效;通过衡量个体参与者对 CGR 的信任和组织内部特征(规模、结构、人事、策略)随着时间变化的发展去评估适应层面的绩效。在协同系统层面,他们通过衡量实际行动和协同意图相一致的程度去评估行动/产出层面的绩效;通过调查相关领导者和公众的意见(组织报告、媒体报道、外部资助等)去评估结果层面的绩效;通过寻找协同有助于实现预期目标及其能继续发挥作用的证据去评估适应层面的绩效。在目标层面,他们通过衡量协同净收益分配的客观指标和访问受益者对协同“成本—收益”合理分配的看法去评估行动/产出层面的绩效;通过测量实际行动完成预期目标的程度去评估结果层面的绩效;通过观测协同作用的持续程度去评估适应层面的绩效。

鉴于上述做法,再结合 H 市 Y 区的实情(本章将从 Y 区中选择 25 个城市小区作为研究案例,详见下一小节),本书将从三层维度去测量社会治理中多元主体协同的程度,同时利用专家调查法[②]赋予它们不同的权重(见表 7.2),然后将其合并成一项复合指标。复合指标的数值越大,协同生成的程度就越高,协同的状态也就越稳定。

---

① CGR 指上文 Emerson 等提出的协同治理体制,它是协同系统的核心部分。

② 专家调查法是指依托专家的经验和知识对研究问题进行分析与预测的方法。本书征询了四位社会治理/公共政策执行领域的专家对指标权重的意见。四位专家通过匿名函件进行若干轮的交流,直至各方观点一致。

表 7.2 社会治理中多元主体协同的测量说明

测量维度	测量指标	权重（%）	数据源
公共问题有效解决程度	居民月均参与率	25	G 公司
协同目标一致程度	各方行动者达成一致目标并为之行动的意愿	35	问卷
公共参与意识提升程度	居民主动参与公共事务的意愿	40	问卷

维度一是公共问题的有效解决程度,测量指标是居民月均参与率,即特定区域内每月使用 G 公司服务的居民人数占实际入住人数比重的平均值,权重为25%。本章将从 G 公司处获取这方面的数据。如此设计的理由是,多元主体协同最明显的优势和作用就是解决单一部门无法应对的公共问题,若问题都无法得到有效解决,那谈论协同的塑造就多余了。在 Y 区,提升居民垃圾分类参与率是政策预期目标,也是衡量垃圾分类政策成效的主要指标,直观、清晰。参与率的提升不仅仅反映了居民个体行动的改变,它凝聚了党委、政府、市场、社会各方行动者的共同努力,从而能够在一定程度上测量出协同的程度和状态。

维度二是协同目标的一致程度,测量指标是各方行动者达成一致目标并为之行动的意愿,权重为 35%。本章将借鉴 Marek 等(2015)开发的量表,编制调查问卷,邀请 Y 区居民、居委会工作人员和 G 公司垃圾回收专职人员填写。本书认为,单凭公共问题的有效解决程度还不足以表达协同。从目标来看,在大多数协同情境中,各方行动者都是携带着各自的目标而采取行动。在 Y 区,居民的目标可能是获得环保金,居委会工作人员的目标可能是完成上级任务,G公司员工的目标可能是增加个人收入。这其实无可厚非,但是,若协同成员无法实现各自的目标,已有的协同是否会迅速消散就很难说了。对此,不少学者都强调共同目标的重要性(在 Y 区,共同目标理应是垃圾的减量化、资源化和无害化处理)。他们认为一致的协同目标(共同目标)有利于协同的持久和稳定,缺乏一致目标的协同是暂时且不稳定的。一致的协同目标能够为稳定的协同提供一个可靠的基础,高程度协同的前提之一理应是协同目标的一致。这样说来,一致的协同目标不应是协同的影响因素,而是协同生成的一项标识。

维度三是公共参与意识的提升程度,测量指标是居民主动参与公共事务的意愿,权重为 40%。本章将借鉴有关公民(社区)参与的文献(王新松,张秀兰,2016;杨帆,王诗宗,2017;于莉,2016),编制调查问卷,邀请 Y 区居民填写。理由是,Emerson 和 Nabatchi(2015)主张将适应(adaptation)纳入协同治理绩效的评估范围。适应的基础是一种变革潜能，它可能改变复杂、不确定、不断变化的情形的方向，并有助于社区取得更高水平的社会、环境绩效（Innes，Booher，1999）。适应的出现需要一段时间，如果协同治理能够产生某种形式的适应，那么其绩效就处于更高的级别。反推回去，如果行动者达到了更高程度的协同，那么它必然伴随某种形式的适应。从这一意义上说，适应也是协同生成的一项标识。再往前一步，适应的表现是多方面的，其中最为重要的是激发行动者对公共价值的兴趣与关切，即意愿。因为意愿决定实际参与，而唯有实际参与才能提升行动能力（陈伟东，2018）。在 Y 区，正是由于社区居民的积极参与，垃圾分类政策才得以顺利推进。然而，当面对一个新的公共问题，居民是否会再次主动参与？"关起门来过自己日子"是居民的主流想法（吴晓林，2019），如果居民没有意识到垃圾分类背后更重要的实践价值——公共参与，那么更高水平的社会治理便无从谈起。假设居民的公共参与意识并未在协同实践中得以提升，那么当前协同的程度仍然是有限度的（局限于垃圾分类），也就无法适应更复杂的治理情境。

（二）条件的测量说明

上一章已经析出了社会治理中多元主体协同生成的关键影响因素——制度设计、社区动员、信任、数字技术。本章将它们视作条件投入 QCA 运算程序，以期求得影响结果的条件组合。下面将对这四个条件的测量做出说明（见表 7.3）。

表 7.3　条件的测量说明

条件	测量指标	数据源
制度设计	固定值	
社区动员	垃圾分类宣传员月均扫码率	G 公司
信任	居民对居委会工作人员的信任水平	问卷
数字技术	居民通过微信公众号或官方网站呼叫服务的月均次数	G 公司

第一，本章将每个案例中的"制度设计"都赋值为 1。因为所有案例均在 Y 区内，每个小区都在统一的政策框架下运转。如果把制度设计归为一种资源，那么它在各小区的分布是均匀的。当然，这样做会导致制度设计必定出现在 QCA 运算的结果中，难免有自说自话的嫌疑，对此，本书将在下一章展开详细论证，本章暂且将其视为一个"常量"。

第二，测量"社区动员"的指标是垃圾分类宣传员的月均扫码率（特定区域内扫码户数在总户数中的占比），这类数据可从 G 公司处获得。如此设计的理由是,首先,Y 区社区动员的主体是垃圾分类宣传员,其他行动者没有或是很少参与到动员过程中。其次,按照 G 公司的要求,宣传员每完成一户居民的宣传工作就必须记录并报送给公司,而记录和报送的过程就是让居民扫描 G 公司为宣传员配备的专属二维码。

第三,测量"信任"的指标是居民对居委会工作人员的信任水平。本书将借鉴 Johnson-George 等开发的特定人际信任量表(汪向东,王希林,马弘,1999),编制调查问卷,邀请居民填写。一般而言,协同情境中的信任包括了协同成员内部的信任和成员之间的信任,本书只关注后者。协同成员既可以是组织,也可以是个体。组织间的信任关系主要以个人关系为基础(Chen,Lee,2018),个体之间的关系通常又是完成任务的基础(Huxham,2003)。而且,中国人信任倾向的主要特点是人际信任,并非西方文化中的制度信任(乐国安,韩振华,2009)。首先,在 Y 区的协同情境中,协同成员由党政、市场和社会各方行动者构成,在小区内对应的代表性个体分别是居委会工作人员、G 公司垃圾回收专职人员和居民(包括垃圾分类宣传员)。对于居委会工作人员而言,垃圾分类政策的有效执行就必须获得居民的政策遵从;对于 G 公司员工而言,他们的个人收入依赖于居民参与。因此,在所有小区中,党政与市场行动者对社会行动者的信任水平大致相同,也就是一项定值。其次,在政策执行的初始阶段,居民不信任 G 公司垃圾回收专职人员的现象普遍存在,所以测量居民对他们的信任水平无实际意义,社会行动者对市场行动者的信任水平也可视为定值。这样看来,只有社会行动者对党政行动者的信任水平在案例间存在着差异,以此来观察"信任"条件对协同生成的影响有一定的解释力。

第四,测量"数字技术"的指标是居民平均每月通过 G 公司微信公众号或官方网站呼叫工作人员上门回收垃圾的次数,这类数据可从 G 公司处获得。从 G 公司提供公共服务的过程来看,数字技术在小区间是均匀分布的。不过,从居民的角度来看,差异就显现出来了。按照 G 公司的规定,居民呼叫"上门"的渠道有三种:电话、微信公众号、官方网站。从常识出发,绝大部分人都会使用电话,会使用互联网和微信的人不一定是多数。相比于电话,微信公众号与官方网站是技术进步的体现,更能测量出数字技术对结果产生的影响。

二、案例的选择

本章坚持"最大相似"的研究设计理念,在特定时空范围内选择研究的案例,以此确保案例的同质性,增强其可比性(见表 7.4);同时在资料可得性的约束下尽可能增加样本数量,以此提升研究结论的外部有效性(Seawright,Gerring,2008;叶成城,黄振乾,唐世平,2018)。

表 7.4　案例基本信息

组号	小区编号	实际入住人数(人)	外来流动人口占实际入住人数比重(%)	女性人口占实际入住人数比重(%)	60 岁以上老年人口占实际入住人数比重(%)
A	1	1980	61	50	25
	2	2000	64	47	20
	3	2400	65	50	30
	4	1952	60	53	22
	5	1950	63	49	28
B	1	3506	66	53	25
	2	4075	60	51	24
	3	3000	56	52	23
	4	3000	55	50	30
	5	3869	60	53	24
	6	3500	66	60	25
	7	3056	64	50	27
C	1	800	26	55	23
	2	782	33	45	32
	3	920	33	51	25
	4	800	22	50	25
	5	950	30	52	22
	6	876	30	52	22
	7	812	30	55	30
	8	725	30	50	30
D	1	1059	15	55	20
	2	1032	17	51	20
	3	1256	18	54	14
	4	1355	12	40	20
	5	1011	11	49	12

注:数据来源于居委会和物业公司,统计时间为 2019 年 6 月。

本章将视线聚焦到了小区,采用非概率抽样从 Y 区中选取了 25 个城市小区,截取的时间段为 2018 年 8 月 1 日至 2019 年 12 月 31 日 。理由是,一方面,小区的垃圾分类政策执行过程关联着代表党委、政府、市场、社会的个体行动者,他们的行动是可观察、可分析的。更为关键的是,每个小区的垃圾分类宣传员是不同的,而且动员效果的差异非常大。另一方面,上文已经谈到,协同成员既可以是组织,也可以是个体。组织间的协同通常是由作为组织代表的个体之间的协同发展而来(Huxham,Macdonald,1992;Huxham,Vangen,2000c);个体行动者本身对于协同的成功又是至关重要的。个体不仅代表着其所属组织的文化、使命和任务,还会将一系列个人的态度、价值观、兴趣和知识带入协同中(Bardach,2001)。在某些情况中,协同的形成是完全或部分建立在个体参与的基础之上(Barr,Huxham,1996)。

由于本书的条件有 4 个,所以 10 个案例之间的比较能够保证 fsQCA 运算的合理性。然而很难从 Y 区所有小区中挑选出合适的案例。对此,本章的分析策略是分组比较,即将同质性的案例放入同一组内,进而比较组内案例在关键成分上的变化,寻求一致的结论。首先,表 7.4 将 25 个案例小区划入四个组别,这些小区的实际情况在可能的干扰因素层面相对接近,而在本书的核心变量上呈现出差异(见表 7.8 和表 7.9)。这 25 个小区均位于 Y 辖区内,具有一致的外部环境(如地理环境、资源条件、文化习俗)。其次,各组内的小区在"实际入住人数""外来流动人口占比""女性人口占比""60 岁以上老年人口占比"四项数值上近似。这四项数值的差异将会造成严重的测量误差:其一,在实际入住人数截然不同(一个多一个少)的两个小区中,假设参与垃圾分类的居民人数是相同的,但实际的参与率可能会相差很大;其二,女性接触家务的时间在总体上要多于男性,因而以女性为宣传重点可能更有利于推进垃圾分类;其三,60 岁以上的老年人拥有更多的时间参与社区公共事务,而且他们对微信公众号等新型数字技术更为陌生。

三、原始数据及其校准

(一)问卷的发放与整理

本书委托 G 公司垃圾回收专职人员在入户时向居民发放调查问卷,以此确保受试者参与了垃圾分类。本书的调查问卷由三个量表组成,其中,题项最多的单量表有 12 道设问(受试者基本信息的题项不包括在内)。参考"题项与受试者的比例最好为 1∶5"(吴明隆,2010)的观点,本书计划向每个小区发放问卷 60 份[①]。

[①] 本书向 A 组 5 个小区发放预测问卷 300 份,实际回收 210 份,有效问卷 185 份;再利用 SPSS 软件进行信效度检验,检验结果均符合一般性的理论要求,且未删除任何题项。

本书还向 G 公司和居委会发放了调查问卷。由于大部分小区内固定的垃圾回收专职人员只有 3 位,同时,为了减少计算偏差,保持人数一致,本书在每个小区邀请了 3 位垃圾回收专职人员和 3 位居委会工作人员填写问卷(他们仅需填写附件 3 中的量表二)。

本书向小区共计发放问卷 1500 份,实际回收 963 份,有效问卷 780 份;向 G 公司和居委会共计发放问卷 150 份,实际回收 150 份,有效问卷 150 份。各量表信效度、各小区问卷回收情况以及样本描述性统计分别如表 7.5、表 7.6 和表 7.7 所示。

表 7.5　量表信效度

量表	题项	信度检验 Cronbach's α 值	效度检验 KMO 值
量表 1(信任)	8	0.875	0.887
量表 2(协同目标)	12	0.953	0.958
量表 3(公共参与意识)	8	0.865	0.912

表 7.6　问卷回收情况

小区	有效问卷数量(份)	小区	有效问卷数量(份)	小区	有效问卷数量(份)
A1	34	B5	28	C7	26
A2	48	B6	24	C8	29
A3	25	B7	27	D1	31
A4	37	C1	17	D2	32
A5	41	C2	23	D3	34
B1	21	C3	46	D4	26
B2	36	C4	34	D5	30
B3	47	C5	21		
B4	39	C6	24		

注:只汇总了居民的有效问卷数量。

表 7.7 样本描述性统计

小区	性别		年龄						户籍		文化程度				政治面貌	
	男	女	≤20	21—30	31—40	41—50	51—60	≥61	H市户口	非H市户口	初中及以下	高中或中专	大专或本科	硕士及以上	中共党员（含预备党员）	非中共党员
A1	16	24	0	5	19	9	6	1	15	25	0	17	23	0	13	27
A2	24	30	0	6	13	16	12	7	15	39	6	26	22	0	17	37
A3	16	15	0	5	11	6	6	3	11	20	0	7	24	0	10	21
A4	23	20	0	6	20	7	5	5	11	32	9	23	11	0	11	32
A5	18	29	0	8	18	8	6	7	9	38	6	6	35	0	16	31
B1	12	15	0	4	9	4	6	4	11	16	5	10	12	0	12	15
B2	21	21	0	5	18	10	3	6	16	26	8	24	10	0	11	31
B3	28	25	0	6	16	17	10	4	16	37	15	20	18	0	13	40
B4	25	20	0	6	21	10	5	3	11	34	0	21	24	0	14	31
B5	14	20	0	6	14	5	5	4	24	10	0	16	18	0	12	22
B6	15	15	0	3	9	8	7	3	21	9	0	13	17	0	7	23
B7	13	20	0	3	11	11	3	5	10	23	4	13	16	0	9	24
C1	9	14	0	3	8	6	4	2	9	14	2	9	12	0	8	15
C2	14	15	0	3	15	3	3	5	12	17	6	6	16	1	11	18
C3	26	26	0	5	19	19	6	3	28	24	5	22	24	1	16	36
C4	18	22	0	3	12	13	8	4	15	25	10	22	8	0	20	20
C5	9	18	0	4	11	4	6	2	17	10	4	12	11	0	11	16
C6	11	19	0	5	13	5	5	2	22	8	2	21	7	0	12	18
C7	12	20	0	5	15	0	5	7	18	14	5	11	16	0	11	21
C8	16	19	0	6	14	5	9	1	22	13	8	16	11	0	13	22
D1	13	24	0	7	8	10	11	1	20	17	5	12	20	0	15	22
D2	20	18	0	3	3	8	15	9	25	13	1	26	11	0	11	27
D3	17	23	0	3	14	7	10	6	24	16	8	12	19	1	13	27
D4	10	22	0	4	14	7	6	1	21	11	2	11	18	1	11	21
D5	16	20	0	5	10	8	9	4	20	16	6	11	19	0	17	19

(二)原始数据的汇总与说明

本章将要校准的原始数据如表 7.8 和表 7.9 所示。

表 7.8 条件变量的原始数据汇总

小区	制度设计	社区动员（%）	信任	数字技术（次）
A1	1	62.13	1.82	9
A2	1	40.32	2.26	56
A3	1	34.12	1.86	48
A4	1	48.47	1.93	38
A5	1	47.34	1.77	390
B1	1	45.01	2.72	14
B2	1	48.67	2.89	17
B3	1	50.56	2.92	31
B4	1	69.93	2.51	16
B5	1	39.93	3.54	99
B6	1	44.89	3.37	95
B7	1	39.19	3.97	128
C1	1	69.35	2.34	76
C2	1	41.88	2.44	33
C3	1	34.66	2.30	63
C4	1	74.47	1.92	52
C5	1	35.78	2.53	39
C6	1	44.89	2.49	95
C7	1	56.98	1.99	15
C8	1	64.36	1.75	36
D1	1	52.85	1.99	12
D2	1	42.27	2.93	24
D3	1	38.83	2.39	36
D4	1	33.79	1.86	45
D5	1	58.27	2.13	15

表 7.9 结果变量的原始数据汇总

小区	公共问题有效解决程度 权重:25%		协同目标一致程度 权重:35%		公共参与意识提升程度 权重:40%		复合指标
	原始数据(%)	赋值	原始数据	赋值	原始数据	赋值	
A1	70.09	5	13.49	5	3.67	4	4.6
A2	42.55	2	10.72	2	2.99	3	2.4
A3	32.34	1	9.75	1	2.00	1	1
A4	48.28	3	10.84	3	2.8	2	2.6
A5	55.74	4	11.84	4	3.78	5	4.4
B1	42.96	3	9.01	1	1.77	1	1.5
B2	49.95	6	11.39	5	3.86	6	5.65
B3	48.64	5	13.63	7	4.38	7	6.5
B4	70.49	7	11.96	6	3.70	5	5.85
B5	40.76	1	9.58	2	2.07	2	1.75
B6	46.41	4	10.43	4	3.13	4	4
B7	41.88	2	10.38	3	3.02	3	2.75
C1	72.66	7	11.56	7	4.05	7	7
C2	39.83	3	9.09	1	2.04	1	1.5
C3	33.60	1	10.95	4	3.63	6	4.05
C4	78.72	8	13.96	8	4.40	8	8
C5	34.26	2	9.73	2	2.26	2	2
C6	47.03	4	11.32	5	3.33	4	4.35
C7	59.22	5	10.84	3	2.50	3	3.5
C8	67.08	6	11.45	6	3.58	5	5.6
D1	33.14	1	11.94	5	2.86	3	3.2
D2	45.63	4	9.77	1	2.43	2	2.15
D3	37.30	3	9.81	2	3.29	4	3.05
D4	33.71	2	10.75	3	2.05	1	1.95
D5	47.23	5	11.87	4	3.65	5	4.65

对于上述数据还有一些必要的说明。第一,在表7.8、表7.9中,信任、协同目标一致程度和公共参与意识提升程度的原始数据均由主观赋分和计算而得。一是受试者在五点李克特量表中赋予各指标(对居委会工作人员的信任水平;认同协同目标并为之行动的意愿;主动参与公共事务的意愿)不同分数。二是本书计算了它们在个体层面的算术平均分。三是本书以小区为统计单位,将"居委会工作人员的信任水平"和"主动参与公共事务的意愿"在个体层面的算术平均分进行"算术平均",所得数值代表着每个小区对居委会的信任状态和每个小区的公共参与意识提升程度。四是本书将"协同目标一致程度"在不同个体层面的算术平均分进行"算术平均",所得数值代表着不同行动者(居民、居委会工作人员、G公司垃圾回收专职人员)对共同目标的认同程度,而这三项数值加总后就是每个小区的协同目标一致程度。

第二,由于每个小区的有效问卷数量不相同,为了提高组内小区间的可比性,本书以每组内有效问卷数量的最低值作为计算该组所有小区三项指标(信任、协同目标一致程度和公共参与意识提升程度)算术平均分的分母。例如,表7.6中A组第三个小区(A3)的有效问卷数量在组内最少(25份),那么在计算小区层面的算数平均分时,该组所有小区就以"25"作为各项指标"算术平均"的分母,而各项指标的分子则是得分降序中前25项数值的总和。

第三,在表7.9中,本书以各小区原始数据在组内的相对大小作为三层维度的赋值依据。例如在A组的5个小区中,A1的参与率最高,其得分即为5;A3的参与率最低,其得分即为1;其余依此类推。赋值后,再根据各维度的权重,将三层维度合成一项指标。

第四,量表中所有题项均是正序记分题,因此各项指标最后的得分越高,其所测量对象的客观存在程度就越高。

(三)校准及依据

本书将以组内小区各项指标的相对排序、数值特征和实际情况作为主要的校准依据,选择表7.1中的"连续"模糊集赋值方案,设置定性转折点,继而得到条件和结果集合的隶属得分[①](见表7.10)。

---

① 在本章所有案例小区中,"1"为完全隶属"高制度设计"集合的定性转折点;"0"为完全不隶属"高制度设计"集合的定性转折点;"0.5"为交叉点。

表 7.10　模糊集隶属得分

小区	制度设计	社区动员	信任	数字技术	多元主体协同
A1	0.95	0.97	0.54	0.03	0.96
A2	0.95	0.23	0.97	0.20	0.23
A3	0.95	0.07	0.61	0.15	0.02
A4	0.95	0.63	0.73	0.10	0.31
A5	0.95	0.57	0.44	1.00	0.94
B1	0.95	0.32	0.26	0.04	0.02
B2	0.95	0.54	0.4	0.05	0.92
B3	0.95	0.65	0.43	0.13	0.98
B4	0.95	1.00	0.14	0.05	0.94
B5	0.95	0.12	0.88	0.96	0.03
B6	0.95	0.31	0.80	0.94	0.50
B7	0.95	0.10	0.97	0.99	0.13
C1	0.95	0.95	0.65	0.87	0.93
C2	0.95	0.24	0.76	0.21	0.08
C3	0.95	0.16	0.60	0.71	0.47
C4	0.95	0.98	0.17	0.52	0.97
C5	0.95	0.17	0.83	0.29	0.12
C6	0.95	0.29	0.80	0.96	0.53
C7	0.95	0.50	0.23	0.06	0.35
C8	0.95	0.85	0.08	0.25	0.78
D1	0.95	0.91	0.13	0.06	0.56
D2	0.95	0.31	0.98	0.40	0.09
D3	0.95	0.14	0.63	0.88	0.47
D4	0.95	0.03	0.07	0.98	0.05
D5	0.95	0.98	0.27	0.10	0.98

1. A 组条件和结果的校准及依据

完全隶属"高社区动员"集合①的定性转折点设为"60%";完全不隶属"高社区动员"集合的定性转折点设为"32%";交叉点设为"46%"。依据是月均扫码率的最大值为 62.13%,最小值为 34.12%,平均值为 46.476%。月均扫码率低于 50% 的小区有四个,占比为 80%。同时,各小区的外来流动人口占比较高,动员难度较大,阈值不宜过高。

完全隶属"高信任"集合②的定性转折点设为"2.2";完全不隶属"高信任"集合的定性转折点设为"1.4";交叉点设为"1.8"。依据是人际信任水平的最大值为 2.26,最小值为 1.77,平均值为 1.93。

完全隶属"高数字技术"集合③的定性转折点设为"195";完全不隶属"高数字技术"集合的定性转折点设为"21";交叉点设为"87"。依据是居民通过微信公众号或官方网站呼叫服务月均次数的最大值为 390;最小值为 9;平均值为 108。有四个小区的月均呼叫次数低于 60。各小区中 60 岁以上老年人口占比较低,熟悉微信公众号或官方网站的居民较多,阈值范围理应设置得宽一些。

完全隶属"高社会治理中多元主体协同"集合④的定性转折点设为"4.5";完全不隶属"高社会治理中多元主体协同"集合的定性转折点设为"1.5";交叉点设为"3"。依据是该指标的最大值为 4.6;最小值为 1;平均值为 3。

2. B 组条件和结果的校准及依据

完全隶属"高社区动员"集合的定性转折点设为"60%";完全不隶属"高社区动员"集合的定性转折点设为"36%";交叉点设为"48%"。依据是月均扫码率的最大值为 69.93%;最小值为 39.19%;平均值为 48.31%。月均扫码率低于 50% 的小区有五个,占比为 71.43%。与 A 组相似,各小区的外来流动人口占比也较高,阈值不宜过高。

完全隶属"高信任"集合的定性转折点设为"3.8";完全不隶属"高信任"集

---

①　"高社区动员"集合是指由社区动员程度相对更高的案例组成的集合。超过预设定性转折点的小区就属于该正面集合。

②　"高信任"集合是指由信任水平相对更高的案例组成的集合。超过预设定性转折点的小区就属于该正面集合。

③　"高数字技术"集合是指由数字技术运用相对更广泛的案例组成的集合。超过预设定性转折点的小区就属于该正面集合。

④　"高社会治理中多元主体协同"集合是指由协同程度相对更高的案例组成的集合。超过预设定性转折点的小区就属于该正面集合。

合的定性转折点设为"2.2";交叉点设为"3"。依据是人际信任水平的最大值为3.97;最小值为2.51;平均值为3.13。

完全隶属"高数字技术"集合的定性转折点设为"98";完全不隶属"高数字技术"集合的定性转折点设为"16";交叉点设为"57"。依据是月均呼叫服务次数的最大值为128,最小值为14,平均值为57,数值分布呈两极化。与A组相似,各小区中60岁以上老年人口占比也较低,阈值范围理应设置得宽一些。

完全隶属"高社会治理中多元主体协同"集合的定性转折点设为"6",完全不隶属"高社会治理中多元主体协同"集合的定性转折点设为"2",交叉点设为"4"。依据是该指标的最大值为6.5,最小值为1.5,平均值为4。

3. C组条件和结果的校准及依据

完全隶属"高社区动员"集合的定性转折点设为"70%",完全不隶属"高社区动员"集合的定性转折点设为"17%",交叉点设为"57%"。依据是月均扫码率的最大值为74.47%,最小值为34.66%,平均值为52.8%。有半数小区的月均扫码率超过了50%,社区动员程度整体偏高,阈值相对更高。

完全隶属"高信任"集合的定性转折点设为"2.8",完全不隶属"高信任"集合的定性转折点设为"1.64",交叉点设为"2.22"。依据是人际信任水平的最大值为2.53,最小值为1.75,平均值为2.22。同时,各小区交房时间较长,且外来流动人口占比较低,居民入住时间相对较长,对居委会的信任水平可能会高一些,阈值理应设置得高一些。

完全隶属"高数字技术"集合的定性转折点设为"91",完全不隶属"高数字技术"集合的定性转折点设为"11",交叉点设为"51"。依据是月均呼叫服务次数的最大值为95,最小值为15,平均值为51。

完全隶属"高社会治理中多元主体协同"集合的定性转折点设为"7.5",完全不隶属"高社会治理中多元主体协同"集合的定性转折点设为"0.9",交叉点设为"4.2"。依据是该指标的最大值为8,最小值为1.5,平均值为4.5。

4. D组条件和结果的校准及依据

完全隶属"高社区动员"集合的定性转折点设为"55%",完全不隶属"高社区动员"集合的定性转折点设为"35%",交叉点设为"45%"。依据是月均扫码率的最大值为58.27%,最小值为33.79%,平均值为45.2%。

完全隶属"高信任"集合的定性转折点设为"2.8",完全不隶属"高信任"集合的定性转折点设为"1.8",交叉点设为"2.3"。依据是人际信任水平的最大值为 2.93,最小值为 1.86,平均值为 2.26。

完全隶属"高数字技术"集合的定性转折点设为"41",完全不隶属"高数字技术"集合的定性转折点设为"11",交叉点设为"26"。依据是月均呼叫服务次数的最大值 45,最小值为 12,平均值为 26.4。

完全隶属"高社会治理中多元主体协同"集合的定性转折点设为"4.3",完全不隶属"高社会治理中多元主体协同"集合的定性转折点设为"1.9",交叉点设为"3.1"。依据是该指标的最大值为 4.65,最小值为 1.95,平均值为 3。

四、评估集合关系与稳健性检验

本小节将借助软件"fsQCA 3.0"评估条件(组合)集合与结果集合的必要/充分关系,并以此去推测变量之间的因果关系。

(一)条件必要性评估

遵照既定规则,本书先对单个条件的必要性进行评估,并报告各组内条件在"出现"与"不出现"状态下的一致性与覆盖度(见表 7.11)。

表 7.11　条件的必要性评估

组号	条件	一致性	覆盖度
A	制度设计	0.993421	0.397368
	—制度设计	0.111842	0.85
	社区动员	1	0.8
	—社区动员	0.388158	0.280952
	信任	0.626016	0.468085
	—信任	0.544715	0.783626
	数字技术	0.230263	0.729167
	—数字技术	1	0.431818
B	制度设计	0.991477	0.524812
	—制度设计	0.085227	0.857143
	社区动员	0.735795	0.851974
	—社区动员	0.423295	0.376263

续表

组号	条件	一致性	覆盖度
B	信任	0.46875	0.425258
	—信任	0.65625	0.740385
	数字技术	0.258523	0.287975
	—数字技术	0.809659	0.742188
C	制度设计	0.995272	0.553947
	—制度设计	0.094563	1
	社区动员	0.869976	0.888889
	—社区动员	0.41844	0.458549
	信任	0.550827	0.565534
	—信任	0.735225	0.801546
	数字技术	0.685579	0.749354
	—数字技术	0.529551	0.542373
D	制度设计	0.986046	0.446316
	—制度设计	0.116279	1
	社区动员	0.837209	0.759494
	—社区动员	0.334884	0.273764
	信任	0.469767	0.485577
	—信任	0.804651	0.592466
	数字技术	0.35814	0.318182
	—数字技术	0.786046	0.655039

注:"—"表示该条件不出现。

表7.11中,A组中超过必要条件一致性最低标准(0.9)的条件有三个:制度设计、社区动员、"—数字技术"。B、C、D三组中符合要求的条件就只有制度设计。社区动员的必要条件覆盖度为0.8,具有较强的经验解释力。制度设计和"—数字技术"的必要条件覆盖度均不高,经验解释力相对较弱。

(二)条件组合充分性评估

由于各组的经验案例相对较少,所以对逻辑余项进行假设就显得十分重要。从既有理论和条件必要性的评估结果出发,本书假设四个条件的出现

(present)会影响正面结果的出现,或者说,四个条件的存在对结果的出现有
贡献。

如表 7.12 所示,各组均得出了一个中间解(条件组合)。四组解的一致性
均超过了充分条件组合一致性的最低标准(0.75)。首先,A 组解的一致性最
高。前三组解的一致性超过了 0.85,这表明充分条件组合与特定结果之间的关
联更为紧密。其次,C、D 两组解的经验解释力相对较强,A 组解的经验解释力
相对较弱。最后,在四组解中,社区动员均为核心条件,制度设计均为边缘条
件。数字技术仅在 A 组中是边缘条件,在其余组中为无关紧要的条件。信任在
各组中都是无关紧要的条件。

表 7.12　条件组合充分性评估

条件	中间解			
	A 组	B 组	C 组	D 组
制度设计	●	●	●	●
社区动员	⬤	⬤	⬤	⬤
信任				
数字技术	●			
一致性	0.948454	0.866221	0.890511	0.75641
原始覆盖度	0.373984	0.735795	0.865248	0.823256
唯一覆盖度	0.373984	0.735795	0.865248	0.823256
总一致性	0.948454	0.866221	0.890511	0.75641
总覆盖度	0.373984	0.735795	0.865248	0.823256

注:大黑圈表示该条件为核心条件;小黑圈表示该条件为边缘条件;空格表示该条件无
关紧要。

(三)稳健性检验

为了增强结论的可靠性与外部效度,下面将再次对条件和结果进行校准与
评估。第二轮的 QCA 运算将做出如下调整:(1)提高各组"社区动员"和"基层
社会协同治理"的定性转折点,即将所有案例排除在"完全隶属于正面集合"之
外,同时将部分案例纳入"完全不隶属于正面集合";(2)降低各组"信任"与"数
字技术"的定性转折点,即将更多案例纳入"完全隶属于正面集合",同时将部分
案例排除在"完全不隶属于正面集合"之外;(3)各组"制度设计"的定性转折点
保持不变。

1. A 组条件和结果的二次校准

完全隶属"高社区动员"集合的定性转折点设为"65％",完全不隶属"高社区动员"集合的定性转折点设为"35％",交叉点设为"50％"。完全隶属"高信任"集合的定性转折点设为"1.9",完全不隶属"高信任"集合的定性转折点设为"1.1",交叉点设为"1.5"。完全隶属"高数字技术"集合的定性转折点设为"50",完全不隶属"高数字技术"集合的定性转折点设为"6",交叉点设为"28"。完全隶属"高社会治理中多元主体协同"集合的定性转折点设为"5",完全不隶属"高社会治理中多元主体协同"集合的定性转折点设为"1",交叉点设为"3"。

2. B 组条件和结果的二次校准

完全隶属"高社区动员"集合的定性转折点设为"70％",完全不隶属"高社区动员"集合的定性转折点设为"40％",交叉点设为"55％"。完全隶属"高信任"集合的定性转折点设为"3.5",完全不隶属"高信任"集合的定性转折点设为"2.5",交叉点设为"3"。完全隶属"高数字技术"集合的定性转折点设为"60",完全不隶属"高数字技术"集合的定性转折点设为"35",交叉点设为"10"。完全隶属"高社会治理中多元主体协同"集合的定性转折点设为"7",完全不隶属"高社会治理中多元主体协同"集合的定性转折点设为"3",交叉点设为"5"。

3. C 组条件和结果的二次校准

完全隶属"高社区动员"集合的定性转折点设为"75％",完全不隶属"高社区动员"集合的定性转折点设为"35％",交叉点设为"55％"。完全隶属"高信任"集合的定性转折点设为"2.5",完全不隶属"高信任"集合的定性转折点设为"1.5",交叉点设为"2"。完全隶属"高数字技术"集合的定性转折点设为"70",完全不隶属"高数字技术"集合的定性转折点设为"10",交叉点设为"40"。完全隶属"高社会治理中多元主体协同"集合的定性转折点设为"8",完全不隶属"高社会治理中多元主体协同"集合的定性转折点设为"1",交叉点设为"4.5"。

4. D 组条件和结果的二次校准

完全隶属"高社区动员"集合的定性转折点设为"60％",完全不隶属"高社区动员"集合的定性转折点设为"30％",交叉点设为"45％"。完全隶属"高信任"集合的定性转折点设为"2.5",完全不隶属"高信任"集合的定性转折点设为"1.7",交叉点设为"2.1"。完全隶属"高数字技术"集合的定性转折点设为"30",完全不隶属"高数字技术"集合的定性转折点设为"10",交叉点设为"20"。完全隶属"高社会治理中多元主体协同"集合的定性转折点设为"5",完全不隶属"高社会治理中多元主体协同"集合的定性转折点设为

"2",交叉点设为"3.5"。

如表 7.13 和表 7.14 所示,稳健性检验的结果基本上支持第一轮的评估结果。

表 7.13　条件的必要性检验

组号	条件	一致性	覆盖度
A	制度设计	1	0.526316
	一制度设计	0.1	1
	社区动员	0.724	0.962766
	一社区动员	0.56	0.448717
	信任	0.996	0.529787
	一信任	0.116	0.966667
	数字技术	0.66	0.435356
	一数字技术	0.476	0.983471
B	制度设计	1	0.396993
	一制度设计	0.094697	0.714286
	社区动员	0.55303	0.815642
	一社区动员	0.651515	0.330134
	信任	0.378788	0.263852
	一信任	0.825758	0.679728
	数字技术	0.30303	0.21978
	一数字技术	0.810606	0.636905
C	制度设计	1	0.514474
	一制度设计	0.102302	1
	社区动员	0.820972	0.88674
	一社区动员	0.434783	0.388128
	信任	0.713555	0.49556
	一信任	0.526854	0.869198
	数字技术	0.815857	0.645749
	一数字技术	0.365729	0.46732

续表

组号	条件	一致性	覆盖度
D	制度设计	1	0.347368
	—制度设计	0.145455	0.96
	社区动员	0.963636	0.646341
	—社区动员	0.381818	0.248032
	信任	0.757576	0.431035
	—信任	0.563636	0.442857
	数字技术	0.393939	0.215232
	—数字技术	0.751515	0.626263

注:"—"表示该条件不出现。

表 7.14　条件组合的充分性检验

条件	中间解			
	A 组	B 组	C 组	D 组
制度设计	●	●	●	●
社区动员	⬤	⬤	⬤	⬤
信任	●			⬤
数字技术				
一致性	0.962766	0.815642	0.88674	0.762821
原始覆盖度	0.724	0.55303	0.820972	0.721212
唯一覆盖度	0.724	0.55303	0.820972	0.721212
总一致性	0.962766	0.815642	0.88674	0.762821
总覆盖度	0.724	0.55303	0.820972	0.721212

注:大黑圈表示该条件为核心条件;小黑圈表示该条件为边缘条件;空格表示该条件无关紧要。

在必要条件的稳健性检验中,制度设计依旧是各组的必要条件,但经验解释力不强。在 A 组中,信任成为必要条件,在 D 组中,社区动员成为必要条件,二者的经验解释力也都不是很强。除此之外,各组内的其他条件均为达到必要条件一致性的最低标准。

在充分条件组合的稳健性检验中,各组同样都只得出了一个中间解。首先,四组解的一致性均超过了充分条件组合一致性的最低标准,前三组解的一致性超过了 0.85，A 组解的一致性依旧最高。其次，C 组解的经验解释力相对较强，B 组解的经验解释力相对较弱。最后，社区动员依旧为四组解中的核心条件，制度设计依旧为边缘条件。信任在 A 组中变为边缘条件，在 D 组中变为核心条件，在其余组中为无关紧要的条件。数字技术在各组中都是无关紧要的条件。

综上，两轮的 QCA 运算得出了三项前因组合："制度设计 * 社区动员""制度设计 * 社区动员 * 数字技术""制度设计 * 社区动员 * 信任"。遵照 QCA 的规定，由于这三种解不是在同一个案例组中求得，所以只能选择其中的一种作为最后的解。很显然，只有"制度设计 * 社区动员"这一项条件组合与正面结果（社会治理中多元主体协同的生成）始终保持高度紧密的集合关系。其余两项组合虽然被排除了，但它们也具有一定的解释潜力和理论价值。

第三节　本章小结

本章试图利用 fsQCA 技术去推测制度设计、社区动员、信任、数字技术与社会治理中多元主体协同生成之间的因果关系。本章坚持"最大相似"的研究设计理念，在客观现实允许的情况下选择了 Y 区 25 个城市小区作为案例；同时，借鉴既有文献中相对成熟的做法，对条件（四个自变量）和结果（因变量）进行了操作化。本章严格遵循了 fsQCA 的操作步骤，详细汇报了运算过程。经过校准、评估与检验，本章可推出一些有限的结论：（1）制度设计是社会治理中多元主体协同得以生成的前提；（2）制度设计与社区动员可共同造就多元主体协同；（3）在制度设计与社区动员组合作用的基础上，信任和数字技术亦可做出有益贡献。

本章粗浅的结论或可初步证明，社会治理中的多元主体协同能够在基层政策执行过程中被塑造，其结果的好坏取决于不同因素间的组合，而制度设计和社区动员则是前因中的决定性成分。但是，当前推论显然还有待推进：其一，本章并未真正测量"制度设计"，也就无法理会这一因素的变化对结果产生的影响；其二，条件组合分析仅仅揭示出影响因素与结果之间的逻辑对应关系，至于因素组合如何引致正面结果的产生尚且成谜。这两个不足将在下一章节的机制性解释中得到弥补。

第八章　多元主体协同的生成机制：
基层政策执行案例探索

　　通过前述章节的工作,社会治理中的多元主体协同与其关键影响因素之间的因果关系越发明显,但还不够清晰,仍需探索(罗伯特·K.殷,2010)。对此,本章将拓展已得结论,辨明制度设计、社区动员、信任、数字技术与多元主体协同之间的因果关系,并揭示具体的作用机制,而这正是案例研究的优势所在。案例研究的核心思想是一种比较的逻辑,具体表现为不同经验案例之间的比较以及经验案例与理论知识之间的对照。通过对典型事件的梳理与解析,并与一般性理论命题发生勾连,可推动独特性案例超越其本地范围,有助于实现特殊性向普遍性的跨越,继而产出积累性成果(渠敬东,2019;张静,2018)。

　　本章依旧以 H 市 Y 区的垃圾分类政策执行过程为例,依托过程追踪和分析叙述,跟随时间进度铺陈案例证据,继而勾勒出关键影响因素在塑造协同中的具体变化,同时在一定程度上处理内生性问题(Beach, Rohlfing, 2018;Gerring,2007;张长东,2018)。由于制度设计和社区动员是前因中的决定性成分,下文将以它们作为叙事的主线;又由于数字技术和信任可能会做出有益贡献,下文也将补充讨论。

第一节　制度设计的变化及影响：基于
Y 区的整体性解释

　　制度设计是社会治理中多元主体协同得以生成的前提。它为何重要? 关于组织的早期制度分析文献指出行动者由制度化的强制所产生的承诺或忠诚,对于行动者的行动会产生极大的制约作用(Selznick,1949)。历史的新制度主义分析者指出,各种具体的制度形式对个人行为施加了强大的影响:建构其行动议程、关注、偏好与模式(March,Olsen,1984)。理性选择的新制度主义将制度视为对个人的一套积极(诱导性的)或消极(规制性的)激励,个人功利最大化为个人提供了动力(Peters,1999)。协同治理的研究认为,制度设计对协同过程的合法性而言十分重要,而合法性的获得对于协同的成功是有益的(Bryson,Crosby,Stone,2006;Ansell,Gash,2008)。以上的理论线索足以表明,制度对于行动的产生与目标的实现具有制约和使能的作用,而制度是需要被设计的。即便反对"能动论"的自然主义论点坚称制度生成是一种"自然的和不受指导的过程",他们也认同制度是面对各种相似环境的行动者集体意义建构与问题解决行为的产物,其实质蕴含着建构意味。

本节将以压力型体制作为理论分析的切入点,通过比较新旧政策在设计层面的差异来解释制度设计与多元主体协同的部分因果关系。理由是,在2017年之前,Y区党委、政府就已经开始在全区推行垃圾分类政策,但执行效果不佳。而在2017年10月,Y区党委、政府向下辖的各乡镇(街道)、区直各单位印发了《Y区"G公司"模式推进方案》(以下简称"方案")。从政策执行/多元主体协同的现状倒回去看,该"方案"的发布不仅标志着Y区垃圾分类新政策的全面启动,更意味着作为统合者的区党委通过制度设计为多元主体协同创造了可能。作为对县乡两级党委、政府运行特征与生存状态的理论抽象(荣敬本,2013),压力型体制是当下基层政策执行的通用模式。压力型体制暗含着"控制"与"自主"关系的展开。它既揭示出上级党委、政府推行政策的控制逻辑——依靠政治承包、数量化任务分解、"一票否决制"和"一把手"工程等方式向下推行公共政策;也描绘了下级党委、政府对不同来源压力的分解和应对(魏姝,2017)。

一、制度设计的具体变化

在压力型体制中,上级控制与下级自主往往围绕着政策目标、政策内容、执行手段呈现出此消彼长的交织状态。换言之,上级党委、政府是从政策目标、政策内容、执行手段这三个方面向下传递着公共政策。

在2017年10月之前,Y区出台的垃圾分类政策较为笼统。在政策目标层面,量化指标甚少;在政策内容层面,表述空泛模糊,奖惩力度较轻;在执行手段层面,以各镇街自主探索为主。与之相比,新的制度设计发生了不少变化。

(一)政策目标

"方案"规定,垃圾分类政策的总目标是坚持政府主导、企业主体、市场配置、社会协同、舆论宣传"五力合一",以"提高分类质量、实现垃圾减量"为工作重点,力争做到应收尽收和全面资源化利用。在总目标之外,"方案"还规定了四项具体目标:其一,至 2018 年 2 月底,全区建立 G 公司服务站 200 个(单个服务站服务居民约 1000 户),服务居民总数达到 20 万户;其二,居民月参与率达到 70% 以上;其三,户均日回收量不少于 0.9kg,小区整体生活垃圾资源化利用率达到 20% 以上(小区生活垃圾总量基数按照市城管委统计人均日产生活垃圾1.3kg 计),年垃圾回收利用 65700 吨以上;其四,区党委、政府根据各镇街实际情况下达其他具体的政策目标。

(二)政策内容

政策内容主要包括了五个方面。第一,明确责任分工。各镇街、社区作为责任主体和实施主体,按照属地管理原则履行主体责任;G 公司按照采购合同提供服务。第二,明确实施范围。各镇街要根据政策目标,结合辖区内居民小区住房类型和数量,以及实际入住情况,确定 G 公司开展小区清单和服务站点清单,并上报区党委、政府进行审核。区党委、政府审定后统一下发推进任务清单。第三,制定实施方案。任务明确后,各镇街要成立专项工作小组,研究制定属地实施方案。方案按照项目化管理要求,分解细化任务、落实目标责任、科学规划步骤,明确时间节点,重点做好项目的常态化管理。第四,落实资金保障。购买服务的费用由区财政与镇街按 1∶1 比例承担;镇街向 G 公司无偿提供回收服务站用房。第五,加强监督管理。区党委、政府总体负责考核工作,各镇街配套制定针对企业、社区、物业的考核办法,建立健全长效分级管理机制,责任触角深入社区、物业,落实常态化的日常考核与监督管理。考核结果作为评优评先的参考依据,实行奖优罚劣。

(三)执行手段

执行手段主要涵盖了三个方面的内容。第一,签订服务采购合同。镇街与G 公司签订服务采购合同,服务时间自回收服务站用房移交之日起开始计算,服务期暂定为一年。服务期满后,由区党委、政府组织开展项目评估,评估通过后续签五年的服务合同。第二,组织开展宣传。各镇街要多形式、多渠道、多角度地开展宣传,广泛借助网上网下各类宣传阵地和渠道,通过公益广告投放、制作张贴宣传物料、微信微博新媒体推送等多种形式,提高社会面的知晓率、参与度,为项目推进营造良好的社会舆论氛围。G 公司运营常态化后,仍要定期开展宣传活动,每月报送宣传信息。第三,强化居民引导。各镇街要迅速召开内部动员大会、社区两委会、物业公司会议、居民业主代表会议。统一思想认识,明确工作要求,整合社区、物业、企业、志愿者等人员力量,组织垃圾分类和项目推进培训,协调帮助企业进场,并开展居民上门工作。

二、制度设计变化的作用、起因和非预期结果

变化后的制度设计使得在 Y 区垃圾分类政策执行过程中塑造多元主体协同成为了可能。一方面,制度设计不仅确定了与执行过程相关的各方行动者,厘清了他们的职责和义务,还对奖励、问责与考核做出了细致说明。另一方面,制度设计赋予了多元主体协同在形式意义、实体意义和互动意义层面的合法性(Bryson,Crosby,Stone,2006)。具体而言:Y 区的协同实践获得了区内各级党委、政府、职能部门,垃圾回收市场相关企业,社区物业等内外部利益相关者的支持与资源(形式意义合法性);G 公司开设于社区内的服务站等实体性要素能够被内外部利益相关者识别(实体意义合法性);居民能够和 G 公司员工在垃圾分类与回收过程中由陌生走向熟悉,慢慢建立信任(互动意义合法性)。

然而,以下两个问题更值得讨论:Y 区党委、政府为何在 2017 年转变制度的设计思路? Y 区的新政策在执行初期遭遇失败,这是否归因于制度设计? 对此,下面将从压力型体制的演进过程中找出答案。

这里将从两个方面概述压力型体制的演进过程。第一,压力型体制的运作范围呈现出从经济领域向其他各个领域扩散的趋势。起初,压力型体制的核心目的是实现经济领域内的战略赶超,与此同时,社会公共事务的数量和复杂程度骤然上升,更多的社会政治指标被派发至"压力型体制"末端(荣敬本,2009)。第二,压力型体制的运作方式呈现出从单一限定(目标)到双限定(目标与过程)的嬗变。在分税制改革前,上级党委、政府仅仅关注任务指标的完成情况,一般不会去纠察下级党委、政府所采取的途径及其产生的外部性。然而,下级党委、政府的自主行动可能会在不同方向上越走越远,背离政策原意,甚至有意消解外部控制。如果不能及时制止,公众利益将受到侵蚀。对此,上级党委、政府加强了对指标完成手段的管理,将指标管理和带有刚性约束的技术治理结合在一起(渠敬东,周飞舟,应星,2009),考核渐趋精细。指标本身的性质也朝着约束性的方向发生变迁(黄晗,燕继荣,2018)。而在现阶段的实际运作中,上级党委、政府调整过去单纯看重结果的思路,利用正式规则强化对政策执行的控制,并辅之多层面、高频度的考核与问责,力求过程的标准化和结果的确定性。

回到本小节开头的两个问题。第一,微观行动与宏观环境是密不可分的,Y区"方案"的出台有着特定的背景。2016年12月,习近平总书记在中央财经领导小组第14次会议上指出:"普遍推行垃圾分类制度,关系13亿多人生活环境改善,关系垃圾能不能减量化、资源化、无害化处理。"①2017年3月,国家发改委、住建部出台了《生活垃圾分类制度实施方案》,提出要将生活垃圾分类作为推进绿色发展的重要举措,并且到2020年底,在实施生活垃圾强制分类的城市,生活垃圾回收利用率要达到35%以上。随后,各省份纷纷响应,紧锣密鼓地推出相关政策。毫无疑问,垃圾分类必然在Y区党委、政府的中心工作序列中。"这次上面重视了,一定要推行垃圾分类了。"(访谈记录20180711-ZF-6)出于对既往执行经验的参考以及对下级过度自主的防范,Y区党委、政府依托压力型体制向下推行新政策,并在政策目标、政策内容、执行手段方面加以大幅度限定,压缩下级的自主空间,以期新政策的有效落实。

第二,新政策推进受阻在很大程度上归因于无效的(自上而下)社区动员,而这又与制度设计不无关联。"加强垃圾分类宣传对于我们社区是无止境的。"(访谈记录20180709-ZF-4)最初,动员的重任落到了居委会头上。虽然居委会在名义上是自治组织,但它在人事、财政等方面高度受制于党委、政府(桂勇,崔之余,2000),且承担着大量行政事务。据统计,居委会需承担286项行政任务,提供约106项的证明(盖章)事项,完成数十本甚至上百本台账(罗红霞,崔运武,2015)。"居委会工作量太大。"(访谈记录20180710-ZF-5)"社区工作者事多人少。"(访谈记录20180709-ZF-4)显然,居委会没有充足的精力用于垃圾分类的宣传。可是,"方案"要求各镇街每月报送宣传信息,并与评奖评优挂钩。"这是过程考核……上面很看重结果……指标肯定要用的,不然给你经费怎么监督。"(访谈记录20180703-ZF-2)那么手脚束缚的居委会是如何应对的?既有的学术观察表明:居委会通常会选择性应付上级摊派的各项任务(杨爱平,余雁鸿,2012);若是面对明确可测的责任目标无法完成的情况,部分基层党委、政府会编造同样"明确可测"的虚假资料以应付考核(周雪光,2008)。本书在Y区发现,多数居委会每月都会利用一到两天的时间入户宣传,并保留足够多的现场照片与文字记录,在满足最低考核标准的同时规避与上级的正面冲突,但实际的动员效果微乎其微。一言以蔽之,Y区党委、政府利用正式规则(痕迹管理)要求下级还原执行细节以确保上级能够实时管控、监督工作的进度

---

① 习近平:从解决好人民群众普遍关心的突出问题入手. (2016-12-24). https://news. cri. cn/20161224/bd024e3e-4312-fc08-a286-bb9c22018dee. html.

及成效,防止公共政策执行的走形或失败。然而,下级党委、政府长期面临着"条块工作交叠"的复杂局面。为了在规定时间内完成规定动作以避免严苛的考核与问责,他们不得不刻意放大材料效用而忽略行动实效(痕迹主义)。原本旨在实现政策目标的手段却在实践中变质为下级党委、政府的行动目标,多元主体协同"加载"到社会边界处戛然而止。

第二节 社区动员的关键作用：来自 Y 区 Q 小区的经验证据

有关协同治理的文献早已注意到动员在其中的不可或缺性,而 Y 区的社区动员实践为这一理论洞见增添了鲜活的经验细节。在 Y 区,G 公司在进驻各小区的起始阶段并未获得绝大多数居民的自愿遵从,直至社会力量的融入(G 公司招聘的垃圾分类宣传员),情况才有显著改善。这样的普遍情况为本书创造了极好的准实验环境,即在同一区域内控制其他变量(回应竞争性假设)的前提下,解释社区动员与多元主体协同的机制性关联。循于此,下文将选取极端个案——城市小区 Q,通过历时性地观察小区内的动员过程,借助目标群体政策遵从和社区参与领域的理论知识,进而剖析多元主体协同在停滞时,社会力量是如何发挥其关键作用的。

一、从停滞到持续：关键群体的动员

Q 小区是交付于 2007 年的普通商品房小区。该小区目前实际入住人数为 5000 人(其中外来流动人口占比为 34%;女性人口占比为 50%;60 岁以上老年人口占比为 20%)。十多年间,Q 小区未举办任何邻里互助活动,仅有的一两次维权事件也因参与人数过少而偃旗息鼓,邻里关系较为疏远、淡漠。

(一)目标群体的消极回应：表现与成因

动员居民参与在政策执行中异常重要(Treno,Holder,1997)。规制型公共政策的有效执行取决于目标群体的自愿遵从。作为典型的规制型公共政策,垃圾分类的目标群体是观念多元、利益多元、类别多元的社区居民。居民自觉有为参与在很大程度上决定了垃圾分类的成效。

一开始,居委会工作人员带领着 G 公司垃圾回收专职人员一同入户动员,然而他们却遭遇了始料未及的情况。一是居民的隐性抵制,几乎没有居民响应

政策号召。"居民不参与。"(访谈记录 20180703－ZF－1)二是居民的公开对抗,部分居民在 G 公司开设于小区内的回收服务站与便利店中闹事,破坏其设备。"把 G 公司的东西扔出去。"(访谈记录 20180703－ZF－1)

导致上述情况的原因不仅包括上一节提到的基层官僚的精力不足与避责行动,还可能有四点。(1)居民对分类价值的感知程度较低。一部分居民不在乎分类所得的环保金,另一部分居民认为 G 公司的兑换价格太低,还有一部分居民则表示不知道垃圾分类有益于环境保护。"年轻人不在乎这点钱"(访谈记录 20180703－ZF－1)"外面收纸板的 9 毛一斤,G 公司只有 4 毛一斤……有的居民根本就没有环保意识的。"(访谈记录 20180702－SH－1)(2)部分居民被拾荒者的刻板印象所挟持,歧视和排斥 G 公司员工。"有一些居民仍以为 G 公司就是回收垃圾卖钱,跟以前的拾荒者没什么区别。"(访谈记录 20180702－SH－1)(3)糟糕的政策经验。2017 年之前,有关部门在清运时仍将已分好类的垃圾混合收集,这严重打击了居民参与分类的积极性。"那个时候混合清运真的负面影响太大了。"(访谈记录 20180707－SH－1)(4)志愿者的消极动员。每个社区都有一支志愿者队伍,成员一般都包括楼道长、党员、居民代表、机关志愿者、专职网格员、兼职网格员、热心商家等。居委会在第一时间发动志愿者入户宣传,但他们在动员过程中敷衍了事。"很多人不愿意来当志愿者……志愿者做事情还是不靠谱、没责任的。"(访谈记录 20180707－SH－1)

由于财政拨款是 G 公司运营这一项目的主要利润来源,因此,垃圾回收量的持续走低将导致企业亏损。为了降低风险,G 公司决定面向社区征召和培训宣传员,再依靠他们向更多的住户推广企业服务。

(二)关键群体的组成与动员功能

在异质性较高的群体中,关键群体(critical mass)更有可能促成更广区域内的集体行动(Oliver,Marwell,1988)。他们在动员初期承担着初始净成本,并通过私人关系或是示范效应号召更多的人投身于统一的行动框架中。在中国,关键群体往往发端于一位中心人物的动员(罗家德,孙瑜,谢朝霞,等,2013)。在 Q 小区中,关键群体的形成恰好印证了既有的学术认知。

1.关键群体的组成

2018 年春,G 公司开始在各社区内招募宣传员,L 女士作为关键群体内的中心人物出现了。L 女士是一名党员,有过从军的经历,退休前是一家化工原料企业的经理,家境殷实、个人阅历丰富。2008 年,L 女士入住 Q 小区。2017年冬季,她被居民推选为 Q 小区第三届业主委员会主任。

L女士与居委会Z主任是好友,她们在闲暇之余谈及垃圾分类和G公司。鉴于之前的政策经验以及"闹事"风波,L女士对垃圾分类的新政策持有诸多疑虑:"真的有用么? ……会不会跟以前一样?"(访谈记录20180702-SH-1)在Z主任的鼓动下,L女士答应试一试。经过深入的了解和比较,L女士认识到G公司与其他回收企业的不同之处:专业的技术设备、前沿的运营模式以及"将垃圾分类进行到底"的企业使命,故而转变了之前疑惑的态度,真正投入动员工作中。

L女士并未盲目地随机入户,而是选择身边的熟人作为突破口——发动社区舞蹈队的成员。L女士是社区舞蹈队的队长,队员均是居住在Q小区内的退休人士。平日在队长的召集下,他们常常聚在一起排练、演出,具有较为亲密的强连带关系。成为G公司宣传员后,L女士便频繁地向大家介绍"垃圾分类",吸纳他们的参与力量。"资源化、减量化、无害化"的环保理念、L女士的个人威望、以身作则以及人情压力共同启动了队员对垃圾分类的政策遵从。他们率先自觉分类,并且在劝导其他人的过程中做出了大量贡献。

2.关键群体的动员功能

虽然案例中的关键群体不是正式组织,但他们在动员居民的过程中表现出较高的组织性。在L女士的带领下,关键群体穿着一致的志愿者服装,配备可读性较高的宣传资料,使用清晰易懂的话语定期入户动员。"他们的衣服、资料都是统一的,我会先跟队员们讲,该怎么沟通比较好。"(访谈记录20180702-SH-1)每月,他们还会挑选固定时间与G公司员工在小区公共广场举办邻里活动(如包粽子),在随性的氛围中传递垃圾分类理念。"一开始每天都会去……排练完之后挨家挨户地跑。"(访谈记录20180702-SH-1)为激励关键群体,L女士屡次将自己每月所得补贴全部用于犒劳队员。"上次分津贴的时候,我就说大家摊一下。"(访谈记录20180702-SH-1)

在面对面动员中,关键群体所接触的是形形色色的居民,且个体间差异较大。这些差异可归结为两类:一类是显性差异,主要指年龄、职业等差别;另一类是隐性差异,主要指居民对垃圾分类不同的体会与感悟。对于客观存在的差异,关键群体并未以一套口号式的说辞应对所有居民,而是实行差别化动员。"跟不同人接触,就要聊不同的天。"(访谈记录20180702-SH-1)

差别化动员分为两个步骤。首先,识别差异。显性的差异容易被观察,隐性的差异则需要关键群体在循环往复的对话中准确判别。其次,针对性干预。例如,依照居民对垃圾分类感知价值的隐性差异,关键群体或是强调垃圾分类的环保意义,或是突出其经济利益,或是反复提及道德感。"多提提他在乎的东西,这样才能打动他。"(访谈记录 20180702－SH－1)值得一提的是,居民间的差异经常交叠多变,令人难以琢磨。因此,关键群体要根据实际情况不断地调整劝导的方式与侧重点。

(三)社区动员的效果

第一,关键群体持之以恒的动员成功激活了部分居民的政策遵从。2018 年 1 月至 2019 年 12 月,Q 小区居民的月参与率呈平稳上升趋势。其中,2018 年 1 月的居民月参与率为 6.05%;2019 年 12 月的居民月参与率为 54.52%。考虑到占总户数四分之一强的"出租户"及为数不少的"空关户"实际上极少参与,已经有一大半业主在非强制状态下进行了主动分类。

第二,相比于消极回应的最初形态,关键群体的动员增强了居民对垃圾分类的感知价值、政策有效性感知,居民对 G 公司的刻板印象也有了明显转变。当然,主动分类或有可能是居民基于情感性关系而闪现的工具交换行为。庆幸的是,小区内的随机采访可以证明,垃圾分类行为已经固化为部分居民的生活习性,而非他们的权宜之计。

第三,社区动员为行动者之间的正式或非正式互动创造了机会,原本冷漠的"社会—市场"关系不断升温,情感支持逐渐加强。在 G 公司垃圾回收专职人员上门服务的过程中,居民与他们相互认识、了解、照应。"天气热的时候给他们(G 公司员工)喝茶、吃冰西瓜……有时候还会麻烦他们拿一下快递。"(访谈记录 20190724－SH－1)

二、社区动员起效的归因

在 Q 小区,关键群体与其他居民既不熟悉,也无利益往来。那么关键群体为何心甘情愿选择动员行为?他们的介入又为何能够对居民的参与和遵从产生实际影响?

第一,L 女士很符合学术文献所描绘的"社区骨干"和"积极分子"的形象,而这两类行动者恰恰是社区动员中至关重要的角色。退休前,L 女士从事管理工作,具备一定的组织能力;退休后,她拥有了充裕的时间,热衷于参与各类公共事务。她不仅是垃圾分类宣传员,还兼任业委会主任、社区社会组织负责人、社区党支部委员。在与她相处的过程中,可以强烈地感受到她的健谈、果断、善良、深情、精力充沛且富有同情心。进一步而言,有不少关于积极分子为何积极的理论解释,例如物质激励、人情面子、志愿主义。本书认为,L 女士积极参与社区公共事务的动因有两个。一是人情面子。L女士在Q小区的居住时间已长达十余年之久。她与居委会Z主任在数年的交往中逐渐增进彼此的好感，并一直保持着善意的互动。当Z主任向她发出加入G公司的邀请，L女士碍于情面，没有过多犹豫便应允了。二是志愿主义。L女士积极参与公共事务，是希望退休生活更加充实，能从中获得成就感；看重他人对自身价值的认可与赞许。"我家不差钱，差的就是精神支柱，就是人生的价值吧。我认为，我退休了，这个年纪能够做到发挥党员精神和人生价值，把事情做好了就很有满足感。"（访谈记录20190724－SH－1）需要额外补充的是，像L女士这样的宣传员是少见的，这也是Q小区构成极端案例的一项缘由。更多宣传员背后的动机是物质激励（G公司的补贴）和人情面子的结合。简洁地说，她们追求经济回馈而选择加入G公司，但在她们的认知中这又不完全是基于市场逻辑的等价交换，因为她们的动机中还包含着人情、面子因素，也就是"拿人手短"的心理。有多位宣传员曾表示自己拿了补贴后感到难为情，要为G公司多宣传。

　　第二，关键群体的主动动员与他们的身份建构密切相关。身份是个体与社会之间的联系，身份的认同与建构直接影响着个体的社会行动与社群联系。行动者能够依据每个人不同的身份预测他们的行为，以便采用针对性的互动策略。在日常生活中，处于复杂社会关系中的个体会不断接触到不同类别的社会群体，并且会因为各种主客观原因而参加其中的某几类，获得成员资格（group membership）。当个体意识到社群核心价值与自身价值相符时，对该社群的认同与归属感随即涌现。于是，个体便采纳社群中的成员资格来建构社会身份（social identity），同时将社群特性冠于己身，内化社群的行为规范，捍卫集体利益（赵志裕，温静，谭俭邦，2005）。案例中，第三方熟人Z主任的鼓动使得L女士愿意深入G公司，切身的体验改变了她原有的看法。类似的过程也发生在社区舞蹈队成员身上。在之后的动员中，他们不仅恪守政策执行者的职业守则，也顾及居民感受，努力联结与平衡群际关系。

　　第三，关键群体能够发挥作用可能归因于如下五点。一是关键群体具备独特的行动优势。相比于居委会工作人员，他们无须受制于行政控制，更不用承担政治风险，在行动的策略上具有一定的伸缩性。相比于G公司垃圾回收专职人员，他们在行动的空间、时间上具有一定的弹性。二是组织化的动员营造出"全民参与"的邻里氛围和群体压力，在透明的沟通中培育了居民间的积极情感，引导了居民的主观规范。三是以居民差异为导向，充分尊重其意愿。关于垃圾分类，不同的居民均会有异样的体悟。对此，关键群体并未急迫地单向灌输"垃圾分类",而是耐心地倾听与发现他们真实的诉求。这在一定程度上突显出政策营销的运作理念。四是政策意义的解说。关键群体正是综合应用了多种沟通技巧与动员语义,将居民对垃圾分类不同的体悟和诉求同政策意义进行有机的勾连,才触发了异质群体对垃圾分类的共同理解与认同。五是遵从成本的减少与收益的增加。遵从的收益与成本是目标群体决定是否配合政策执行时所考虑的主要依据。关键群体三番五次的入户以及对政策细则的细致讲解或多或少改变了居民遵从的成本与收益。一方面,遵从成本的减少主要体现在居民获悉了更多关于垃圾分类的知识和实操,信息障碍得以克服,参与负担得以减轻,遵从行为更可行、更便利。另一方面,遵从收益的增加主要体现在经济利益的回馈、正义感和道德感的上升、正向舆论评价的获得。

第三节　数字技术与信任的辅助性贡献

在 fsQCA 的解中,没有确凿的证据表明数字技术和信任是核心条件,甚至也很难断定它们是边缘条件。然而这两项因素在多元主体协同的生成过程中做出了辅助性的贡献,本节就将补充一些被忽略的细节。

一、问责细化:Y 区的数字化监督

(一)数字化监督

数字技术的一项贡献是拓展了各方行动者相互监督的边界,提高了监督的精确度。就行动者的代表性而言,Y 区垃圾分类政策执行过程的相互监督包括党委、政府对市场的监督,市场对社会的监督,社会对党委、政府和市场的监督。

1.党委、政府对市场的监督

Y 区党委、政府要求 G 公司将相关数据接入党政自建的数字系统(区智慧环卫监管平台)。通过政企虚拟系统的对接,区党委、政府可以实时获取全区居民生活垃圾收运明细和处置去向。例如,G 公司为每位垃圾回收专职人员配备了软件(手机 APP)及账号。他们每完成一次上门服务都必须用软件和各自的账号即时记录,而这些信息又同时传送到区党委、政府和 G 公司的数据库。"我们这边手机上完成一个单子,数据就上传了,公司和党政都看得到。这一单回收多少、要付多少钱,都有显示的。"(访谈记录 20180701－SC－2)

2.市场对社会的监督

这一监督主要表现为两个方面:一是 G 公司对垃圾分类宣传员的监督,二是 G 公司对居民的监督。宣传员固然是 G 公司的雇员，但他们的居民身份并没有变，仍旧代表着社区。G 公司为每一位宣传员设置了专属二维码，"上门的时候胸前戴个二维码，鼓励居民扫二维码，这样居民的信息就能进入公司后台"（访谈记录 20200119－SH－13）。"我们要求她们（宣传员）上门的时候带着二维码的牌子，完成一户居民就扫一下……我们就看她们入户宣传的情况，做得差的人不会扣钱，但也不会继续聘用了；如果做得比较好，一些活动，或者工会有一些旅游之类的，会优先考虑。"（访谈记录 20190719－SC－9）如此，G 公司便可及时、全面地掌控宣传员的动员情况。再者，经过携带数字技术设备的专职人员和宣传员对信息的采集过程，居民参与垃圾分类的意愿、效果都能以数字化的方式呈现出来。而且，这些数据又都汇总到区党委、政府，这便间接实现了党委、政府对社会的监督。

　　3. 社会对党委、政府和市场的监督

　　居民可以通过政府设计并开通的"政务 APP"或官网向有关部门（包括更高层级的党委、政府）投诉党委、政府或企业。"他们（居民）会先在群（微信业主群）里讲，把照片放上去，还会把投诉的网址发过来，连理由都会写好。"（访谈记录 20200119－SH－13）居民还可以向专职网格员反映情况。专职网格员是由区党委、政府下派至基层的信息采集员。他们主要负责日常走访巡查，并通过移动设备及时、确切、完整地上传基层信息。区党委、政府接到信息后，根据具体情况责令相关职能部门解决问题。

（二）问责的细化

　　问责是多元主体协同中一个非常重要且复杂的问题。一方面，单一主体无法解决公共问题是协同生成的客观诱因。各方行动者的共同行动意味着主体责任的交叠与粘连——在协同结构不稳定、协同成员不确定的情境中，对责任的划分不啻为纸上谈兵；在协同结构稳定、协同成员确定的情境中，预设的问责规则也难以简单适用于复杂的现实。这样的紧张和冲突加剧了行动者相互推诿的风险。另一方面，在现实场景中，作为元治理者以及公共服务的主要供给者，部分基层党委、政府往往在实践中陷入"责任陷阱"（accountability trap），即以低质量的公共服务换取风险的规避。同样地，市场主体与社会主体也会与基层党委、政府"合谋应付"上级检查，片面追求政绩亮点或形象工程，进而削弱了问责的可及性，导致公共服务供给过程走样。概言之，问责的确定性取向与不确定性的复杂现实之间形成了难以调和的张力。责任难以被清晰划分导致"搭便车"现象频繁出现，这也使得协同容易走向"公地悲剧"。

数字技术在一定程度上缓解了上述问责困境。在数字技术的助推下,多元主体协同的内容和行动或能被最大限度地数字化,在此基础上,许多原本不可切割的责任得以细分且有明确归属,一个大致的问责闭环初步形成。首先,数字技术打破了党政对企业的监管壁垒,企业数据向党政的开放降低了信息的不对称性。数据的实时流动与共享使得统筹者对协同生成过程和结果的跟踪成为可能。其次,问责规则通过数字技术编织进企业员工的工作流程中,同时也融入了社区居民的生活,个体的权益与责任被捆绑在一起,问责的可及范围得到了扩大。而以保护个人隐私为前提,数字技术能够快速无误地收集、整理、存储个体的参与信息,确保了问责的正当与合理。最后,社会公众能够以任意一个网络端口为起点进入公共监管平台,自由表达维权诉求。零散的个体意愿在网络上迅速集聚并发酵,强化了自下而上的问责力度。公共监管部门凭借着数字技术对海量的公众诉求进行精准识别和研判,并及时予以回应。

二、社区网络再造:Y区J小区的数字化动员

(一)数字化动员

动员是发起协同行动的唯一途径。研究者通过大量的案例观察捕捉和刻画了动员的不同侧面,并总结出一系列成功经验。在其中,面对面互动与非正式运作是动员主体频繁使用的两种策略。一方面,动员的关键环节往往是在面对面的接触与沟通中进行的,尤其是在遇到拒不配合的动员对象的时候,近距离的互动异常重要。换句话说,动员收效的显著,很大程度上得益于动员双方当面互动这一前提条件。孙立平等对乡镇干部动员村民交粮过程的考察便是例证。为了完成上级的中心任务,乡镇干部全员出动,在上门入户中创造了会面的空间,继而在谈判、迂回中扭转了不利局势,取得了村民的一致遵从。另一方面,非正式运作主要是指在基于正式规则的动员过程中引入习俗、惯例等非正式制度的现象。作为对正式动员行为的补充,非正式运作较好地缓和了前者与实际情形之间可能产生的张力。尽管方式各异,但不同的动员行为均可在很大程度上实现预期目标。"殊途同归"的背后则有两点普遍性的因素作为支撑——非正式制度(如习俗惯例)的使用与面对面的互动。然而,在具有"陌生人社会"性质的城市社区,公众的居住、工作和消费场所更加分离,居民在工作之外几乎就没有交集。在这样的境况下,又该如何动员?

数字技术的第二项贡献是提高了社区动员的有效性。对此,下面将以另一极端个案(Y区J小区)为例,论说数字技术的积极作用。

J小区是交付于2016年的普通商品房小区。该小区目前实际入住人数为1137人(其中外来流动人口占比为86%;女性人口占比为52.4%;60岁以上老年人口占比为0.8%)。大部分住户都是年轻的上班族,入住时间较短,流动率较高,彼此之间几乎无信任可言。而且,这类新式小区的门禁管控较为严格,宣传员很难面对面地展开动员,甚至都见不上某些住户一面。"这里住的年轻人很多,很多都是租房的,白天都上班,都忙,晚上下班很晚,有的好几天去敲门都没人。有些人对我也是爱理不理。"(访谈记录20200518—SH—14)从这些情况来看,J小区是非常典型的"陌生人社会",这给入户宣传带来了很大的麻烦。

数字技术的运用有效降低了该局面的不利程度。一方面,宣传员利用微信群向所有住户发放宣传资料。住户们也会在微信群里谈论垃圾分类,分享一些分类的技巧以及有趣的故事。"我先在群里发,大家好,打扰大家了,我是XXX,是垃圾分类宣传员,请大家多支持。然后把G公司的公众号、我自己的二维码都发上去……有的时候别的人也会发一些东西上去。因为最近全国各地都在宣传这个事……有的人会回应一下,也有的人不看的。"(访谈记录20200518—SH—14)另一方面,G公司会向宣传员定期发送居民的参与信息,以引导他们动员,减轻工作负担。"G公司做了一个系统,有账号可以登录的。里面有一个表格,红、绿、白三个颜色。红的显示这家人家已经卖过了,就不要去了;绿的这家没卖过;白的这家没上门过。我就根据这个表格上门去。"(访谈记录20200518—SH—14)

(二)社区网络的再造

以人际互动为核心特征的社区网络有助于动员有效性的提升,继而促成集体行动。特别是在以地缘、血缘维系的农村地区,社会传统、熟人社会中的惯习等久积而成的网络资源极大扩展了公共参与的可能。但在城市社区,公众的居住、工作和消费场所更加分离,居民在工作之外似乎就没有了交集,居民间的私人关系非常松散,整体的社区网络密度相对更小。

数字技术则为公众营造了线上的互动空间,增加了居民沟通的机会,促进了社区网络的再造。一方面,数字技术降低了公共参与的成本(节省时间、金钱),提高了社区信息获取的便捷度。它协助原子化的个体摆脱时空束缚,在共享的虚拟空间内进行交流,从而提高了人际互动的频密程度,提升了居民社区意识(Finn,2011;王斌,王锦屏,2014)。即便公众进入虚拟空间的目的不尽相同,但随着参与线上讨论而形成的讨论关系(社会联结)在虚拟空间中仍然是一种具有凝聚力的社会纽带,这能够促发网络层面的社区参与(陈华珊,2015)。另一方面,数字技术加快了信息更迭与流动的速度,丰富了资讯的种类与内涵。各类公共议题以一种潜移默化的方式嵌入人们的日常话题。微博、微信群等社交媒体能够激发出基于邻里空间的各类治理话题,增进居民对社区公共事务的感知和理解,推动城市熟人社区和地域共同体的构建(陈福平,李荣誉,2019)。

三、信任的助推与再生

在上一节的 Q 小区中,大部分居民起初对 G 公司无信任可言,但 L 女士之所以愿意担任企业宣传员,一部分原因是信任的助推。(1)居委会与 G 公司双方因受到服务合同的保障与约束而产生了认知信任(cognition-based),即基于经济理性而产生的信任(McAllister,1995)。在工具性动机的作用下,双方采取了持续性行动,并且能够预期对方的可信赖行为。也正因为如此,Z 主任才愿意为企业背书,发动 L 女士参与其中。(2)Z 主任与 L 女士因长久互动而产生了情感信任(affect-based),即情感纽带(McAllister,1995)。产生于情感性互动中的信任也具备工具性交换的特征,双方都必须展开可信赖的行动方能维持既有关系,而这样的关系在工作场域中往往是最值得信任的(Luo,2011)。由于信赖熟人 Z 主任以及人情压力,L 女士也愿意暂时放下心中的疑虑,尝试为 G 公司付出。(3)信任具有可传递性,传递的中枢点往往是各方陌生人共同熟悉的人,也就是"介绍人"。在 L 女士和 G 公司之间,Z 主任作为第三方"介绍人"在双方间"牵线搭桥",将自身与一方的信任移递给另一方;而在居民与 G 公司之间,垃圾分类宣传员也具有"介绍人"的部分特点(罗家德,李智超,2012)。

在 Y 区的各个小区中,行动者之间的互动以及积极结果的产生在不同程度上增进了彼此的信任;而随着互动的持续,人际信任又逐渐扩展到组织间层面,为更大范围内的协同提供了动力。一方面,无论是线下(Q 小区)还是线上(J 小区),日常生活中的交流与沟通都有助于信任的积累。在宣传员的动员下,G 公司员工有机会入户并提供回收服务。居民和 G 公司员工在偶尔的寒暄与闲谈中不经意地培养着彼此的感情,而这种感情又会牵制双方的行动,像一种无形的规则引导双方走向协同。另一方面,党委、政府、市场、社会在参与垃圾分类的过程中获得了不同形式的回馈:党委、政府的绩效合法性实现了提升;企业的经济效益实现了增加;居民享受到了社会福利。公正的利益分配和稳定的互惠关系对协同成员之间信任的再生产生了深远影响。

第四节　生成机制的提炼

上文从不同的观测视角和场景出发，再度检视了 Y 区的垃圾分类政策执行过程；以全面的案例叙说和局部的理论诠释，在一定程度上论证了关键影响因素是如何造就社会治理中的多元主体协同的。在此基础上，本节将尝试提炼出多元主体协同的生成机制。

首先，在宏观环境的影响下，上级党委、政府代表国家（元治理者）针对单一主体无法解决的公共问题建构总体的制度设计、提供基本的协同框架和规则、赋予协同合法性、激发并勾连各方行动者的参与动机与协同需求。其次，这些框架和规则以公共政策的形式（政策目标、政策内容、执行手段）依托压力型体制传导至下级党委、政府，下级党委、政府作为实际执行者与党委、政府之外的行动者取得联络并负责后续行动。再次，自下而上的社区动员是协同生成过程中的必要保障和重要环节。内生性的社会力量自发创制组织化的行动规则，行使多项策略（目标群体导向、政策意义解说、"成本—收益"调节）展开差别化动员，对其他行动者的不足形成某种均衡与调和。同时，在行动者的互动交界面，产生于正式关系（认知）和非正式关系（情感）的信任能够推动协同前进；而在互动过程中积累起的信任又不断扩宽协同的边界（Leach，Sabatier，2005b）。数字技术的运用不仅能够细化问责，避免制度设计悬浮于具体行动之上；还能够再造社区网络，有效消除社区动员中的障碍。但技术效用的最大化又在很大程度上受制于制度设计（彭勃，2020）。最后，各方行动者在特定公共问题的解决进程中逐渐形成一致的协同目标，基于公共参与意识提升的多元主体协同将趋向广泛与稳定。

第九章　多元主体协同的生成机制：
基层政策执行案例验证

通过前述章节的努力，本书已得出基层政策执行塑造社会治理中多元主体协同的结论，并且提供了机制性解释。然而，有一个重要问题仍需要回应——研究的信效度。如果不能对此做出必要的澄清，那么前述工作可能因缺乏科学性而沦为"流水账"。首先，对于研究信度而言，本书已在行文中交代了研究过程中的具体步骤，而附件部分是研究可信的重要证据。重复这些步骤，便可得到相同的结果。其次，案例研究的效度有建构、内在和外在的区别。建构效度是指对所要研究的概念形成一套正确的、具有可操作性的且成体系的研究指标，内在效度是指因果关系的准确性，外在效度是指结论的可推广性。对于建构效度，本书已在第七章进行了必要的说明；内在效度，本书的理论线索收集与分析工作已在一定程度上排除了可能的竞争性解释。外在效度这一案例研究中的主要障碍是本章重点回应的问题——本书第八章的结论如果能够复制到Y区以外的地区，并且出现与Y区案例相同的研究结果（或者因可预知的原因而产生与Y区案例不同的研究结果），那么本书是有一定说服力的。

第一节　案例选取与说明

一、案例选取

本书遵循复制法则（replication logic）而非抽样法则（sampling logic）选取Z省省会城市H下辖的县级行政区T作为调查场域。

　　T 县历届党委、政府秉持"环境立县"战略,坚持社会经济和生态环境和谐发展,始终珍视拥有的优厚生态及人文资产,按照"T 县的最大优势是生态,宁可发展速度慢一点,也要保护好生态"的发展理念,扎实推进各项生态环境建设,基本形成了山水相依、独具魅力的城乡风貌,先后获得了"国际花园城市""国家级生态县""全国文明县城""国家生态示范区""国家卫生县城""国家园林县城""中国优秀旅游名县""全国绿化模范县""中国最美县城"等称号,为生态文明建设夯实了基础。2012 年初,T 县新一届党委、政府提出了今后一个时期"一个目标,五大 T 县"的奋斗目标,即围绕建设"中国最美山水型现代化中等城市",全力打造"风景 T 县、低碳 T 县、开放 T 县、人文 T 县、幸福 T 县",是真正落实生态文明建设内涵以及努力建设"美丽中国"的具体体现。

二、案例说明

　　下面将从九个方面进一步介绍案例背景。

(一)行政区划

　　T 县自公元 225 年建县,已有 1780 多年历史。T 县全境东西长约为 77 千米,南北宽约为 55 千米,县域总面积约为 1825 平方千米,共辖有 4 个街道、6 个建制镇、4 个乡(含 1 个民族乡),包括 TJ 街道、CN 街道、JX 街道、FC 街道;FCJ 镇、HC 镇、FS 镇、BJ 镇、YL 镇、JN 镇;ZS 乡、XH 乡、HC 乡、ES 畲族乡;183 个建制村。

(二)地形地貌

　　T 县属丘陵区,地势由西北和东南向 FC 江沿岸降低,四周群山耸立,中部为狭小河谷平原,山地与平原间则丘陵错落分布。境内最高峰海拔 1246.5 米,FS 江流经西北,在 TJ 街道汇入 FC 江,形成"两江交叉、三山鼎足"的独特自然景观格局。全境山地占 39.45%,丘陵占 46.85%,平原占 10.35%,水域占 3.35%。

(三)土壤资源

　　T 县地貌多样性和地质岩性的复杂性导致土壤形成和分布具有复杂性和多样性。经全国第二次土壤普查分类,T 县有红壤、黄壤、岩性土、潮土和水稻土共 5 个土类、11 个亚类、29 个土属、56 个土种,其中山地土壤有 3 个土类(红壤、黄壤和岩性土)、7 个亚类、13 个土属,以红壤分布最为广泛,约占土壤总面积 67.4%,广泛分布在海拔 650 米以下低山丘陵区,水稻土次之,占 11.2%。

(四)气候条件

T县属北亚热带南缘季风气候,四季分明,光照充足,温暖湿润,雨量充沛。年平均日照1936小时,年平均气温16.5℃,年极端最高气温42.6℃,年极端最低气温−9.5℃;年均降雨量1462毫米,以春雨、梅雨为主;年均无霜期253天,年均相对湿度79%,年平均风速为1.6米/秒,2—9月以东北偏东风居多,7月份以西南偏南风为主,10月至次年1月以西北偏西风占优势。气温垂直差异明显,一般随着海拔高度每上升100米而下降0.43℃,适宜农业综合立体开发。

(五)水文条件

T县境内水系发达,主要有FC江和FS江两条省级河道,以及36条县级河道,山涧溪流百余条,多呈山溪性特征,源于峡谷山地。FC江多年平均流量952立方米/秒,多年平均径流量300.35亿立方米。FC江大坝以下水位受FC江发电厂发电下泄流量及潮汐影响十分明显,受潮汐影响水位涨落差在0.5—2米之间,FC江洪水期一般集中在5—7月,近年最大流量曾达18000立方米/秒(1997年),枯水期则一般出现在11月—次年2月份。其主要支流包括:LC溪、SY溪、J溪、QZ江、YZ溪、LT溪、ML溪、DY溪等。

(六)植被资源

T县位于中亚热带常绿阔叶林北部亚热带。常绿落叶林是本县典型的植被型。由于长期人为活动影响,完整的自然植被已剩不多,形成了人工植被与自然植被混合型,全县林业用地214万亩,森林覆盖率72.2%。在海拔150米以下,以马尾松次生林自然植被和果木、茶桑人工植被及农作物植被为主。在海拔150~800米,主要以马尾松、杉木为主的纯林或混交林以及壳斗科、樟科树种为主的常绿阔叶林、落叶阔叶林以及针阔混交林自然植被,还有油茶、板栗、茶园等经济林木和毛竹等人工植被。800米以上由黄山松、短柄包、化香等组成针阔混交林和落叶阔叶林及草、灌丛植被。

(七)人文资源

T县有极其优厚的生态人文底蕴,既是千年古城、商贸之市,亦为旅游胜地、交通要津。T县拥有3个国家4A级景区和2个国家森林公园在内的20多处全国闻名的优质旅游资源,自然生态景观和人文景观交相辉映,构成了山水洞天、色彩斑斓的诗画意境。自古以来,T县便以独树一帜的山水风光吸引了历代无数文人墨客在此流连,宋代大文豪范仲淹、元代大画家黄公望曾在这里挥毫泼墨、吟诗作画。

（八）人口分布

2013 年,全县户籍人口 39.53 万人,其中农业人口 29.22 万人,非农业人口 10.31 万人,全县人口自然增长率为 1.15％。T 县人口分布很不平衡,主要集中分布在河谷平原及主要交通干线附近。全县户籍人口平均密度为 216 人/平方千米,总体人口密度中间高两侧低,TJ 街道和 JN 镇的人口密度最高,每平方千米超过 500 人;CN 街道、JX 街道、HC 镇、ZS 乡、ES 畲族乡等乡镇次之,每平方千米人口在 300～500 人之间;BJ、HC、XH 等乡镇的人口密度最低,平均每平方千米人口低于 150 人。T 县以汉族为主,有畲、苗、土家、侗、蒙古、壮、满、回、藏、布依、高山、维吾尔、俄罗斯、瑶、白、佤、仫佬 17 个少数民族。

（九）经济发展

T 县经济持续快速增长,经济总量不断扩大,2013 年全县实现生产总值 278.55 亿元,比上年增长 8.0％;财政总收入 37.44 亿元,其中地方财政收入 22.13 亿元,分别增长 10.1％和 13.5％;城镇居民人均可支配收入 33597 元,农村居民人均纯收入 16986 元,分别增长 11.2％和 11.5％。农村医疗卫生和社会保障工作逐步推进,惠农力度不断加大。藏富于民的"百姓经济",如针织、服装、制笔、箱包、皮件等块状经济,占 T 县工业经济 34.7％,这些行业提供的大量就业机会,为经济社会的包容性增长和城乡统筹发展奠定产业基础。全县已初步具备以工促农、以城带乡的综合实力,统筹城乡综合配套改革的条件和时机已基本成熟,也为生态文明建设奠定了扎实的经济基础。

第二节 历时性案例详述

T 县于 2012 年正式启动垃圾分类,并且一直保持着较好的政策执行绩效。据国家统计局 T 县调查队的专题调查,T 县生活垃圾源头分类工作知晓率由 2012 年 1 月的 15％上升到 2015 年 12 月的 95％以上,户收集率由 2012 年 7 月的 35％上升到 2015 年 12 月的 87％以上,投放正确率维持在 85％以上。2020 年 T 县获得全市农村生活垃圾分类进步显著奖、全省农村生活垃圾分类处理工作优秀县称号,生活垃圾分类工作经验得到副省长和副市长的批示。

本节的主体内容是对 2012 年至 2021 年 T 县垃圾分类政策实施过程进行细致考察——以年度为节点,依据现实变化突出重点,跟随时间跨度的变化轨迹铺陈案例细节,如此既可避免对案例进程过于主观的划分,又能保证真实事件的完整性。正如 Pierson(2004)所言:"很多重要的社会过程都需要花较长的时间——有时需要花特别长的时间——才能充分展开。对于当代社会科学,一个值得质疑的事实是,大多数分析者的时间视野日益狭隘。在我们寻求解释的事物与我们对解释的寻求过程中,我们都关注即时性的过程——我们探讨的是那些暂时的、眼前的原因与结果,即迅速展开的原因和结果。这种研究使我们失去了很多,包括那些重要的但我们根本就没有看到的事情;而我们所看到的即时性的事情,常常都是一种误解。"

一、案例起源

T 县为何选择在 2012 年推行不同以往的垃圾分类政策? 由前述案例背景可知,T 县依据本地的地形地貌、土壤资源、气候条件、水文条件、植被资源、人文资源、人口分布、经济发展等实际情况,将"生态立县"作为全县改革发展的核心思路。除此之外,中央、省、市也为 T 县推行垃圾分类政策创立了制度框架。

2010 年 6 月,Z 省要求全省从生态经济、生态环境、生态文化、制度创新等方面建设全国生态文明示范区。2011 年,省委办公厅印发生态文明建设推进行动方案。2012 年 9 月,Z 省又颁布了生态文明建设评价体系(试行),将对全省各地区的生态文明建设情况进行评价并公布结果。

Z 省省会城市 H 也将生态文明试点建设作为全市战略任务之一。2010年,市委、市政府提出了建设生态型、学习型和创新型城市的决定,于 2011 年 1月出台了关于推进生态型城市建设的若干意见。2011 年 5 月,《H 市生态文明建设规划(2010—2020)》通过环保部的评审,并由市委、市政府颁布实施。

二、"先行先试"(2012 年)

2012 年,时任 T 县县委书记 M 切实践行"绿水青山就是金山银山"的理念,把生态文明建设放在突出位置,坚持"T 县的最大优势是生态,宁可发展速度慢一点,也要保护好生态"的发展理念,从县委层面推动垃圾分类政策的实施,具体的举措包括以下三个方面的内容。

第一,在深入调研的基础上,2012 年 3 月份 T 县印发了《T 县农村生产生活垃圾分类收集和资源化利用工作实施方案》。T 县是一个山区县,农村人口占 69%,面积占 95% 以上,农村是生活垃圾产生的主要来源,如何实现无害化向减量化、资源化转变,成为 T 县农村生态文明建设工作必须破解的难题。对此,T 县按照"政府推动、群众主体、市场反哺、城乡一体"的思路,以农村为战略突破口,力争通过三年努力,到2014年底前基本实现农村生产生活垃圾分类收集和资源化综合利用建制村全覆盖目标,初步建成农村生产生活垃圾分类投放、收集、运输及处置的管理和运行体系。

第二,T县围绕"源头分类—就近处置—综合利用"三个环节,在源头分类上,以户为单元将生产生活垃圾分为两大类进行处置。第一类是可堆肥垃圾,如剩菜剩饭、菜叶果皮、腐烂瓜果、动物内脏、零食碎末等生活垃圾,以及作物秸秆、枯枝烂叶、谷壳、笋壳、残次水果和饲养动物粪便等生产垃圾,采用生物制肥方式处置。第二类是不可堆肥垃圾,可堆肥垃圾之外的生产生活垃圾,纳入"村收集、镇中转、县处置"体系作无害化处置。在处置利用上,推广使用微生物发酵资源化处置和太阳能普通堆肥处置两种模式。微生物发酵资源化处置模式,通过设备、菌种经设备发酵、堆肥处置,实现可堆肥垃圾资源化和减量化。该模式出肥速度快、肥力好,投入和运行成本相对较高,较适用于人口密集度高、可堆肥垃圾量多、有机肥需求量大的农村地区;太阳能普通堆肥处置模式,充分利用太阳能与垃圾渗滤液回喷技术促进堆肥加快反应,该模式简单有效,投入和运行成本相对较低,但出料时间长,以减量化为主,较适用于人口密集度低、交通运输成本较高的偏远农村地区。

第三,T县根据农村环境连片整治成效及对各建制村总体情况的考察,选定HC镇Y村、HC镇S村、FS镇X村、YL镇S村及HC乡Y村等5个村作为县级试点,开展农村生活垃圾分类收集及资源化利用工作,并于2012年11月底前完成试点验收,拟通过"农村包围城市"的方式,积极在全县推广。其他乡镇自主选择若干两委班子凝聚力强、村容村貌环境基础好、党群干群关系融洽的村作为镇级试点逐步推开。本着因地制宜的原则,给各村提供3种分类收集参考案例,确保应分尽分,应收尽收。

以下是三个案例。

案例一:每户提供2只垃圾桶,农户按可堆肥与不可堆肥进行分类,管理人员分别到户进行收集登记,其中可堆肥垃圾送至资源化利用站,其他不可堆肥垃圾收集后按原来方式运至乡镇中转站。案例二:每户提供1只可堆肥垃圾桶,农户将可堆肥垃圾放至此垃圾桶内,将其余不可堆肥垃圾自行投放至村内公用大垃圾桶内,管理人员定时到农户收集可堆肥垃圾运至资源化利用站,村内公用大垃圾桶内的其余不可堆肥垃圾按原来方式运至乡镇中转站。案例三:每户提供带编号的垃圾袋,农户将袋装的可堆肥垃圾自行投放至村内可堆肥垃圾集中点,将其余不可堆肥垃圾自行投放至村内公用大垃圾桶内,管理人员将集中点的可堆肥垃圾运至资源化利用站,其余不可堆肥垃圾按原来方式运至乡镇中转站。

三、"全面铺开"(2013年)

在2012年试点基础上,T县在2013年按照"一镇一乡一批"和所有精品村全覆盖要求,全面完成57个建制村生产生活垃圾分类收集及资源化综合利用试点推进及验收工作。同时,各乡镇(街道)按要求制定全覆盖工作推进方案。这一年,县委县政府以及各乡镇(街道)依旧是推动垃圾分类工作的主要角色,具体的举措包括如下五个方面。

第一,县委、县政府在县委十三届四次全会暨县政府十五届三次全体(扩大)会议报告中,把垃圾分类工作作为生态文明建设的重要抓手,纳入全县2013年度重点工作。同时,两代表一委员关于垃圾分类的提议案有近10件,垃圾分类成了代表委员热议的话题,也反映了人民群众对美好生活环境的向往。为此,T县建立了政府重点工作责任清单,县政府分管负责同志牵头负责,明确牵头单位、配合单位,落实乡镇(街道)第一责任,明确职责,规范管理,协同推进。在具体推进过程中,巧妙融合地方习俗、民间惯例、生活习惯,比如给每家每户配置一黄一蓝两只分类垃圾桶,在T县方言中"蓝""烂"谐音,引导村民们把会"烂"的垃圾扔到蓝色垃圾桶里。这种简单的分类,使村民们迅速掌握了"分类技能",培养了"分类兴趣"。

第二,县政府直属部门以及各乡镇(街道)、建制村作为农村生产生活垃圾分类收集和资源化综合利用工作的责任主体和实施主体,全面负责工程质量和运行绩效。美丽T县建设办公室负责农村生产生活垃圾资源化工作推进的综合协调,建立指导督查、通报等工作制度,健全与财政补助资金和年度工作业绩挂钩的验收、考核机制;县农办负责中心村、精品村垃圾分类、工程质量、工程进度等督查指导及相关验收工作;县环保局负责其他建制村垃圾分类、工程质量、工程进度等督查指导及相关验收工作;县城管执法局负责社区垃圾分类、工程质量、工程进度等督查指导及相关验收工作;县农业局负责可堆肥垃圾有机肥的研发、推广等工作;县发改局负责项目立项、调研等工作;县财政局负责项目资金统筹安排;县委宣传部负责宣传报道工作。

第三,县政府直属部门以及各乡镇(街道)于2013年7月在全县开展源头分类"宣传月"活动,利用一个月的时间广泛、深入、系统地宣传生活垃圾源头分类工作,在全社会营造良好的氛围。县环保局组织精品村、中心村开展垃圾分类现场培训会；县广电局拍摄生活垃圾源头分类公益广告进行专栏播放；县城管执法局通过电子显示屏播放生活垃圾源头分类公益广告、宣传标语等；县文广新局以"文化下乡"活动为载体，编排生活垃圾源头分类节目；县教育局、县环保局联合组织开展"小手拉大手"活动（如开展学生知识竞赛、面向全县中小学生发放垃圾分类宣传折页、给"班主任"上好一堂分类宣传课等）；团县委、妇联组织开展"青年志愿者""巾帼志愿队"活动。各部门、各乡镇利用"基层走亲"活动上门入户开展生活垃圾源头分类宣传，既讲保护环境的大道理，也讲清洁乡村的小道理；既强化老一辈的垃圾分类认同，也注重培育下一代人的分类意识，使村民明白为什么要开展垃圾源头分类，累计印发宣传单 10 万份。多数村民从一开始的不理解、不支持、不配合，到慢慢理解、逐步支持甚至主动参与。当然也有极少数不配合的，特别是一些年纪大的村民，一辈子的生活习惯在短时间内难以扭转过来，靠嘴说不起作用，就只能用实际行动来宣传，面对没有分类的垃圾，村干部、党员撸起袖子帮助分类，村民们看在眼里，久而久之，也开始行动起来，实现"要我分"到"我要分"的转变。

第四，县委、县政府制定出台《T 县农村生产生活垃圾分类收集和资源化利用工作运行管理考核办法》，考核采取百分制，按"每周督查、每月巡查、每季暗访"考核结果加权计分，其中周督查权重为 20%，月巡查权重为 30%，季暗访权重为 50%。同时，设置正反两向评价内容，有下列 6 种情形之一的，年终考核实行"一票否决"：一是源头分类覆盖率低于 80% 的；二是生活垃圾正确投放率低于 80% 的；三是垃圾有机肥产生量低于同类乡镇平均值 20% 以上的，或较上一年度下降超 20% 以上的；四是源头分类知晓率低于 80% 的；五是设施无故停运次数超 5 次（含）以上的；六是通报的问题未落实整改超 5 次（含）以上的。有下列 5 种情形之一的，年终考核予以加分：一是得到县主要领导、市级以上领导批示肯定，或市级以上党报党刊或电视媒体正面报道的；二是工作机制创新，分类收集模式被县级采纳并在全县推广的；三是分类知晓率、分类覆盖率、投放正确率、垃圾有机肥产生量等较上一年度有明显增幅的；四是举办县级以上农村生活垃圾资源化工作现场会的；五是周、月、季考核排名均保持在前三位的。年度考核结果与单位综合考评、领导班子实绩考核、运行补助资金核拨比例等相挂钩，充分发挥专项考核指挥棒、风向标、助推器作用。

第五，县委、县政府建立定岗定责制度，构建"联村领导—驻村干部—村干部—村级收集员、管理员、巡查员和统管员"网格化四级管理责任人体系，形成"联村领导随机抽查、驻村干部定期督查、村干部定期检查、巡查员常态巡查"的常态化工作推进机制。同时,进一步强化村级"四员"岗位职责,村级收集员定期上门收集可堆肥垃圾,对每户分类情况进行登记;管理员对收集后的可堆肥垃圾进行资源化处置,做好设备的维护工作并记录;巡查员每周不少于一次对村级收集员、管理员及户分类情况进行督查并登记;统管员定期召开工作例会,及时掌握垃圾分类过程存在的问题,并做好汇总,将垃圾分类工作延伸至"神经末梢",做到日常管理无死角。

四、"县乡联动"(2014 年)

在这一年,县委、县政府在保持原有推进力度的同时,各乡镇(街道)在实践中不断摸索,在垃圾分类政策实施过程中扮演了重要角色。

第一,在县级层面,县委、县政府对全县相关部门在 2013 年垃圾分类工作中的表现进行综合评估,并给予各类奖励。一是统筹各项目资金按相关政策给予补助,不足部分由各乡镇(街道)负责配套。在项目建设补助政策上:列入精品村建设年度计划的,工程建设作为精品村验收的内容,建设资金由县农办在"美丽乡村"建设资金中统筹,不另安排。其他建制村,微生物发酵资源化处置设备和可堆肥垃圾桶由县统一采购,按实配发;采用垃圾袋收集可堆肥垃圾的,由乡镇(街道)自行组织采购,按可堆肥垃圾桶价格折算补助;工程建设部分由乡镇(街道)组织招投标,按原始凭证予以补助,最高不超过 15 万元/个。在日常运行补助政策上:微生物发酵资源化处置模式,每年按实际分类人口 15 元/人及 5000 元/台标准予以补助;太阳能普通堆肥技术,每年按实际分类人口 10 元/人标准予以补助。2012 年、2013 年、2014 年分别下达农村生活垃圾专项补助资金 951.2 万元、1494.83 万元、1546.66 万元,为工作顺利推进提供了有力支撑。二是表彰了一批先进单位和先进个人。通过树立身边典型,凝聚榜样力量,发挥先进单位和个人的示范引领作用,进一步引导广大居民群众参与到垃圾分类工作中来。农村环境连片整治工作先进个人代表王女士表示:"这次被评为先进个人感到很意外、也很激动! 垃圾分类后,村庄环境好了,自己住得也舒服,没想到还有荣誉! 以后我不仅要自己继续做好,还要带动周围的老邻居们一起做好垃圾分类!"

第二,在乡镇层面,各乡镇(街道)开拓创新,形成了 12 种垃圾分类模式。

模式一:积分奖励模式。HC 镇制定镇对村、村对户的考核模式。每天管理人员进行打分,每月由网格长带队按网格分布上门例行检查打分,月结积分在村务公开栏公示。村里每季度按农户垃圾分类的积分进行鼓励表彰,设一、二、三等奖,并按名次分发洗衣粉、肥皂、牙膏等小礼品。

模式二:身份明示模式。垃圾袋按户进行编号,使其有"身份证号",真正做到"见袋知人"。将村庄划分若干网格,每个网格设置垃圾桶,村民自行将分类后的垃圾投入其中,管理人员发现分类不合格的可通过编号进行"溯源"。

模式三:星级评比模式。JX 街道 M 村建立一、二、三星级评选机制。通过收集员每天上门收集考核积分,月度积分 40 分以上为一星级;二星级由各片区责任人每月组织本片区农户集体评选 20% 的农户为二星级;三星级由村领导小组成员每季度在二星级农户中,通过实地走访评出 20% 的农户为三星级,评选结果在村内公示,并在每家门前钉上星级牌。

模式四:红黑榜单模式。JN 镇 H 村设置了一块"红黑榜",村民将垃圾分类后自行倒入村设立的分类垃圾桶,通过每月检查,对分类不彻底、庭院环境差的黑榜批评,对分类好的红榜表扬,以此督促村民提升垃圾分类意识。

模式五:有偿回收模式。YL 镇 B 村和 D 村建立有偿回收制度,取消垃圾袋发放,将节约的资金向村民按 0.05 元/斤的价格购买可堆肥垃圾,每天 5 斤封顶,按季结算。此法既消除了垃圾袋二次污染问题,也提高了村民积极性。以 B 村为例,有偿回收实施后,可堆肥垃圾由原来 40 斤/日提升至 400 斤/日。

模式六:捆绑考核模式。FCJ 镇 J 村和 L 村,以村党支部为核心,以各党小组为片区,以全体党员为纽带,建立"党员帮帮团",每名党员负责若干户农户垃圾分类工作。查到一次、二次、三次垃圾分类错误的农户,分别对相应的党员进行谈话提醒、口头警告、在党员大会上进行通报并在"先锋指数"考评中扣除相应分数。

模式七:三方承包模式。FS 镇鼓励少数有条件的村将清洁卫生、垃圾分类、河道清理统一公开招聘承包人员,实现统筹管理,有效节约成本。同时制定相应的奖惩细则,如被县级、镇级曝光一次分别扣除承包者 500 元、300 元;被上级部门表彰及奖励的资金村级留用 30%,承包者拿 70%。

模式八:挂钩考核模式。HC 镇对各村垃圾分类实行评比奖惩机制,以奖代补。对年终排名前三位的建制村提高 20% 的奖励,并对村主要干部、村分管垃圾分类干部及联村领导、驻村干部个人给予奖励;对排名末三位的建制村扣发补贴,并分别扣除镇、村干部驻村补贴。

模式九:绿色账本模式。CN 街道 L 村按照网格化管理模式,分片区建立绿色账本,坚持"周巡、月查、季度考核"制度,及时将每家每户垃圾分类情况记录到绿色账本中,并由村监会按季度依据考核汇总情况进行评比,相关结果作为年终分红依据。

模式十:"鸡毛换糖"模式。JX 街道 X 村建立"鸡毛换糖"制度,比如 50 只塑料袋兑换鸡精一包,20 个塑料瓶兑换牙膏一支,老百姓积极性被广泛调动,经常拿着可回收垃圾去换"糖",有力促进变废为宝。

模式十一:两牌一榜模式。TJ 街道 M 村建立"路口公示牌、门口星级牌、村口光荣榜"的两牌一榜制度,"路口公示牌":在村人口集居点路口设立垃圾分类庭院整治公示牌,对全村 550 户每日垃圾分类情况用红、绿、黑三色标识,促使农户自觉做好垃圾分类;"门口星级牌":在每家每户门口钉上木牌,根据垃圾分类情况贴上一至五颗星;"村口光荣榜":村两委干部定期对党员户垃圾分类情况进行评比,对于分数高的党员户在村务公开栏张榜表扬,充分发挥党员先锋模范作用。

模式十二:三位一体模式。BJ 镇建立"末端监督＋农评会＋结对帮扶"的"三位一体"管理法。末端监督由垃圾中转工作人员负责检查垃圾分类情况,分数列入镇对村考核;农评会由 3 名党员组成,定期进行垃圾分类督查、宣传、指导;每月对网格内农户开展检查打分;结对帮扶由党员、村民代表按照就近、就亲原则,与"分类后进生"结对,实现包干负责。

五、"城乡双轮驱动"(2015 年)

这一年的重点是城乡统筹。T 县"抓村不放城",一并考虑了城市生活垃圾的分类处置问题,具体举措包括如下三方面的内容。

第一,T 县印发城区实施生活垃圾分类的工作方案,由县机关党工委、团县委、县妇联、县城管局联合成立生活垃圾分类工作领导小组,以机关事业单位为突破口、发力点,号召全县县级机关党员、职工带头参与,大力推动城区范围内生活垃圾分类工作。同时,针对城区居民整体文化素质、文明程度相对农村较高的特点,在可堆肥、不可堆肥二分法基础上,将生活垃圾分为可回收物、餐厨垃圾、有害垃圾、其他垃圾四类,并进行了更为细致的归类。

第二,T 县专门制定出台《T 县机关、事业单位生活垃圾分类工作考核办法》,重点考核垃圾分类开展、分类投放质量、宣传活动、培训教育、设施保障、公众监督等长效管理工作的落实情况。考核结果按年度以书面形式反馈机关、事业单位,纳入县政府对各部门的综合考评内容,并作为评定各级文明单位的重要依据(见表 9.1)。

表 9.1　T 县机关、事业单位生活垃圾分类工作考核评分

考核项目	考核内容	评分标准
分类投放质量（30 分）	分类准确率达到 60% 以上	未达到要求，每少 1% 扣 2 分
分类宣传（25 分）	机关、单位内有垃圾分类宣传；分类投放点，设置温馨提示标语	宣传设施每少 1 处扣 1 分
设施保障（25 分）	机关、单位内四类垃圾投放设施配置齐全，数量合理	现场检查，发现 1 处配置不齐全的，扣 1 分
	机关、单位内分类垃圾投放设施标识正确清晰，组合正确	标识错误、不清晰的，每发现一处扣 1 分
公众监督（20 分）	媒体无曝光	市级以上媒体曝光，每发生 1 次扣 5 分；县级以上媒体曝光，每发生 1 次扣 3 分

第三，在抓好城区实施生活垃圾分类工作的同时，T 县聚焦垃圾处理"后半篇文章"，推动农村和城市的垃圾处理工作实现规划衔接、设施对接、产业联动、资源共享，利用城郊"十分钟交通圈"便利条件，将城市餐厨垃圾（可堆肥垃圾）运至农村处理，解决了城市垃圾分类处理的难题，走出了一条从农村走向城市的生活垃圾处理新路径。

六、"市场化运作"（2016 年）

在这一年，T 县坚持政府主导、社会参与、市场运作，由设备生产到垃圾有机肥研发，形成了一条完整的生态产业链，通过设备出售、垃圾有机肥产生的收益，足可补充垃圾分类处置长效运行资金投入，实现了经济与生态的双赢，初步形成了垃圾分类处置长效运行的内生动力。

第一，立足于机械制造业传统优势，确立"先行完成全覆盖目标，再行推广资源化设施"的思路，T 县会同中科院生态环境研究中心积极开展微生物发酵设施研发工作，学名"生活垃圾资源化处理设备"，控制好温度、湿度，在好氧微生物的作用下，只需 3—7 天，机器吞进的垃圾就能出料，再经过二次堆肥，就能变成好用的有机肥，一下子就值钱了，该技术还申请获得了国家专利。现已建成年产 300 台垃圾资源化设备的制造基地，形成集"研发、生产、销售"为一体的专业生产基地，有效助力做大做强该县生态经济。截至 2016 年底，全国共有 151 个市县来 T 县考察，对设备都相当感兴趣，周边县市纷纷发来订单，最远已经卖到了珠海。

第二，立足于农村对有机肥的旺盛需求（T 县仅用于农业基地土壤改良

的有机肥就需要 2 万吨),T 县借助科研机构力量,探索市场商业化运作模式,引入第三方企业经营,经过持续源头监测和科学配兑试验,成功实现垃圾有机肥、畜禽粪便等最佳配兑比例,并将产品送农业部农产品及转基因产品质量安全监督检验测试中心检测,执行国家有机肥标准 NY525—2012,含水分≤30%,有机质≥45%,总养分(氮磷钾)≥5%,酸碱度 pH 值为 5.5～8.5,成为不折不扣的土壤"营养品"。T 县 A 生态环境科技有限公司和 Y 畜禽粪便处置中心已试点生产垃圾有机肥,并注册"世外桃源"。2016 年 5 月,T 县农家土肥"五进"(即进超市、进民宿、进学校、进社区、进景点)活动在大型超市举行,这些变废为宝的农家土肥被正式摆上了省内110 余家世纪联华超市、大润发超市的货架(每包 500 毫升售价 6.6 元),走入了寻常百姓家。此外,在 T 县除了超市,所有的景点、民宿也都能买到统一包装的农家土肥。2016 年,T 县生产"世外桃源"牌垃圾有机肥约 5000吨,年产效益约 600 万元以上。

七、"稳定运行"(2017—2018 年)

垃圾分类工作推广实属不易,长期坚持更加难能可贵,一不留神就可能触底反弹。为确保垃圾分类政策持续稳定实施,T 县坚持"严"的主基调,从分类质量、分类设施、分类辅导、分类清运四个方面,建立巡检体系,由县分类办督导检查组、县分类办执法专班、县环卫处、第三方公司组成垃圾分类专项巡检组,划分 4 个小组每月开展对全县 14 个乡镇(街道)生活垃圾分类的日常检查,覆盖生活小区、党政机关企事业(含下属)单位、商超综合体、酒店饭店、商务楼宇、学校医院、专业(农贸)市场、娱乐行业等不同业态。每双月开展垃圾分类月度最佳村、最差村评比,每年开展一次源头分类示范村评比,对最佳村、示范村进行奖补,要求最差村限期摘帽;建立健全通报考核制度,采取"每周一抄告、每月一通报、每季一评议",2017 年共下发 221 份工作督办单,21 份周通报,如表 9.2 所示,相关结果抄送县四套班子主要领导、垃圾分类工作分管副县长、县督查考评办公室。对于工作不力的县管干部,由县纪委组织约谈,2013 年以来共处理干部 13 名。

表 9.2　2017 年度第一期"垃圾分类月度最差村"通报

建制村	主要问题
FC 街道 G 村	集镇大桶垃圾混置严重
XH 乡 K 村	部分小桶混置,大桶分类正确率低于 50%
CN 街道 L 村	大桶分类较差
YL 镇 P 村	大桶分类混置严重,小桶收集率低,未按要求摆放;微生物设备房无新鲜垃圾,温度 28℃过低,垃圾肥含塑料袋等杂质较多
FS 镇 X 村	集镇垃圾分类基本未开展,商铺小桶收集率低,零星摆放,大桶分类混置;村委未建公示栏,宣传未到位;太阳能房仓内分类混置,部分垃圾肥堆放在站点前茶地内
BJ 镇 J 村	集镇垃圾分类未开展,大桶混置;站点需加强卫生保洁,蛛网需清理
HC 镇 C 村	小桶分类正确率不高,部分小桶闲置未用;站点卫生较差,气味重,机器一台损坏未运行
ES 乡 S 村	集镇垃圾分类基本未开展,大桶垃圾混置,部分小桶分类混置,只见黄桶,不见蓝桶,收集率低;站点一台机器未正常运行

从历次通报结果来看,位于城乡接合部、外来流动人口多、工程建设项目多的村,往往会在垃圾分类工作上有短板。通过常态查、反复抓、盯住改,最差村基本都能在规定期限内成功"摘帽"。

八、"强化法治支撑"(2019 年)

2019 年,T 县隶属的地级市 H 将推进生活垃圾分类处理纳入市政府民生实事项目。6 月 21 日,H 市十三届人大常委会第二十次会议表决通过了《H 市人民代表大会常务委员会关于修改〈H 市生活垃圾管理条例〉的决定》。8 月 15 日,新修改的《H 市生活垃圾管理条例》正式颁布实施,包括"餐厨垃圾"改名"易腐垃圾"、大件垃圾投放调整,还修改了对乱丢垃圾、丢错垃圾的行政处罚:"个人处以二百元以下罚款",单位处以"五百元以上五千元以下罚款"。除了加大行政处罚力度,新《条例》还新增了一条"信用处罚"——将违反规定受到的行政处罚,依法构成不良信息的,记入个人、单位的信用档案,引起百姓关注。

T 县生活垃圾分类工作虽基础比较扎实,但同时也存在着物业履行职责不到位、督导员队伍不稳定、部分小区垃圾乱分乱扔等问题,针对这些问题,T 县以"保障试点、支撑体系、形成震慑、力促规范"为原则,组建 30 人的执法专班,采用"集中办公＋社区驻点"形式开展垃圾分类执法检查,对"五种行为"必罚——违法投放生活垃圾的;未履行生活垃圾分类管理责任的;将其他垃圾混入生活垃圾投放的;违法收集和运输生活垃圾的;违法处置生活垃圾的。同时,T县垃圾分类工作由县环保局牵头逐步过渡到县综合行政执法局牵头,在县综合行政执法局成立案审小组,按月召开案审会,专题研讨垃圾分类疑难案卷、审查案件办理情况;开设生活垃圾分类专项执法课程,定期组织专班人员轮训,并邀请社区、物业等相关责任人适时参与,在提升生活垃圾分类领域案卷办理能力的同时,形成"违法必究、执法必严"的强大声势。同时,投入资金近 200 万元,在垃圾厢房上装配监控视频 577 路,连同公安监控系统全部接入数字化管理平台,编织无死角视频监控网络,定期采集垃圾分类违法行为并作为执法依据实时推送给专门成立的执法专班。全年共查处各类垃圾分类违法案件 770 件,其中一般案件 205 件,简易案件 565 件,罚款共计 8.95 万元,行政处罚信息全部记入个人、单位信用档案。

九、"数字技术不断普及"(2020—2021 年)

在这两年里,数字技术迅速发展并在各个领域发挥不同程度的积极作用。T县应势而动、顺势而为,以垃圾分类智慧化管理为切入口,县级层面率先建成生活垃圾分类信息化管理平台。通过在垃圾桶、清运车辆、末端处置设备上安装 GPS、智能芯片及可视化系统,实现作业全过程监控,通过智能系统整合分类回收、收运处置等信息,确保分类信息可追溯、收运处置全透明,实现垃圾分类管理信息化、设备管理智能化,为日常管理提供数据支撑。各乡镇因地制宜探索"数智化+垃圾分类"新模式,HC镇D村在全村 405 户村民的易腐垃圾桶上都安装了智能芯片,垃圾清运车可以通过这个芯片,对易腐垃圾进行自动称重、拍照、识别,并将数据反馈到 T 县垃圾分类智慧管理平台,该平台能够将数据自动汇总、分类、计算,清楚显示全村垃圾分类情况及各类垃圾产量。TJ街道N社区为 2450 户居民分配了垃圾分类"家庭码",一户一码,居民在投放垃圾时,只要将二维码对准垃圾房上的专用设备,积分便自动累计。JX街道自辖区 5 个村、2668 户农户全覆盖"芯片管家"后,JX街道的垃圾分类正确率持续保持在 90% 以上。结合"鸡毛换糖"机制的常态化管理服务,2021 年度垃圾减量 12%。

第三节　建构性解释

建构性解释是案例研究中的一种分析技术。这一技术的目的在于通过建构一种关于案例的解释来分析案例研究的资料。"解释"就是提出一套有关某现象的假定存在的因果关系，然后将基于经验分析的结论与之比较，若二者能达成基本一致，研究结论便具有一定的解释力。在本书中，第八章得出的生成机制构成了本部分的假定，下面将用 T 县案例与之进行匹配。

一、制度设计的影响

制度设计是社会治理中多元主体协同得以生成的根本性前提。在 T 县案例中，制度设计的具体影响体现如下。T 县县级党委依托政治势能引领政府以政策框定的形式干预同级、下级党委政府，市场主体和社会主体的注意力分配，引导各类主体的注意力有序转移至垃圾分类政策执行上，并且赋予政策执行合法性。进一步而言，T 县编制并发布了推进垃圾分类的总体实施方案及配套文件，在此基础上，各乡镇（街道）也因地制宜地制定了各自的行动方案。这些政策文件主要由政策目标、政策内容、执行工具三部分构成，并且包含了规制性要素、规范性要素和文化—认知要素（斯科特，2010）。不同的要素针对不同的行动者形成了不同程度的制约与使能。

就政策文件的构成部分而言，第一，县级层面的实施方案对政策目标的设定相对模糊，并且仅用了定性的描述，未涉及具体数字指标。第二，县级层面的实施方案明确了政策内容：与政策执行过程相关的各方行动者、行动者的职责和义务、分类规范、奖励与惩罚、考核与监督。相比之下，乡镇（街道）层面的政策内容则更为细致。第三，县级层面的实施方案为乡镇（街道）提供了选择执行工具的自主性。

就政策文件的构成要素而言，第一，制度的规制性要素主要包括规则、法律、奖惩等内容。第二，制度的规范性要素主要包括价值观和规范。第三，制度的文化—认知性要素构成了关于社会实在的性质的共同理解，以及建构意义的认知框架。在大多数环境中，人们都会遵守文化—认知性制度，因为人们难以想到其他的行动类型；人们之所以遵守惯例，是因为人们理所当然地认为那些惯例是"人们做这些事情的"恰当方式。

T县党委依托制度设计为共识建构、利益聚合、行动统筹奠定基础。一方面,基于外部政策环境,党委通过政策框定(明晰政策目标、确定基本政策内容、给予执行工具的选择自主性),明确政策执行中行动主体的行动规则、权利、义务与责任,并依据执行情况动态调整。在T县案例中,县委借助党政复合体制实现制度对政府主体的引导、赋能与约束;借助契约方式实现制度对市场主体的引导、赋能与约束;借助行政机制与群众路线实现制度对社会主体的引导、赋能与约束。另一方面,党委通过注意力分配调整下级党组织、政府、市场、社会等主体各自的行动重要性排序,使得各类主体的注意力集中于公共政策执行。在T县案例中,县委常委会对垃圾分类政策的讨论以及会议纪要的内部流转,形成了县域各级党政机关注意力在垃圾分类上的迅速聚焦;党政机关的财政支持以及垃圾分类市场的利润前景广泛吸引了相关企业的注意力;政策文件中"合理利用'熟人社会'"的规定蕴含了对社会主体注意力的引导势能。

二、社区动员的影响

社区动员是社会治理中多元主体协同得以生成的必要保障和重要环节。在T县案例中,社区动员的具体影响体现如下。

(一)正向动员

它是指激发鼓励有益行为的价值取向与行动方式,既包括物质奖励,也包括精神奖励。(1)对党委政府的财政补助和对群众的现金或物品奖励是物质奖励的主要形式。例如T县下辖街道的干部通过微信红包的方式,动员社区干部,干预他们的注意力分配。(2)精神奖励主要体现为以授予名誉的方式给予肯定、鼓励和宣扬。例如,T县向全区各相关单位通报了年度生活垃圾分类区级先进集体和个人。此外,T县还通过新闻媒体对优秀的单位和个人进行宣传表扬。

(二)负向动员

它是指惩罚约束有害行为的价值取向与行动方式,同样有物质层面与精神层面的区分。(1)物质层面的负向动员主要表现为奖金扣除与罚款。奖金扣除主要存在于党委政府内部。(2)精神层面的负向动员主要表现为公开/非公开批评与群体压力。公开批评是指以公开文件、公告栏张贴等形式对在垃圾分类推进过程中表现较差的行动者进行通报批评。例如,T县每月都会向各乡镇(街道)发送垃圾分类考核通报文件,公布月度考核排名,并向排名末位的乡镇(街道)发出警告。非公开批评是相对于公开批评而言的,主要表现为批评主体私底下与批评对象的沟通交流。例如，街道干部以电话、网络的形式提醒、督促社区干部更加重视垃圾分类。群体压力主要指群体对其成员形成的约束力与影响力。

（三）强动员

它是指强度相对高的激励方式。政治势能与压力型体制是强动员的主要表现。（1）政治势能是一种强动员信号，其重要核心特征就是"党的领导在场"（贺东航，孔繁斌，2020）。对于下级党委政府而言，上级党委政府下达的任务要比其他党政机关下达的任务更具有激励性，也就是说委托方权威地位的高低本身是一种激励，即"隶属激励"（练宏，2016）。更直接地说，党委高度重视就意味着激励处于最高强度。在实践中，领导高度重视逐渐具有规律性，形成相对稳定的治理工具组合，可以概括为"领导牵头、部门协调、财政支持、结果导向"四个方面（庞明礼，2019）。（2）作为对县乡两级党委政府运行特征与生存状态的理论抽象，压力型体制是这样一个过程：依靠政治承包、数量化任务分解、"一票否决制"和"一把手"工程等方式向下推行公共政策。压力型体制的运行亦是强动员的表征。

（四）弱动员

弱动员是对强动员的一种应对和反弹。如果强动员的指标过于刚性和不切实际，具体操作部门不得不一方面维护强动员的权威，另一方面又通过弱排名的变通以切合地方性诉求和实际情况（练宏，2016）。弱动员包括三种逻辑：完成任务逻辑、激励逻辑和地域联盟逻辑。（1）完成任务逻辑。练宏（2016）在其研究中指出，完成任务逻辑是指在上级对下级考核时，第一步并非激励，而是优先考虑完成任务与否；如果有些下级没有完成相应任务，上级首先考虑通过各种方式帮助下级完成任务，继而实施评比。本书将这一结论推广至党委政府以外——完成任务的逻辑不仅体现在党委政府内部上级对下级的帮扶，还体现在党政主体对市场和社会主体的帮扶。（2）激励逻辑。弱动员并不等于无激励，在完成任务逻辑的前提下，促使各类主体尽最大努力完成任务的逻辑依旧存在。（3）地域联盟逻辑。地域联盟逻辑也是对练宏（2016）所提出的政治联盟逻辑的推进。在政治联盟逻辑中，不同党政机构（如县环保局和乡镇党委政府）之间长期合作、相互支持；整个科层体系的正常运作，得益于专业科层机构之间的相互合作、相互支持和相互配合。地域联盟逻辑的经验指向范围更大，它是指特定地域范围内，党委、政府、市场、社会等各类行动者之间长期合作、相互支持，形成了互惠关系。例如乡镇党委政府、村干部与村民三者间的牵制、协调和平衡在很大程度上决定了考核结果。

三、信任与数字技术的影响

信任与数字技术在社会治理中多元主体协同生成过程中发挥正向调节作用。在 T 县案例中，两项因素的具体影响体现如下。第一，信任在 T 县案例中的作用要大于 Y 区。原因在于 T 县的"熟人社会"较为成熟。进一步而言，Y 区与 T 县协同结构中的正式结构基本一致，非正式结构则有较大差别。Y 区下辖的城市社区较多、农村社区较少，流动人口较多、常住人口较少。T 县则刚好相反，下辖的农村社区较多、城市社区较少，常住人口较多、流动人口较少。第二，T 县案例能够证明，数字技术的缺失并不能完全阻断社会治理中多元主体协同的生成。因为在 T 县垃圾分类政策执行的前半段进程中，数字技术几乎没有"参与"。数字技术积极的助推作用不能忽视，T 县后期与 Y 区的实践便是例证。

第四节　本章小结

对案例研究持批评意见的学者认为，单案例研究论据不充分，不足以进行科学的归纳。"但是，这些批评者实际上是在以统计调查的标准看待案例研究。在统计方法中，样本（如果样本挑选得好的话）应该能够代表一个大的总体。但是，在案例研究中用样本来类推总体是错误的。统计调查依据的是'统计性归纳'，而案例研究（以及实验）依据的是'分析性归纳'。"（罗伯特·K.殷，2010）在分析性归纳中，先前得出的结论应被视作"模板"，以此为参照物，如果新的经验证据同样支持先前的结论，那么前述研究便具有可重复性（外在效度检验的侧重点是在另一个案例研究中"复制"某一研究的结论，而信度检验的侧重点在于做同样的研究）。基于此，本章选取了不同时空条件下的垃圾分类实施过程（T县）作为比较对象，检验与修正从 Y 区实践中提炼出的结论。结果表明，排除可预知的原因外，两地的实践总体上支持同一个研究结论，本项案例研究的外在效度大幅提升。最后，本章的研究结论再次证明，社会治理中的多元主体协同能够生成于基层政策执行过程，这一过程受到制度设计、社区动员、信任和数字技术的共同影响。

第十章 结论与展望

　　面对广大且时刻变化的中国基层社会,只有汇集了大量"盲人摸象"式的推论,才有可能拼接出较为清晰的治理全景。由此,本书立足可视范围内的经验事实,剖释了各类行动者在基层政策执行过程中的行动逻辑,进而论证了社会治理中的多元主体协同生成于基层政策执行过程的实际可能。本章将总结全文的主要结论,陈述和罗列可能的学术贡献和政策启发,反省研究中的不足,并对下一阶段的工作做出设想。

第一节　主要结论与可能贡献

一、主要结论

　　经过规范与实证分析,本书可得出四项主要的结论。这些结论并不能保证最好的协同效果,但或许可以避免最坏的结局。

　　第一,社会治理作为国家治理的有机组成部分,不是以静态管控社会为目的,而是以制度执行力为追求,继而实现制度优势向治理效能的转化,最终促进人的全面发展和社会全面进步。在具体实践中,多元主体协同既是社会治理运作的基本要件,也是实现社会治理目标的必要担保,更是基层制度执行力的生成基础;而希冀中的"执行力"可源自党政意志与人民福祉高度统一、多元主体协同参与的公共政策执行过程。

　　第二,社会治理中多元主体协同程度能够在基层政策执行过程中显著提升,并且,公共政策自身的性质异常重要,它应兼具规制与服务的特征。进一步而言,规制型政策的有效执行依赖于目标群体的自愿遵从,再分配型政策则向目标群体提供了公共服务。如是,公共服务就为多元主体协同提供了极好的契机,而参与成为其最主要的表现形态,二者又紧密地联系在一起。

第三,基层政策执行塑造多元主体协同的过程将可能受到制度设计、社区动员、信任和数字技术的影响。具体而言:(1)制度设计是多元主体协同得以生成的根本性前提,社区动员则是协同中的必要保障和重要环节;(2)制度设计和社区动员是前因组合中的决定性成分,凡是制度设计良好并且社区动员有效的区域,其多元主体协同的程度就相对更高、状态更稳定;(3)信任与数字技术可能在协同中发挥正向调节作用。

第四,社会治理中多元主体协同的生成机制是:首先,在宏观环境的影响下,上级党委、政府针对单一主体无法解决的公共问题建构总体的制度设计,并以公共政策的形式统筹各方行动者;其次,在基层政策执行嵌入社会(社区)的过程中,内生性的社会力量起到了关键的动员作用;同时,信任与数字技术或能助推协同的深入和可持续;最后,伴随公共问题有效解决程度、协同目标一致程度、公共参与意识提升程度的显著改善,多元主体协同将趋向广泛与稳定。

二、可能贡献

第一,本书在一定程度上加深了对党、国家和社会关系的领悟。本书借助两个经验案例展示了政党、国家与社会关系的具体形态——同时位于国家与社会之中的政党如何在国家生活、社会生活以及国家与社会关系中发挥应然的领导作用。各级党组织勇于自我革命,善于自我完善和自我发展,尤其是全面从严治党。党的十八大后,中央通过加强巡视制度、纪检系统,加大对地方各类官员的监督与规训,通过思想责任制强化他们的政治正确性,触发他们的政治意识(政治方向、政治立场、政治观点、政治纪律等),提高他们对党和人民事业的忠诚度以及对工作的积极性。其次,民主集中制既保证了党的决定得到迅速有效的贯彻执行,又能密切联系群众、保障公众权益,最大限度激发社会内生活力。民主集中制是党的领导制度、根本组织原则和党内政治生活的准则。虽然这一制度同样规定了个人服从党的组织、少数服从多数、下级组织服从上级组织,但它还蕴含着群众路线的政治理念——严格要求党的上级组织要经常听取下级组织和党员群众的意见,及时解决他们提出的问题;上下级组织之间要互通情报、互相支持和互相监督。这样的制度设计既能使政府(国家)借助党的"政治资源"(如民心)获得执行公共政策所必需的目标群体遵从,同时能保证党政机关在密切联系群众中激发社会内生活力,保障公众权益,实现对"反科层"的突破。

第二,本书在一定程度上印证了治理理论的原典式观点。随着社会现实复杂性、动态性、多样性的增加,公共管理者意识到他们曾热衷追求的"一种最好的方法"(one best way)和"固定模式"(stable model)已难以应对公共服务递送难题。虽没有最好的方法,但却有许多可能的答案。在萨拉蒙看来,公共行动的工具,解决公共问题的手段、方法已经大规模增多。其中,层级(hierarchies)、市场、网络是较为成熟的协调模式或治理结构。传统论点视它们为相互替代或竞争的范式,但晚近较为风行的治理理论认为三者并非孤立,而是一种互补与增强的关系。治理理论强调层级、市场、网络之间非固定模式的组合,并且主张层级要在治理过程中承担不可或缺的"元治理"角色。进一步而言,倡导层级、市场、网络的良性互动是治理理论的显著特征之一。尽管三者可以是相互协调的,但作为独立的治理模式,它们以不同的方式界定公共部门和社会参与者的角色和责任,彼此间的矛盾与冲突时常会发生。一是层级模式近义于科层制(bureaucracy),强调正式的命令指挥和公私部门间的严守际分,并且政府机构是公共服务和物品的唯一提供者。虽然层级模式常被斥为"臃肿、浪费、低效",但在如今仍然保持着稳定的运作并且展现出高效能:能减少决策的任意性;有稳定的权威和能力,能保证决策的连续性;能胜任和协调大量复杂和大规模的工作。二是市场模式提倡引入竞争与激励机制,明确绩效标准与评估,注重顾客回应与结果导向,力推公共服务机构的分散化和小型化。一系列的"企业化政府"变革取得了成功,但过度的推崇却忽视了社会的合意性,抹杀了公共领域的责任性、公平性、多样性和合法性。三是网络模式致力于实现主体间互利互补的合作,已是当前公共服务递送中的一个普遍现象。在网络中,信任机制是其运作基础,公共和私人的行动者有着共同的利益,互相依赖,形成优势互补的资源交换。然而网络所具备的自我组织属性,表现出对政府干预的抵制,拒绝中央的指导;更重要的是,网络的良好运行是有条件的。

第三,本书在一定程度上丰富了社会(社区)治理行动者研究,延展了社区参与的理论视角。一是 Y 区和 T 县的实践再次证明,在中国的现实条件下,全然拒斥党委、政府作用的社会治理是无法运作的(燕继荣,2017)。从制度设计到落实执行,Y 区和 T 县各级党委、政府均表现出可观的支配能力,而这一切又是以中央政府的重视为背景。不过,更值得关注的是,包括 Y 区和 T 县在内的绝大部分基层党委、政府正深陷"压力泥潭"。与此同时,随着压力型体制的嬗变,层级控制不断趋强(考核泛滥、问责刚性),基层自主性(政策内容诠释、政策目标调整,执行手段选择)逐渐式微。为了应付接踵而至的考核,逃避严苛的问责,基层官僚只能尽力"丰富"各项材料,以一种僵硬的、缺乏想象力的方式进行着明文规定的工作,"避责"逐渐取代"邀功"成为基层官僚行为的主要特征(倪星,王锐,2017)。二是居民不仅是社区参与的主体,也是社区动员中的支柱,他们在不同治理实践中所表现出的思辨性、独立性和利他性是有目共睹的。同时,有不少学术文献将社会治理中的居民刻画为无私奉献、才智双全的形象。实际上,绝大数社会力量都是普通的市井百姓。在 Y 区和 T 县的垃圾分类政策执行过程中,相当一部分社区志愿者并未表现出理论预期中的志愿精神,反而在 G 公司宣布有偿动员后,他们才更加积极主动。这些宣传员的行动之所以能够见效,在很大程度上归因于他们的日夜奔忙,也就是所谓的"扫楼"。虽然也有部分社区骨干、积极分子(如 Q 小区的 L 女士)的故事令人动容,但他们毕竟是少数。三是"加强社区治理体系建设"、打造"共建共治共享的社会治理格局"已成为新时代城市社区治理机制创新的核心内容;逻辑而言,"共建共治共享"意味着社区治理不再是基层党委、政府的"独角戏",而是"政府治理和社会调节、居民自治的良性互动",其关键在于促进社区居民在公共事务中自觉且有为的参与。促进社区参与不是单纯地复制静态的要素与结构,而要在动态过程中造就。结社性活动、邻里互动与维权行动是公认的"促参"路径,而 Y 区和 T 县的实践则提供了另外一种可能:基层政策执行过程,即可通过政策动员以促使居民卷入其中的方式推动社区参与(王诗宗,罗凤鹏,2020)。

第四,本书试图加深对中国社会治理共同体本质的理解。社会治理共同体自提出之时,便引起不同的议论;其中较为明显的争议在于其内涵中的模糊性以及概念本身的经验意义。实际上,社会治理共同体既非修辞或想象的纸面说法,也非过时或遥远的社会形式,而是可以在当下实践中不断生长并且能够也应当发挥真实效用(王诗宗,胡冲,2021)。更重要的是,一些经验观察表明,社会治理共同体已经在基层政策执行和服务供给过程中不断发生与成长(王诗宗,徐畅,2020;王佃利,孙妍,2020)。根据这些线索,本书进一步阐发了社会治理共同体的内涵与外延。

一是社会治理共同体位于共同体思想谱系的第三阶段,即社会中的共同体。现代化是推动社会治理共同体演进的根本动因,社会逻辑中的现代性则是社会治理共同体发挥效用的前提。正因为如此,党委政府是在推进国家治理现代化的进程中提出了建设社会治理共同体的宏伟目标。在"十四五"规划纲要中,"建设人人有责、人人尽责、人人享有的社会治理共同体"被再度明确提出,并且出现在第十四篇"增进民生福祉 提升共建共治共享水平"中的第五十一章"构建基层社会治理新格局"。

二是滕尼斯意义上的社会与共同体是两种相互对立的标准类型(亦即理想类型),二者位于社群关系连续谱的两端。真实的社群生活却介于这两种类型之间。而且,在经验里,不可能出现没有抉择意志的本质意志,本质意志在抉择意志中表现着自身;也不可能出现没有本质意志的抉择意志,抉择意志以本质意志为根基。这就是说,真实的社群生活部分地体现出社会的逻辑,部分地体现出共同体的逻辑,"社会"与"共同体"的联结并不矛盾。

三是社会治理共同体应当是共同体的进化。共同体原本的意涵指向"协同性",滕尼斯接受了这一界定,并进一步用它来指人与人之间真实的、有机的、有生命力的关系(滕尼斯,2019)。在协同关系中,秩序与谐和内生于其中,它们协同人的自然成长而逐渐发展,并且保持相当水平的韧性与稳定。而在社会治理共同体中,在共同体之外,"社会"和"治理"的要素同时内含其中。活力与创新是社会的显著特征,治理则具备更强的绩效意味,即多主体以新方式互动,依托不同治理模式的组合,以应对日益增长的社会及其政策议题或问题的复杂性、多样性和动态性。

四是"社会治理共同体"的提法传达出一个相当清晰的信号——新时代的社会治理将迈向多元主体协同共治的新格局(郁建兴,任杰,2020)。党的十九届四中全会指出要"完善党委领导、政府负责、民主协商、社会协同、公众参与、法治保障、科技支撑的社会治理体系,建设人人有责、人人尽责、人人享有的社会治理共同体"。"党委领导"意味着社会治理将位于元治理者的统筹之下;"政府负责、民主协商、社会协同、公众参与"意味着社会治理共同体中的主体构成亦不限于狭义的社会领域,共同体中,党委、政府、市场、社会均应"在场";"人人有责、人人尽责、人人享有"意味着社会治理共同体是基于公共价值和共同目标的社会关系体系。一言以蔽之,社会治理共同体的本质理应是一种凸显民主、法治等现代国家观念、囊括规范有序与充满活力的协同式互动关系,在此关系中,基于契约精神的互动方式与带有自然或血缘色彩的互动方式无缝结合、相辅相成。它的作用并不局限于社会矛盾纠纷化解与风险防范,而是可以切实解决广泛的公共问题。社会治理共同体固然需要培育,但并不仅仅是自上而下建构的产物,而是具有"自我意识"的有机体,有着独特的内在演化机理。在现实场景中,这一演化机理具体表现为党委依托统合实现对多元主体的引领,多元主体则在党委统合的引领下各显其能、各尽其才,并保持协同。

第五,本书在一定程度上证实、修正和丰富了有关协同治理影响因素研究的相关结论,而在本书提出的多元主体协同生成机制中,这些因素得到了初步的整合。这些因素非但在本书中得到了回应,而且它们在完整的机制中各据其位,其作用也得到了系统性的体现。

一是 Y 区和 T 县的实践或能回应 Emerson 等(2012)提出的研究设想。多元主体协同的造就的确取决于诸多交互式的组件和因素,但其中最主要的是制度设计和社区动员。良好的制度设计将贯穿于整个协同过程;而在社会的边界,社区动员能够较好地消化制度设计与实际生活之间的张力,进而弥合社会与其他主体之间的裂缝。

二是 Y 区和 T 县的实践证实了多元主体协同的生成不以协同成员达成一致目标和成员间高度信任为起点,并且修正了共同目标仅仅作为影响因素的观点。一方面,各方行动者不太可能以追求共同目标为纯粹动机而协同,更普遍的情况是追求各自的目标。各方行动者在追求利己目标的过程中会逐渐形成一致的协同目标,从而有助于协同的稳定和连贯。另一方面,在协同启动期,各方行动者之间毫无信任的判断是不缜密的,不过可以肯定,怀疑和戒备将在这一阶段占据主导。

三是 Y 区和 T 县的实践证实了权力对于多元主体协同的双面影响。权力的正面影响主要体现在党委的统合作用,例如提供资金、合法性、指导或领导(Ansell,Gash,2008;福山,2018;Head,2008)。权力的负面影响主要体现为痕迹管理演化为痕迹主义。痕迹管理作为一项正式规则,旨在保证组织成员安全、程序正义和冲突解决(Chen,Rainey,2014)。然而正式制度的激励强度(如一票否决)却给基层官僚造成了意料之外的负担,诱发了在目标无法完成的条件下注重形式、脱离实际、不求实效以规避风险的冲动,痕迹管理就此演化为痕迹主义。

四是 Y 区和 T 县的实践证实了动员在多元主体协同中的枢纽作用,同时展现了丰富的行动细节。在共同目标不一致、政府干预失灵、信任水平较低的情况下,以人际关系网络为基础、关键群体为核心动力的社区动员是应对这一系列问题的有效途径。

五是 Y 区和 T 县的实践丰富了对数字技术的学理认知。虽然 Huxham 和 Vangen 早在 20 年前就提出了正式和非正式的工具是协同中不可或缺的一部分,但他们可能无法想象当代工具进步的速度与规模。数字技术的运用使得以往许多不可治理性问题变得有章可循;各方行动者的治理能力得到强化;瞬间性的重要变化不再转瞬流逝。

第六,本书发现在基层党委、和政府工作中,形式主义主要有两种具体表征:应付式留痕与自主创新异化。应付式留痕一般存在于重点工作中,它是指基层党委、政府为应对各层级的考核而刻意放大材料效用、忽略行动实效的做法。例如,部分地区的精准扶贫演变为"精准填表"。在党政内部运作过程中,查阅与评价会议记录、活动总结、音像资料等可视材料是主要的考核方式。一般情况下,这些可视材料越是丰富和详细,基层工作便会得到上级越高的认可。相反,如果受检材料单一、简略,甚至出现逻辑错误,那么基层工作便会遭受严肃的质疑或处罚。基层中有两类应付式留痕较为普遍。

一是在工作材料中"添油加醋"。党政工作的汇报文件往往句式工整、图文并茂,充满各种修辞手法。这些文稿的背后是基层干部花费大量时间、精力琢磨遣词造句的过程。他们以天花乱坠的说辞,甚至是造假,婉转、巧妙地掩盖实际工作成效的不足。

二是工作材料的"东拼西凑"。工作材料本应是关于相应过程的简要回顾,是参与者对工作的体悟与总结。但基层干部会利用同一套模板反复编制各项材料。各式材料之间有不少交叠之处,相同的表述可能出现在不同主题的工作汇报中。不同部门、干部之间也会相互借阅、参考。相比于应付式留痕,自主创新异化是一种非书面化的形式主义。它是指基层党委、政府采取偏离既定政策目标的行动,并且这些行动不能实质性地改善治理成效,反而在很大程度上违背地方共同体利益。例如,党的十九大报告提出要开展移风易俗、弘扬时代新风行动,抵制腐朽落后文化侵蚀。文化积淀于长年累月之中,一旦成型便具有较强的稳定性,因此,这项工作不可能"毕其功于一役"。然而,某地为了推行绿色殡葬,派遣执法队直接进村入户,强行抬走并捣毁村民的棺材①。这样的方式和举措缺乏正当性,与政策初衷大相径庭,并且受到了社会舆论的强烈谴责。它不仅严重破坏了既有的社会关系,也极大损害了党政形象。需要说明的是,学者对党委、政府创新的理解在两点上是相通的:一是创新必须体现出"新";二是创新必须是一种实践,要产生影响(杨雪冬,2011)。而作为公共权力机构的政府,其创新出发点与归属点都应当是维护和提升公共利益(俞可平,2005)。一般而言,地方党委、政府自主创新主要包括两种情况:一是地方党委、政府为

---

① 具体参见:https://inews.ifeng.com/59537218/news.shtml? &back

了寻求属地问题的解决方案,自发地将创新意愿付诸实践(郁建兴,黄飚,2017);二是中央下达指导性的政策纲领,不作细致的规定,基层党委、政府可根据实际情况开展执行。二者的共同点在于地方党委、政府需要兼顾政策目标的实现与民众、社会实际利益的维护。按照这样的认知,本书所注意到的基层政策过程中的自主行为是"新"的,也产生了影响,但它同民众、社会的实际利益是截然相悖的,因此,可将其视为自主创新的异化。

第二节　政策启示

第一,既要开展严肃的协同问责,也要重视构建容错机制。协同成员的异质性和组织界限将导致成员之间信息的不对称,增加沟通的成本,这容易滋生机会主义行为,随之就需要展开成员间和成员内部的严肃问责。但问责主体难免因不可抗力因素而失误、出错。如果问责依旧保持刚性的态度,则会降低行动者的协同意愿。因此,严肃问责中也需要保持弹性,即构建容错机制,明晰容错的内核与边界,划定"可容"与"不可容"的界限。

第二,既要约束基层党委、政府的自利行为,也要赋予其一定程度的自主性。基层党委、政府并不是机械的执行者,它有自身相对独立的利益诉求,过度的自主性很有可能导致治理活动偏离常规轨道而不受控制。然而,过度的限制与制约又有可能矫枉过正,带来僵化的危险。基层党委、政府需要有自主空间去解决实际问题,因此,在控制与自主的钟摆式运动中,保留最低限度的基层自主性或许是缓解二者张力的可行方案,同时也有必要建立各项清单制度,明责定权。

第三,既要彰显"以人民为中心"的发展思想,也要增强基层官僚的获得感。党的十九大全面确立了"以人民为中心"的发展思想。这就要求全体政府工作人员以最大的决心和努力构建服务型政府,尊重并落实人民主体地位,全心全意为人民服务。与此同时,上级党委、政府也应体察基层官僚的职业生态与生活状况,增强扎根前线、直接服务群众的基层党员、干部的获得感,用切实的手段激励基层官僚在琐碎繁杂的工作中持续焕发活力,杜绝"虱多不痒、债多不愁"的麻木作风。

第四,既要颂扬社会力量的志愿精神,也要重视他们应有的经济回报。社会治理比以往任何时刻都更加依赖社会力量(能人、精英、骨干、积极分子等)的参与。社会力量的无私奉献值得钦佩,但不可一味地歌颂而忽视他们应有的经济回报。兼容并蓄的社会理应包容和理解社会力量在志愿主义与自我利益之间的游移和选择。各级党委、政府宜向社会的基层提供资源、创设条件,提高社会主体的治理能力和参与意愿,最大程度地释放社会潜力。

第五,既要扩大数字技术的治理优势,也要警觉其中的弊端与风险。数字技术自身不具有能动性,它必须通过制度设计来施展。因此,唯有合理的结构性安排才有可能将数字技术转换为治理效能,实现社会治理领域的帕累托改进。然而,不同行动者在信息汲取和掌控能力之间产生了巨大落差,彼此间的数字鸿沟越来越大,数据利用能力渐趋分化。若对此类现象不作必要的预防和处置,一切优势极有可能会全然丧失。

第三节 研究局限与后续设想

一、研究局限

社会治理是一项非常复杂的系统工程,社会治理中的多元主体协同亦是宏大景观。虽然本书的思路勉强称得上"见微知著"或"一叶知秋",但所得结论仍可能是狭隘的。

第一,本书的经验素材不够翔实。本书采访了社区的居委会成员、居民以及 G 公司高层、基层员工,但缺少与以下行动者的深度访谈:负责新政策的区县级党委、政府干部;乡镇(街道)层面的党委、政府干部。如果能对区县级党委、政府干部和乡镇(街道)层面的党委、政府干部进行采访,那么本书或可再次确证既有事实,并能进一步分析区县党委、政府与企业之间的互动过程,以及乡镇(街道)党委、政府干部是如何落实上级政策,又是如何与居(村)委会展开互动。

第二,本书的统计测量不够严密。首先,在 QCA 运算中,每组案例数较少,问卷回收率偏低。其次,对多元主体协同的测量存在一定的偏差:居委会工作人员和 G 公司员工可能因自身的身份限制而使问卷调查失真;"排序赋分"的策略可能会放大原本结果相近的小区间的差异。再次,对"信任"的测量结果也可能与实况存在差距。本书中的信任是指协同成员间的信任,但却仅测量了居民对 G 公司的信任水平。尽管文中已对此做出说明,但有必要进行更精密的测量。

第三,本书的学理分析不够周详。党委、政府、市场、社会的行动主体划分更多是在规范层面,在基层场景中,多元主体协同中的行动者并不可直接归入四类界限分明的行动主体。例如居委会,这一组织的应然属性是自治性,但它却实然地代表了党委政府。而且,居委会的行动逻辑也不是单一的,它既囿于上级党委、政府的制约而屈从于科层运作,又在实践中屡屡突破正式规则与居民保持利益往来。在本书的叙事中,居委会运作逻辑中的科层属性得到了一定程度的分析,但其与社会(社区)间的互动并未有足够多的笔墨。社会治理涉及各式各样的行动者,他们之间千丝万缕的关系以及复杂的互动一直走在学术研究的前头,有待持续跟进。

二、后续设想

国家治理体系最坚实的力量支撑在基层,治理能力现代化最易被忽视的环节也在基层(杨玉华,2020)。因此,社会治理研究的前景令人憧憬。Y 区和 T 县的实践为社会治理中的多元主体协同提供了较有价值的经验,但这不是结束。下面将做出后续可行的研究设想。

第一,下一阶段的研究将依循史学历史维度开阔视野,拉长观察社会科学分析的距离,同时,依托社会科学的分析概念与逻辑推理,提高认识与解读历史现象的透析力度。具体内容包括:(1)回溯历史,理解社会治理变迁的总体脉络;(2)解读社会治理的历史特征在当代的延续与保留,同时关注治理实践的最新动态;(3)在比较古今的基础上,重思社会治理的内涵与外延。

第二,Y 区和 T 县的垃圾分类政策执行实践已扩散至其他县级行政区域。基于此条件,下一阶段的研究将能够:(1)采访更多相关的行动者,发现和积累新的线索;(2)选出更多具有相同背景的案例进行 QCA 运算,以此加强本书结论的科学性和实效性,并且有可能发现新的因果路径。

第三,社会治理研究的重心理应是剖析各类行动者在"结构—制度"约束下的具体行动及逻辑。本书在一定程度上展现出部分行动者在多元主体协同生成过程中的参与差异,下一阶段的研究可以以更广的视野揭示现实故事的完整性,其中,基层党组织值得重点关注。党委向来是各项治理活动的领导者。在社会治理多元主体协同生成过程中,基层党组织该如何发挥其领导作用? 它与基层政府又该如何互动? 对一系列问题的解答有赖于更大范围和更深入的研究。

参考文献

英文参考文献

[1] Abell P, 2004. Narrative explanation: an alternative to variable-centered explanation? Annual Review of Sociology(1):287-310.

[2] Ansari W E, Phillips C J, Hammick M, 2001. Collaboration and partnerships: developing the evidence base. Health and Social Care in the Community(4):215-227.

[3] Ansell C, Gash A, 2008. Collaborative governance in theory and practice. Journal of Public Administration Research and Theory(4):543-571.

[4] Anthony J, Goldman R, Rees V W, et al, 2019. Qualitative assessment of smoke-free policy implementation in low-income housing: enhancing resident compliance. American Journal of Health Promotion(1):107-117.

[5] Appleton-Dyer S, Clinton J, Carswell P, et al, 2012. Understanding evaluation influence within public sector partnerships: a conceptual model. American Journal of Evaluation(4):532-546.

[6] Arion A, 2003. Measures of strategic alliance performance: an analysis of construct validity. Journal of International Business Studies(1):66-79.

[7] Armistead C, Pettigrew P, Aves S, 2007. Exploring leadership in multi-sectoral partnerships. Leadership(2):211-230.

[8] Aschemann-witzel J, Bech-Larsen T, Apacci S, 2016. Do target groups appreciate being targeted? An exploration of healthy eating policy acceptance. Journal of Consumer Policy(3):285-306.

［9］ Aschemann-witzel J，Perez-Cueto F J A，Niedzwiedzka B，et al，2012. Lessons for public health campaigns from analysing commercial food marketing success factors：a case study. BMC Public Health(1)：11.

［10］ Bachrach P，Baratz M S，1962. Two faces of power. The American Political Science Review(4)：947-952.

［11］ Backman K，Kyngas H A，1999. Challenges of the grounded theory approach to a novice researcher. Nursing and Health(3)：147-153.

［12］ Bardach E，1977. The Implementation Game. Cambridge MA：MIT Press.

［13］ Bardach E，2001. Development dynamics：interagency collaboration as an emergent phenomenon. Journal of Public Administration Research and Theory(2)：149-164.

［14］ Barr C，Huxham C，1996. Involving the community：collaboration for community involvement//Huxham C. Creating Collaborative Advantage. London：Sage，1997：110-125.

［15］ Barrett S M，Fudge C，1981. Reconstructing the field of analysis//Barrett S M，Fudge C. Policy and Action：Essays on the Implementation of Public Policy. London：Methuen，1981：249-278.

［16］ Basurto X，Speer J，2012. Structing the calibration of qualitative data as sets for qualitative comparative analysis（QCA）. Field Method（2）：155-174.

［17］ Beach D，Rohlfing I，2018. Integrating cross-case analyses and process tracing in set-theoretic research：strategies and parameters of debate. Sociological Methods and Research(1)：3-36.

［18］ Beckman C，Haunschild P，2002. Network learning：the effect of partners' heterogeneity of experience on corporate acquisitions. Administrative Science Quarterly(1)：92-124.

［19］ Berardo R，Heikkila T，Gerlak A K，2014. Interorganizational engagement in collaborative environmental management：evidence from the South Florida ecosystem restoration task force. Journal of Public Administration Research and Theory(3)：697-719.

［20］ Berger I E，Cunningham P H，Drumwright M E，2004. Social alliances：company/nonprofit collaboration. California Management Review（1）：

58-90.

[21] Berg-Schlosser D, De Meur G, 2009. Comparative research design: case and variable selection//Rihoux B, Ragin C C. Configurational Comparative Methods: Qualitative Comparative Analysis (QCA) and Related Techniques, LA: SAGE Publications, 2009:28.

[22] Bernstein T P, Lü X B, 2000. Taxation without representation: peasants the central and local states in reform China. China Quarterly (163): 742-763.

[23] Bing R, Huiting Q, 2018. Contingencies of power sharing in collaborative governance. American Review of Public Administration(8):836-851.

[24] Birks D F, Fernandez W, Levina N, et al, 2013. Grounded theory method in information systems research: its nature diversity and opportunities. European Journal of Information Systems(1):1-8.

[25] Blomberg H, Kroll C, Kalli J, et al, 2013. Social workers'perceptions of the causes of poverty in the nordic countries. Journal of European Social Policy(1):68-82.

[26] Blowers A, 1983. Master of fate or victim of circumstance--the exercise of corporate power in environmental policy-making. Policy and Politics(4): 393-415.

[27] Booher D E, 2004. Collaborative governance practices and democracy. National Civic Review(4):32-46.

[28] Bovens M, Stavros Z, 2002. From street-level to system-level bureaucracies. Public Administration Review(2):174-184.

[29] Box R, 2008. Making a Difference: Progressive Values in Public Administration. New York: M. E. Sharpe.

[30] Bradach J, Eccles R, 1989. Price authority and trust: from ideal types to plural forms. Annual Review of Sociology(1):97-118.

[31] Bryson J M, Crosby B C, Stone M M, 2006. The design and implementation of cross-sector collaborations: propositions from the literature. Public Administration Review(s):44-55.

[32] Bryson J M, Crosby B C, Stone M M, 2015. Designing and implementing cross-sector collaborations: needed and challenging. Public

Administration Review(5):647-663.

[33] Bulmer M,1979. Concept in the analysis of qualitative data. Sociological Review(4):651-677.

[34] Callan S J, Thomas J M, 2006. Analyzing demand for disposal and recycling services: a systems approach. Eastern Economic Journal (2): 221-240.

[35] Caramani D,2009. Introduction to the Comparative Method with Boolean Algebra. LA:SAGE Publications.

[36] Carmichael P,Knox C,1999. Towards "a new era"? Some developments in governance of Northern Ireland. International Review of Administrative Sciences(1):103-116.

[37] Charmaz K,1995. Grounded theory//Smith J A,Harre R,langenhove L. Rethinking Methods in Psychology. London:SAGE Publications,1995: 27-49.

[38] Charmaz K,2017. The power of constructivist grounded theory for critical inquiry. Qualitative Inquiry(1):34-45.

[39] Chen C,Rainey H G,2014. Personnel formalization and the enhancement of teamwork:a public-private comparison. Public Management Review (7):945-968.

[40] Chen Y C,Lee J,2018. Collaborative data networks for public service: governance management and performance. Public Management Review (5):672-690.

[41] Child J, 2001. Trust—the fundamental bond in global collaboration. Organizational Dynamics(4):274-288.

[42] Coburn C E, 2006. Framing the problem of reading instruction: using frame analysis to uncover the microprocesses of policy implementation. American Educational Research Journal(3):343-349.

[43] Coff R W, 1999. When competitive advantage doesn't lead to performance:the resource-based view and stakeholder bargaining power. Organization Science(2):119-133.

[44] Colquitt J A,Scott B A,LePine J A,2007. Trust trustworthiness and trust propensity:a meta-analytic test of their unique relationships with

risk taking and job performance. Journal of Applied Psychology(4):909-927.

[45] Connelly D R, Zhang J, Faerman S, 2008. The paradoxical nature of collaboration//Bingham L B, O'Leary R. Big Ideas in Collaborative Public Management. Armonk NY:M. E. Sharpe,2008:17-35.

[46] Corbin J, 2017. Grounded theory. Journal of Positive Psychology (3): 301-302.

[47] Cronqvist L, Berg-Schlosser D, 2009. Multi-value QCA (mvQCA)// Rihoux B,Ragin C C. Configurational Comparative Methods:Qualitative Comparative Analysis (QCA) and Related Techniques. LA: SAGE Publications,2009:69-86.

[48] Crosby B C,Bryson J M,2005. A leadership framework for cross-sector collaboration. Public Management Review(2):177-201.

[49] Crosby B C,Bryson J M,2010. Integrative leadership and the creation and maintenance of cross-sector collaborations. The Leadership Quarterly (2):211-230.

[50] Cullen J,Johnson J,Sakano T,2000. Success through commitment and trust:the soft side of strategic alliance management. Journal of World Business(3):223-240.

[51] Currie G, Grubnic S, Hodges R, 2011. Leadership in public services networks:antecedents process and outcome. Public Administration(2): 242-264.

[52] Dahl R A,1957. The concept of power. Behavioral Science(3):201-215.

[53] Daniel C,1980. The corporatist model and socialism:notes on Romanian development. Theory and Society(2):363-381.

[54] Das T,Teng B,1998. Between trust and control:developing confidence in partner cooperation in alliances. Academy of Management Review(3): 491-512.

[55] David M, Martin S, 2001. Understanding policy networks: towards a dialectical approach. Political studies(1):4-21.

[56] Davis K C, 1969. Discretionary Justice: A Preliminary Inquiry. Baton Rouge:Louisiana State University Press.

[57] Desmond K,Robert L,2008. Finding the American state:transcending the "statelessness" account. Polity(3):368-378.

[58] Dirks K T,1999. The effects of interpersonal trust on work group performance. Journal of Applied Psychology(3):445-455.

[59] Dudau A,2009. Leadership in public sector partnerships:a case study of local safeguarding children boards. Public Policy and Administration(4):399-415.

[60] Dunne C,2011. The place of the literature review in grounded theory research. International Journal of Social Research Methodology (2):111-124.

[61] Dyer J H,Chu W,2000. The determinants of trust in supplier-automaker relationships in the US Japan and Korea. Journal of International Business Studies(2):259-285.

[62] Eaves Y D,2001. A synthesis technique for grounded theory data analysis. Journal of Advanced Nursing(5):654-663.

[63] Eden C,Ackermann F,2002. A mapping framework for strategy making//Huff A,Jenkins M. Mapping Strategic Knowledge. London:Sage,2002:173-195.

[64] Ehler C N,2003. Indicators to measure governance performance in integrated coastal management. Ocean & Coastal Management (3-4):335-345.

[65] Elmore R F,1985. Forward and backward mapping:reversible logic in the analysis of public policy//Hanf K,Toonen T A J. Policy Implementation in Federal and Unitary Systems:Ouestions of Analysis and Design. Dordrecht:Eijhoff,1985:33-70.

[66] Emerson K,Nabatchi T,2015. Evaluating the productivity of collaborative governance regimes:a performance matrix. Public Performance & Management Review(4):717-747.

[67] Emerson K,Nabatchi T,Balogh S,2012. An integrative framework for collaborative governance. Journal of Public Administration Research and Theory(1):1-30.

[68] Feiock R C,2013. The institutional collective action framework. Policy

Studies Journal(3):397-425.

[69] Finn J, 2011. Collaborative knowledge construction in digital environments:politics policy and communities. Government Information Quarterly(3):409-415.

[70] Fiss P C,2007. A set-theoretic approach to organizational configurations. Academy of Management Review(4):1180-1198.

[71] Fiss P C, 2011. Building better causal theories:a fuzzy set approach to typologies in organization research. Academy of Management Journal (2):393-420.

[72] Fiss P C,Sharapov D,Cronqvist L,2013. Opposites attract? Opportunities and challenges for integrating large-n QCA and econometric analysis. Political Research Quarterly(1):191-198.

[73] Frame T M, Thomas G, Day J C, 2004. The role of collaboration in environmental management:an evaluation of land and resource planning in British Columbia. Journal of Environmental Planning and Management(1):59-82.

[74] Freeman J,Langbein L I,2000. Regulatory negotiation and the legitimacy benefit. New York University Environmental Law Journal:60-151.

[75] Frolic M,1997. State-led civil society//Brook T,Frolic M. Civil Society in China. New York, NY:Sharpe,1997:46-67. Fukuyama F,2013. What is governance? Governance-An International Journal of Policy Administration and Institutions(3):347-368.

[76] Futrell R,2003. Technical adversarialism and participatory collaboration in the U. S. chemical weapons disposal program. Science Technology & Human Values(4):451-482.

[77] Gambetta D,1990. Trust:Making and Breaking Cooperative Relations. Oxford UK:Basil Blackwell.

[78] Gary G, Mahoney J, 2012. A Tale of Two Cultures: Qualitative and Quantitative Research in the Social Science. Pinceton NJ: Pronceton University Press.

[79] Gerring J,2005. Causation:a unified framework for the social science. Journal of Theoretical Politics(2):163-198.

[80] Gerring J,2007. Is There a(Viable) Crucial-Case Method? Comparative Political Studies(3):231-253.

[81] Getha-Taylor H,Grayer M J,Kempf R J,et al,2019. Collaborating in the absence of trust? What collaborative governance theory and practice can learn from the literatures of conflict resolution psychology and law. American Review of Public Administration(1):51-64.

[82] Glaister S,1999. Past abuses and future uses of private finance and public private partnerships in transport. Public Money and Management(3):29-36.

[83] Glaser B G,1992. Basics of Grounded Theory Analysis:Emergence vs Forcing. Mill Valley:Sociology Press.

[84] Glaser B G,1998. Doing Grounded Theory:Issues and Discussions. Mill Valley:Sociology Press.

[85] Glaser B G,2002a. Conceptualization:on theory and theorizing using grounded theory. International Journal of Qualitative Methods (2): 23-38.

[86] Glaser B G, 2002b. Constructivist grounded theory? //Forum: Qualitative Social Research 2002, 3(3). https://doi. org/10. 17169/fqs-3. 3. 825. Glaser B G, Strauss A L, 1967. The Discovery of Grounded Theory. Chicage:Aldine.

[87] Goertz G,Mahoney J,2013. Methodological rorschach tests:contrasting interpretations in qualitative and quantitative research. Comparative Political Studies(2):236-251.

[88] Goggin M L,Bowman A O M,Lester J P,1990. Implementation Theory and Practice: Toward a Third Generation. Glenview, IL: Scott Foresman & Company. Goldthorpe J H, 1997. Current issues in comparative macrosociology:a debate on methodological issues. Comparative Social Research:1-26.

[89] Gong W G, Zhang Q F, 2017. Betting on the big:state-brokered land transfers large-scale agricultural producers and rural policy implementation. China Journal(1):1-6.

[90] Goulding C, 2001. Grounded theory:a magical formula or a potential

nightmare. The Marketing Review(1):21-33.

[91] Graddy E A,Chen B,2006. Influences on the size and scope of networks for social service delivery. Journal of Public Administration Research and Theory(4):533-552.

[92] Grantham A, 2001. How networks explain unintended policy implementation outcomes: the case of UK rail privatization. Public Administration(4):851-870.

[93] Gray B, 1985. Conditions facilitating interorganizational collaboration. Human Relations(10):911-936.

[94] Gray B, 1989. Collaborating: Finding Common Ground for Multiparty Problems. San Francisco:Jossey-Bass.

[95] Greckhamer T, 2016. CEO compensation in relation to worker compensation across countries: the configurational impact of country-level institutions. Strategic Management Journal(4):793-815.

[96] Gulati R,1995. Does familiarity breed trust? The implications of repeated ties for contractual choice in Alliances. Academy of Management Journal (1):85-112.

[97] Haas P M, 1998. Compliance with EU directives: insights from international relations and comparative politics. Journal of European Public Policy(1):17-37.

[98] Hardy C,Phillips N,1998. Strategies of engagement: lessons from the critical examination of collaboration and conflict in an interorganizational domain. Organization Science(2):217-230.

[99] Harris J, 1998. Scientific management bureau-professionalism new managerialism:the labour process of state social work. British Journal of Social Work(6):839-862.

[100] Head B W, 2008. Assessing network-based collaborations. Public Management Review(6):733-749.

[101] Hefetz A,Warner M,2004. Privatization and its reverse: explaining the dynamics of the government contracting process. Journal of Public Administration Research and Theory(2):171-90.

[102] Heikkila T,Gerlak A K,2005. The formation of large-scale collaborative

resource management institutions: clarifying the roles of stakeholders science and institutions. Policy Studies Journal(4):583-612.

[103] Henneman E A, Lee J L, Cohen J I, 1995. Collaboration: a concept analysis. Journal of Advanced Nursing(1):103-109.

[104] Henwood K, Pidgeon N, 2003. Grounded theory in psychological research//Camic P M, Rhodes J E, Yardley L. Qualitative Research in Psychology: Expanding Perspectives in Methodology and Design. Washington DC: American Psychological Association,2003:131-155.

[105] Himmelman A, 1996. On the theory and practice of transformational collaboration: from social service to social justice//Huxham C. Creating Collaborative Advantage. London: SAGE,1996:19-43.

[106] Hjern B, Porter D O, 1981. Implementation structures: a new unit of administrative analysis. Organization Studies(3):211-227.

[107] Hogwood B W, Gunn L, 1984. Policy Analysis for the Real World. Oxford: Oxford University Press.

[108] Hong L, Scott E P, 2004. Groups of diverse problem solvers can outperform groups of high-ability problem solvers. Proceedings of the National Academy of Sciences of the United States of America(46): 16385-16389.

[109] Honig M I, 2006. Street-level bureaucracy revisited: frontline district central-office administrators as boundary spanners in education policy implementation. Educational Evaluation and Policy Analysis (4): 357-383.

[110] Hosmer L T, 1995. Trust: the connecting link between organizational theory and philosophical ethics. Academy of Management Review(2): 379-403.

[111] Howell J, 2015. Shall we dance? Welfarist incorporation and the politics of state-labour NGO relations. The China Quarterly(3):1-22.

[112] Hsu C, 2011. Even further beyond civil society: the rise of internet-oriented Chinese NGOs (response to Kin-Man Chan and Li Zhang). Journal of Civil Society(1):123-127.

[113] Huang B, Yu J X, 2019. Leading digital technologies for coproduction:

the case of "visit once" administrative service reform in Zhejiang Province China. Journal of Chinese Political Science(3):513-532.

[114] Hudson B,Hardy B,Henwood M,et al,1999. In pursuit of inter-agency collaboration in the public sector. Public Management(2):235-260.

[115] Huxham C,1993. Pursuing collaborative advantage. The Journal of the Operational Research Society(6):599-611.

[116] Huxham C,2003. Theorizing collaboration practice. Public Management Review(3):401-423 .

[117] Huxham C,Beech N,2002. Points of power in interorganizational form: learning from a learning network//Best 10% Proceedings Academy of Management Conference Denver:B1-B6.

[118] Huxham C,Macdonald D,1992. Introducing collaborative advantage: achieving inter-organizational effectiveness through meta-strategy. Management Decision(3):50-56.

[119] Huxham C, Vangen S, 2000a. Leadership in the shaping and implementation of collaboration agendas:how things happen in a(not quite) joined-up world. The Academy of Management Journal(6):1159-1175.

[120] Huxham C,Vangen S,2000c. Ambiguity complexity and dynamics in the membership of collaboration. Human Relations(3):771-806.

[121] Huxham C, Vangen S, 2000d. What makes partnerships work? // Osborne S P. Public Private Partnerships. London, New York: Routledge,2000:293-310.

[122] Huxham C,Vangen S,Eden C,2000b. The challenge of collaborative governance. Public Management:An International Journal of Research and Theory(3):337-358.

[123] Imperial M T, 2005. Using collaboration as a governance strategy lessons from six watershed management programs. Administration and Society(3) 281-320.

[124] Inkpen A C,Beamish P W,1997. Knowledge bargaining power and the instability of international joint venture. Academy of Management Review(1):177-202.

[125] Inkpen A C, Currall S C, 2004. The coevolution of trust control and learning in joint ventures. Organization Science(5):586-599.

[126] Innes J E, Booher D E, 1999. Consensus building and complex adaptive systems: a framework for evaluating collaborative planning. Journal of the American Planning Association(4):412-423.

[127] Innes R, Sam G, 2008. Voluntary pollution reductions and the enforcement of environmental law: an empirical study of the 33/50 Program. Journal of Law & Economics(2):271-296.

[128] Iyer E S, Kashyap R K, 2007. Consumer recycling: role of incentives information and social class. Journal of Consumer Behaviour(1):32-47.

[129] Jeffries F L, Reed R, 2000. Trust and adaptation in relational contracting. Academy of Management Review(4):873-882.

[130] Jensen D C, Pedersen L B, 2017. The impact of empathy--explaining diversity in street-level decision-making. Journal of Public Administration Research and Theory(3):1-17.

[131] Jentoft S, Van Son T C, Bjørkan M, 2007. Marine protected areas: a governance system analysis. Human Ecology(5):611-622.

[132] Jing Y J, 2015. Between control and empowerment: governmental strategies of nonprofit development in China. Asian Studies Review(4):589-608.

[133] Johnson R B, Onwuegbuzie A J, Turner L A, 2007. Toward a definition of mixed methods research. Journal of Mixed Methods Research(2):112-133.

[134] Johnson-George C, Swap W C, 1982. Measurement of specific interpersonal trust: construction and validation of a scale to assess trust in a specific other. Journal of Personality and Social Psychology(6):1306-1317.

[135] Johnston D A, McCutcheon D M, Stuart F I, et al, 2004. Effects of supplier trust on performance of cooperative supplier relationships. Journal of Operations Management(1):23-38.

[136] Jowell J, 1973. The legal control of administrative discretion. Public Law:178-220.

［137］ Kaplan A,1964. Power in perspective//Kahn R L,Boulding E. Power and Conflict in Organizations. London England:Tavistock,1964:11-32.

［138］ Katz A,Hau M V,Mahoney J,2005. Explaining the great reversal in spanish america: fuzzy-set analysis versus regression analysis. Sociological Methods Research(4):539-573.

［139］ Keast R,Mandell M,2014. The collaborative push: moving beyond rhetoric and gaining evidence. Journal of Management and Governance (1):9-28.

［140］ Kelly M,1994. Theories of justice and street-level discretion. Journal of Public Administration Research and Theory(2):119-140.

［141］ Kickert W J M,Klijn E H,Koppenjan J F M,1997. Managing Complex Network:Strategies for the Public Sector. London:Sage.

［142］ Kim M,2013. Roads lead to rome:implications of geographic scope as a source of isolating mechanisms. Journal of International Business Studies(9):898-921.

［143］ King S. Felty K,Susel B,1998. The question of participation: toward authentic public participation in public administration. Public Administration Review(4):317-327.

［144］ Koch C H,1986. Effective regulatory reform hinges on motivating the street level bureaucrat. Administrative Law Review(4):427-449.

［145］ Koontz T M,Thomas C W,2006. What do we know and need to know about the environmental outcomes of collaborative management? Public Administration Review(s):111-121.

［146］ Koschmann M A,2013. The communicative constitution of collective identity in interorganizational collaboration. Management Communication Quarterly(1):61-89.

［147］ Koski C,2013. Does a partnership need partners? Assessing partnerships for critical infrastructure protection. The American Review of Public Administration(3):327-342.

［148］ Koski C,Siddiki S,Sadiq A A,et al,2018. Representation in collaborative governance:a case study of a food policy council. American Review of Public Administration(4):359-373.

［149］ Kramer M W, Day E A, Nguyen C, et al, 2019. Leadership in an interorganizational collaboration: a qualitative study of a statewide interagency taskforce. Human Relations(2):397-419.

［150］ Kroeger N,1975. Bureaucracy social exchange and benefits received in a public assistance agency. Social Problems(2):182-196.

［151］ Krogslund C, Choi D D, Poertner M,2015. Fuzzy sets on shaky ground: parameter sensitivity and confirmation bias in fsQCA. Political Analysis (1):21-41.

［152］ López-Pérez R,2009. Followers and leaders: reciprocity social norms and group behavior. Journal of Socio-Economics(4):557-567.

［153］ Lamothe M, Lamothe S,2012. To trust or not to trust? What matters in local government-vendor relationships? Journal of Public Administration Research and Theory(4):867-892.

［154］ Lane C, Bachmann R, 1996. The social constitution of trust: supplier relations in Britain and Germany. Organization Studies(3):365-396.

［155］ Lane J-E, 1987. Implementation accountability and trust. European Journal of Political Research(5):527-546.

［156］ Latham G O, 2003. Goal setting: a five-step approach to behavior change. Organizational Dynamics(3):309-318.

［157］ Laura J, 2008. Politics history and the state of the state. Polity(3): 321-325.

［158］ Leach W D, Sabatier P A, 2005a. To trust an adversary: integrating rational and psychological models of collaborative policy making. American Political Science Review(4):491-503.

［159］ Leach W D, Sabatier P A,2005b. Are trust and social capital the keys to success? Watershed partnerships in California and Washington// Sabatier P A, Focht W, Lubell M, et al. Swimming Upstream: Collaborative Approaches to Watershed Management. Cambridge MA: MIT Press,2005:233-258.

［160］ Lerman A E, Page J,2015. Does the front line reflect the party line? The politicization of punishment and prison officers'perspectives towards incarceration. British Journal of Criminology(3):578-601.

[161] Lewis D, Weigert A, 1985. Trust in social reality. Social Forces(4): 967-985.

[162] Lieberman E S, 2015. Nested analysis: toward the integration of comparative-historical analysis with other social science methods// Mahoney J, Thelen K. Advances in Comparative-Historical Analysis. Cambridge: Cambridge University Press, 2015:260-263.

[163] Lieberson S, 2004. Comments on the use and utility of QCA. Qualitative Methods(2):13-14.

[164] Linder S H, 1999. Coming to terms with the public-private partnership: a grammar of multiple meanings. American Behavioral Scientist (1): 35-51.

[165] Lipsky M, 1971. Street-level bureaucracy and the analysis of urban reform. Urban Affairs Review(4):391-409.

[166] Lipsky M, 1980. Street-Level Bureaucracy: Dilemmas of the Individual in Public Services. New York: Russell Sage Foundation.

[167] Lowi T J, 1972. Four systems of policy politics and choice. Public Administration Review(4):298-310.

[168] Lu Y, 2009. Non-Governmental Organizations in China: The Rise of Dependent Autonomy. New York: Routledge.

[169] Luhmann N, 1988. Familiarity confidence trust: problems and alternatives//Gambetta D. Trust: Making and Breaking Cooperation Relations. Oxford: Basil Blackwell, 1988:94-107.

[170] Lukes S, 1974. Power: A Radical View. Basingstoke UK: Macmillan.

[171] Luo Jar-Der, 2011. Guanxi revisited--an exploratory study of familiar ties in a Chinese workplace. Management and Organizational Review(2): 329-351.

[172] Lyon F, 2006. Managing co-operation: trust and power in Ghanaian associations. Organization Studies(1):31-52.

[173] Mahoney J, Goertz G, 2004. The possibility principle: choosing negative cases in comparative research. American Political Science Review(4): 653-669.

[174] March J G, Olsen J P, 1984. The new institionalism: organizational

factors in political life. American Political Science Review (78):
734-749.

[175] March J G, Olsen J P, 1996. Institutional perspectives on political
institutions. Governance(3):248-264.

[176] Marek L I, Brock D-J P, Savla J, 2015. Evaluating collaboration for
effectiveness:conceptualization and measurement. American Journal of
Evaluation(1):67-85.

[177] Mayer R C, Davis J H, Schoorman F D, 1995. An integrative model of
organizational trust. Academy of Management Review(3):709-734.

[178] Mayer R C, Gavin M B, 2005. Trust in management and performance:
who minds the shop while the employees watch the boss? Academy of
Management Journal(5):874-888.

[179] Maynard-Moody S, Musheno M, 2000. State agent or citizen agent:two
narratives of discretion. Journal of Public Administration Research and
Theory(2):329-358.

[180] Maynard-Moody S. Musheno M, Palumbo D, 1990. Street-wise social
policy:resolving the dilemma of street-level influence and successful
implementation. The Western Political Quarterly(4):833-848.

[181] McAllister D J, 1995. Affect-and cognition-based trust as foundations for
interpersonal cooperation in organizations. Academy of Management
Journal(1):24-59.

[182] McCaffrey D, Faerman S, Hart D, 1995. The appeal and difficulties of
participative systems. Organization Science(6):603-627.

[183] McCallin A M, 2003. Designing a grounded theory study:some
practicalities. Nursing in Critical Care(5):203-208.

[184] McGuire M, 2006. Collaborative public management:assessing what we
know and how we know it. Public Administration Review(s):33-43.

[185] McKnight B, Zietsma C, 2018. Finding the threshold:a configurational
approach to optimal distinctiveness. Journal of Business Venturing(4):
493-512.

[186] Melia K M, 1996. Rediscovering glaser. Qualitative Health Research(3):
368-378.

[187] Michael B, Raquel G, 2006. From "new institutionalism" to "institutional processualism": advancing knowledge about public management policy change. Governance(4):531-557.

[188] Misangyi V F, Greckhamer T, Furnari S, et al, 2017. Embracing causal complexity: the emergence of a neo-configurational perspective. Journal of Management(1):255-282.

[189] Musheno M C, 1986. The justice motive in the social policy process: searching for normative rules of distribution. Policy Studies Review (4):697-704.

[190] Nee V, 1996. The emergence of a market society: changing mechanisms of stratification in China. American Journal of Sociology(4):908-949.

[191] Nielsen V L, 2006. Are street-level bureaucrats compelled or enticed to cope? Public Administration(4):861-889.

[192] O'Brien K, Li L, 1999. Selective policy implementation in rural China. Comparative Politics(2):167-186.

[193] Oh Y, Bush C B, 2016. Exploring the role of dynamic social capital in collaborative governance. Administration & Society(2):216-236.

[194] Oi J C, 1992. Fiscal reform and the economic foundations of local state corporatism in China. World Politics(1):99-126.

[195] O'Leary R, Vij N, 2012. Collaborative public management: where have we been and where are we going? The American Review of Public Administration(5):507-522.

[196] Oliver P E, Marwell G, 1988. The paradox of group size in collective action: a theory of the critical mass. American Sociological Review(1):1-8.

[197] O'Toole L J, 1995. Rational choice and policy implementation. American Review of Public Administration(1):43-57.

[198] O'Toole L J, 2000. Research on policy implementation: assessment and prospects. Journal of Public Administration Research and Theory(2):263-288.

[199] O'Toole L J, Meier K J, 2004. Desperately seeking selznick: cooptation and the dark side of public management in networks. Public

Administration Review(6):681-693.

[200] Palumbo D J,Calista D J,1990. Implementation and the Policy Process: Opening Up the Black Box. New York:Greenwood Press.

[201] Park A Y S,Krause R M,Feiock R C,2019. Does collaboration improve organizational efficiency? A stochastic frontier approach examining cities' use of EECBG funds. Journal of Public Administration Research And Theory(3):414-428.

[202] Partington D,2000. Building grounded theories of management action. British Journal of Management(2):91-102.

[203] Pautz M C, Wamsley C S, 2012. Pursuing trust in environmental regulatory interactions:the significance of inspectors' interactions with the regulated community. Administration & Society(7):853-884.

[204] Pearson M M,1994. The janus face of business associations in China: socialist corporatism in foreign enterprises. The Australian Journal of Chinese Affairs(31):25-46.

[205] Pei M,1998. Chinese civic associations:an empirical analysis. Modern China(3):285-318.

[206] Petchey R,Williams J,Carter Y H,2008. From street-level bureaucrats to street-level policy entrepreneurs? Central policy and local action in lottery-funded community cancer care. Social Policy & Administration (1):59-76.

[207] Peter H, 2005. Public policy making as social resource creation. Newsletter-The Organized Section in Comparative Politics of the American Political Science Association(2):1-4.

[208] Peters B G,1999. Institutional Theory in Poltical Science:The "New Institutionalism". London:Pinter.

[209] Peyrot M,1982. Caseload management:choosing suitable clients in a community health clinic agency. Social Problems(2):157-167.

[210] Piantanida M. Tananis C,Grubs R E,2004. Generating grounded theory of/for educational practice: the journey of three epistemorphs. International Journal of Qualitative Studies in Education(3):325-346.

[211] Powell W W,1990. Neither market nor hierarchy:network forms of

organization//Staw B M, Cummings L L. Research in Organizational Behavior. Greenwich. CT: JAI Press, 1990: 295-336.

[212] Prottas J M, 1978. The power of the street-level bureaucrat in public service bureaucracies. Urban Affairs Review(3): 285-312.

[213] Provan K G, Kenis P, 2008. Modes of network governance: structure management and effectiveness. Journal of Public Administration Research and Theory(2): 229-252.

[214] Provan K G, Milward H B, 2001. Do networks really work? A framework for evaluating public-sector organizational networks. Public Administration Review(4): 414-423.

[215] Purdy J M, 2012. A framework for assessing power in collaborative governance processes. Public Administration Review(3): 409-417.

[216] Ragin C C, 1987. The Comparative Method—Moving Beyond Qualitative and Quantitative Strategies. Berkeley Los Angeles and London: University of California Press.

[217] Ragin C C, 2000. Fuzzy-Set Social Science. Chicago: University of Chicago Press.

[218] Ragin C C, 2006. Set relation in social research: evaluating their consistency and coverage. Political Analysis(3): 291-310.

[219] Ragin C C, 2008a. Fuzzy Sets and Beyond. Chicago and London: University of Chicago Press.

[220] Ragin C C, 2008b. Redesigning Social Inquiry: Fuzzy Sets and Beyond. Chicago: University of Chicago Press.

[221] Ramadass S D, Sambasivan M, Xavier J A, 2018. Collaboration outcomes in a public sector: impact of governance leadership interdependence and relational capital. Journal of Management and Governance(3): 749-771.

[222] Read B L, 2000. Revitalizing the state's urban "nerve tips". The China Quarterly(163): 806-820.

[223] Rempel J K, Holmes J G, Zanna M P, 1985. Trust in close relationships. Journal of Personality and Social Psychology(1): 95-112.

[224] Rihoux B, 2003. Bridging the gap between the qualitative and quantitative worlds? A retrospective and prospective view on Qualitative Comparative

Analysis. Field Methods(4):351-365.

[225] Rihoux B,2006. Qualitative Comparative Analysis(QCA) and related systematic comparative methods: recent advances and remaining challenges for social science research. International Sociology (5): 679-706.

[226] Ring P S, 1997. Processes facilitating reliance on trust in inter-organizational networks//Ebers M. The Formation of Inter-Organizational Networks. Oxford UK:Oxford University Press,1997: 114-145.

[227] Ring P S,Van de Ven A H,1992. Structuring cooperative relationships between organizations. Strategic Management Journal(7):483-498.

[228] Ring P S, Van de Ven A H, 1994. Developmental processes of cooperative interorganizational relationships. Academy of Management Review(1):90-118.

[229] Rogers E, Weber E P, 2010. Thinking harder about outcomes for collaborative governance arrangements. The American Review of Public Administration(5):546-567.

[230] Romzek B S,LeRoux K,Johnston J,et al,2014. Informal accountability in multisector service delivery collaborations. Journal of Public Administration Research and Theory(4):813-842.

[231] Rothstein B, 1998. Just Institutions Matter:The Moral and Political Logic of the Universal Welfare State. Cambridge:Cambridge University Press.

[232] Rousseau D M,Sitkin S B,Burt R S,et al,1998. Not so different after all:a cross-discipline view of trust. The Academy of Management Review(3):393-404.

[233] Sabatier P A, 1986. Top-down and bottom-up approaches to implementation research:a critical analysis and suggested synthesis. Journal of Public Policy(1):21-48.

[234] Sabatier P A, Mazmanian D A, 1980. The implementation of public policy:a framework of analysis. Policy Studies Journal(special issue): 538-560.

[235] Sager R,2007. The importance of state faith-based liaisons. Sociology of Religion(1):97-109.

[236] Saich T, 2000. Negotiating the state: the development of social organizations in China. The China Quarterly(161):124-141.

[237] Salamon L M, Toepler S, 2015. Government-nonprofit cooperation: anomaly or necessity? Voluntas(6):2155-2177.

[238] Satyamurti C, 1981. Occupational Survival: The Case of the Local Authority Social Worker. Oxford:Blackwell.

[239] Scharpf F W, 1978. Interorganizational policy studies: issues concepts and perspectives//Hanf K I, Scharpf F W. Interorganizational Policy Making: Limits to Coordination and Central Control. London: Sage Publications,1978:345-370.

[240] Schmitter P C,1974. Still the century of corporatism? The Review of Politics(1):85-131.

[241] Schneider C Q, Wagemann C,2013. Doing justice to logical remainders in QCA: moving beyond the standard analysis. Political Research Quarterly(1):211-220.

[242] Schuler R C,2001. Human resources and activities in international joint ventures. The International Journal of Human Resource Management (1):1-52.

[243] Scott P G,1997. Assessing determinants of bureaucratic discretion: an experiment in street-level decision making. Journal of Public Administration Research and Theory(1):35-57.

[244] Seawright J,2005. Qualitative comparative analysis vis-à-vis regression. Studies in Comparative International Development(1):3-26.

[245] Seawright J, Gerring J, 2008. Case selection techniques in case study research: a menu of qualitative and quantitative options. Political Research Quarterly(2):294-308.

[246] Selznick P, 1949. TVA and the Grass Roots. Berkeley: University of California Press.

[247] Shah S K, Corley K G, 2006. Building better theory by bridging the quantitative—qualitative divide. Journal of Management Studies (8):

1825-1835.

[248] Shen Y,Yu J,2017. Local government and NGOs in China:performance —based collaboration. China:An International Journal(1):177-191.

[249] Shi F Y,Cai Y S,2006. Disaggregating the state:networks and collective resistance in Shanghai. The China Quarterly(186):314-332.

[250] Skaaning S E,2011. Assessing the robustness of crisp-set and fuzzy-set QCA results. Sociological Methods & Research(2):391-408.

[251] Slater L, 2005. Leadership for collaboration: an affective process. International Journal in Education(4):321-333.

[252] Smith K,Biley F,1997. Understanding grounded theory principles and evaluation. Nurse Research(3):17-30.

[253] Smith T B,1973. The policy implementation process. Policy Sciences (2):197-209.

[254] Sousa D J, Klyza C M, 2007. New directions in environmental policy making:an emerging collaborative regime or reinventing interest group liberalism? Natural Resources Journal(2):377-444.

[255] Spicer M W,2008. The history of ideas and normative research in public administration: some personal reflections. Administrative Theory & Praxis(1):50-70.

[256] Spire A J,2011. Contingent symbiosis and civil society in authoritarian state: understanding the survival of China's grassroots NGOs. American Journal of Sociology(1):1-45.

[257] Strauss A L, Corbin J, 1994. Grounded theory methodology: an overview//Denzin N K, Lincoln Y S. Handbook of Qualitative Research. Thousand Oaks CA:Sage Publications,1994:273-285.

[258] Sullivan H. Williams P,Jeffares S,2012. Leadership for collaboration. Public Management Review(1):41-66.

[259] Sydow J,1998. Understanding the constitution of interorganizational trust//Lane C,Bachman R. Trust Within and Between Organizations: Conceptual Issues and Empirical Applications. Oxford UK: Oxford University Press,1998:31-63.

[260] Teets J C,2013. Let many civil societies bloom:the rise of consultative

authorritarianism in China. The China Quarterly(213):19-38.

[261] Teisman G R,Klijn E H,2002. Partnership arrangements:governmental rhetoric or governance scheme? Public Administration Review(2):197-205.

[262] Thomson A M,Perry J L,2006. Collaboration processes:inside the black box. Public Administration Review(s):20-32.

[263] Tomba L,2005. Residential space and collective interest formation in Beijing's housing disputes. The China Quarterly(184):934-951.

[264] Treno A J,Holder H D,1997. Community mobilization:evaluation of an environmental approach to local action. Addiction(s2):S173-S187.

[265] Tripi F G,1984. Client control in organizational settings. Journal of Applied Behavioral Science(1):39-47.

[266] Trist E,1983. Referent organizations and the development of inter-organizational domains. Human Relations(3):269-284.

[267] Uhr C,2017. Leadership ideals as barriers for efficient collaboration during emergencies and disasters. Journal of Contingencies and Crisis Management(4):301-312.

[268] Unger J,1996. "bridges":private business the Chinese government and the rise of new associations. China Quarterly(147):795-819.

[269] Unger J,Chan A,1995. Corporatism and the East Asian model. The Australian Journal of Chinese Affairs(33):29-53.

[270] Vaisey S,2009. QCA 3.0:The " ragin revolution " continues. Contemporary Sociology:A Journal of Reviews(4):308-312.

[271] Van Meter D S,Van Horn C E,1975. The policy implementation process:a conceptual framework. Administration and Society (4):445-488.

[272] Van Oortmerssen L A,Van Woerkum C M,Aarts N,2014. The visibility of trust:exploring the connection between trust and interaction in a Dutch collaborative governance boardroom. Public Management Review (5):666-685.

[273] Van Wart M,2003. Public-sector leadership theory:an assessment. Public Administration Review(2):214-228.

[274] Vangen S, Hayes J P, Cornforth C, 2015. Governing cross-sector inter-organizational collaborations. Public Management Review (9): 1237-1260.

[275] Vangen S, Huxham C, 2003. Enacting leadership for collaborative advantage: dilemmas of ideology and pragmatism in the activities of partnership managers. British Journal of Management(s1): S61-S76.

[276] Vangen S, Huxham C, 2003. Nurturing collaborative relations: building trust in interorganizational collaboration. Journal of Applied Behavioral Science(5): 5-31.

[277] Vangen S, Huxham C, 2005. Aiming for collaborative advantage: challenging the concept of shared vision. AIM Working Paper Series: 1-47.

[278] Vis B, 2012. The comparative advantages of fsQCA and regression analysis for moderately large-n analyses. Sociological Methods and Research(1): 168-198.

[279] Waddock S A, 1989. Understanding social partnerships: an evolutionary model of partnership organizations. Administration & Society (1): 78-100.

[280] Walkman JR F, 1993. The civil society and public sphere debate. Modern China(2): 108-138.

[281] Walter M, Tim B, 2003. Setting international standards: technical rationality or the primacy of power? World Politics(1): 1-42.

[282] Wasserman H, 1971. The professional social worker in a bureaucracy. Social Work(1): 89-96.

[283] Waugh W L, Streib G, 2006. Collaboration and leadership for effective emergency management. Public Administration Review(s): 131-140.

[284] Well K, 1995. The strategy of grounded theory: possibilities and problems. Social Work Research(1): 33-37.

[285] White G, 1993. Prospects for civil society in China: a case study of Xiaoshan city. The Australian Journal of Chinese Affairs(29): 63-87.

[286] White G. Howell J, Shang X Y, 1996. In Search of Civil Society: Market Reform and Social Change in Contemporary China. New York: Oxford

University Press.

［287］ Williams P, 2002. The competent boundary spanner. Public Administration(1):103-124.

［288］Wilson F L,1982. Alternative models of interest intermediation:the case of France. British Journal of Political Science(2):173-200.

［289］Xu Q W,2007. Community participation in urban China:identifying mobilization factors. Nonprofit and Voluntary Sector Quarterly (4): 622-642.

［290］ Xu Q W, Chow J C, 2006. Urban community in China:service participation and development. International Journal of Social Welfare (3):199-208.

［291］Ysa T. Sierra V,Esteve M,2014. Determinants of network outcomes:the impact of management strategies. Public Administration(3):636-655.

［292］Zaheer A. McEvily B,Perrone V,1998. Does trust matter? Exploring the effects of interorganizational and interpersonal trust on performance. Organization Science(2):141-159.

［293］Zhan X,Tang S Y,2016. Understanding the implications of government ties for nonprofit operations and functions. Public Administration Review(4):589-598.

［294］Zhang W Q,Che Y,Yang K,et al,2012. Public opinion about the source separation of municipal solid waste in Shanghai China. Waste Management & Research(12):1261-1271.

［295］Zhang X,Baum R,2004. Civil society and the anatomy of a rural NGO. The China Journal(52):97-107.

中文参考文献

［1］阿克塞尔·马克斯,贝努瓦·里候科斯,查尔斯·拉金,臧雷振,2015. 社会科学研究中的定性比较分析法——近 25 年的发展及应用评估. 国外社会科学(6):105-112.

［2］阿兰纳·伯兰德,朱健刚,2007. 公众参与与社区公共空间的生产——对绿色社区建设的个案研究. 社会学研究(4):118-136,244.

［3］艾尔·巴比,2009. 社会研究方法. 邱泽奇,译. 北京:华夏出版社.

[4] 安德鲁·海伍德,2013.政治学核心概念.吴勇,译.北京:中国人民大学出版社.

[5] 安德鲁·坎贝尔,凯瑟琳·萨姆斯·卢克斯,2000.战略协同.任通海,龙大伟,译.北京:机械工业出版社.

[6] 伯努瓦·里豪克斯,查尔斯 C.拉金,2017.QCA 设计原理与应用——超越定性与定量研究的新方法.杜运周,等,译.北京:机械工业出版社.

[7] 蔡栋梁,闫懿,程树磊,2019.碳排放补贴、碳税对环境质量的影响研究.中国人口·资源与环境(11):59-70.

[8] 查尔斯 C.拉金,2019.重新设计社会科学研究.杜运周,等,译,北京:机械工业出版社.

[9] 陈超,李响,2019.逻辑因果与量化相关:少案例比较方法的两种路径.公共管理评论(1):3-22.

[10] 陈福平,李荣誉,2019.见"微"知著:社区治理中的新媒体.社会学研究(3):170-193,245.

[11] 陈洪涛,王名,2009.社会组织在建设城市社区服务体系中的作用——基于居民参与型社区社会组织的视角.行政论坛(1):67-70.

[12] 陈华珊,2015.虚拟社区是否增进社区在线参与？一个基于日常观测数据的社会网络分析案例.社会(5):101-121.

[13] 陈慧荣,张煜,2015.基层社会协同治理的技术与制度:以上海市 A 区城市综合治理"大联动"为例.公共行政评论(1):100-116,200-201.

[14] 陈家建,2010.法团主义与当代中国社会.社会学研究(2):30-43,243.

[15] 陈家建,2013.项目制与基层政府动员——对社会管理项目化运作的社会学考察.中国社会科学(2):64-79,205.

[16] 陈静,黄萃,苏竣,2020.政策执行网络研究:一个文献综述.公共管理评论(2):105-126.

[17] 陈明明,2014.治理现代化的中国意蕴.人民论坛(10):32-33.

[18] 陈松,阴蕾,2020.新时代中国社会治理共同体构建:理论内涵、现实需求及实践路径.重庆社会科学(7):51-62.

[19] 陈天祥,郑佳斯,2016.双重委托代理下的政社关系:政府购买社会服务的新解释框架.公共管理学报(3):36-48.

[20] 陈伟东,姚亮,2005.选举行为背后:投机博弈——以武汉市 C 社区居委会直接选举为例.华中师范大学学报(3):61-66.

［21］陈伟东,2018.社区行动者逻辑:破解社区治理难题.政治学研究(1):103-106.

［22］陈怡,2010.基层党组织在社区多元治理中的功能转型及实现路径.求实(11):18-21.

［23］陈映芳,2010.行动者的道德资源动员与中国社会兴起的逻辑.社会学研究(4):50-75,244.

［24］陈映芳,2015.今天我们怎样实践学术本土化——以国家—社会关系范式的应用为例.探索与争鸣(11):55-60.

［25］程宇,钱蕾,2015.经营式动员:土地增值收益实现的策略与机制——来自南县的经验调查.学术研究(6):58-62,159-160.

［26］迟永,2014.美国介入领土争端的行为——基于模糊集定性比较分析的解释.世界经济与政治(10):56-80,156-157.

［27］戴维·米勒,韦农·波格丹诺,1992.布莱克维尔政治学百科全书.中国问题研究所,南亚发展研究中心,中国农村发展信托投资公司,译.北京:中国政法大学出版社.

［28］狄金华,2010.通过运动进行治理:乡镇基层政权的治理策略——对中国中部地区麦乡"植树造林"中心工作的个案研究.社会(3):83-106.

［29］杜运周,贾良定,2017.组态视角与定性比较分析(QCA):管理学研究的一条新道路.管理世界(6):155-167.

［30］范逢春,张天,2020.国家治理场域中的社会治理共同体:理论谱系、建构逻辑与实现机制.上海行政学院学报(6):4-12.

［31］范如国,2014.复杂网络结构范型下的社会治理协同创新.中国社会科学(4):98-120,206.

［32］斐迪南·滕尼斯,2019.共同体与社会.张巍卓,译.北京:商务印书馆.

［33］费小冬,2008.扎根理论研究方法论:要素、研究程序和评判标准.公共行政评论(3):23-43,197.

［34］冯玲,王名,2003.治理理论与中国城市社区建设.理论与改革(3):25-27.

［35］冯仕政,2011.中国国家运动的形成与变异:基于政体的整体性解释.开放时代(1):73-97.

［36］弗朗西斯·福山,2018.何谓"治理"如何研究.王匡夫,译.国外理论动态(6):94-104.

［37］葛天任,薛澜,2015.社会风险与基层社区治理:问题、理念与对策.社会治

理(4):37-43.

[38] 顾昕,王旭,2005.从国家主义到法团主义——中国市场转型过程中国家与专业团体关系的演变.社会学研究(2):155-175,245.

[39] 桂勇,崔之余,2000.行政化进程中的城市居委会体制变迁——对上海市的个案研究.华中理工大学学报(社会科学版)(3):1-5.

[40] 桂勇,2007.邻里政治:城市基层的权力操作策略与国家-社会的粘连模式.社会(6):102-126,208.

[41] 韩洪云,张志坚,朋文欢,2016.社会资本对居民生活垃圾分类行为的影响机理分析.浙江大学学报(人文社会科学版)(3):164-179.

[42] 何艳玲,李妮,2017.为创新而竞争:一种新的地方政府竞争机制.武汉大学学报(哲学社会科学版)(1):87-96.

[43] 何增科,2014a.理解国家治理及其现代化.马克思主义与现实(1):11-15.

[44] 何增科,2014b.国家治理及其现代化探微.国家行政学院学报(4):11-14.

[45] 贺东航,孔繁斌,2011.公共政策执行的中国经验.中国社会科学(5):61-79.

[46] 贺东航,孔繁斌,2020.重大公共政策"政治势能"优劣利弊分析——兼论"政治势能"研究的拓展.公共管理与政策评论(4):52-59.

[47] 胡鞍钢,2014.中国国家治理现代化的特征与方向.国家行政学院学报(3):4-10.

[48] 胡海,殷焕举,2015.协同化治理:社会治理创新的现实选择.学术界(9):148-155.

[49] 黄冬娅,2011.国家如何塑造抗争政治:关于社会抗争中国家角色的研究评述.社会学研究(2):217-242,246.

[50] 黄晗,燕继荣,2018.从政治指标到约束性指标:指标治理的变迁与问题.天津行政学院学报(6):45-53.

[51] 黄俊尧,2011.官僚自主性与官僚控制模式——复合型、单一性、轴心化模式的归纳及比较.北京行政学院学报(5):48-52.

[52] 黄嫚丽,张明,皮圣雷,陆诗夏,2019.中国企业逆向跨国并购整合组态与并购整合绩效关系研究.管理学报(5):656-664.

[53] 黄荣贵,桂勇,2011.集体性社会资本对社区参与的影响——基于多层次数据的分析.社会(6):1-21.

[54] 黄荣贵,郑雯,桂勇,2015.多渠道强干预、框架与抗争结果——对 40 个拆

迁抗争案例的模糊集定性比较分析.社会学研究(5):90-114,244.

[55] 霍恩比,2018.牛津高阶英汉双解词典(第9版).李旭影,等,译,北京:商务印书馆.

[56] 纪莺莺,2017.从"双向嵌入"到"双向赋权":以N市社区社会组织为例——兼论当代中国国家与社会关系的重构.浙江学刊(1):49-56.

[57] 贾旭东,谭新辉,2010.经典扎根理论及其精神对中国管理研究的现实价值.管理学报(5):656-665.

[58] 江华,张建民,周莹,2011.利益契合:转型期中国国家与社会关系的一个分析框架——以行业组织政策参与为案例.社会学研究(3):136-152,245.

[59] 江治强,2015.当前基层社会治理机制的建构路径.社会治理(2):45-50.

[60] 姜晓萍,衡霞,2007.社区治理中的公民参与.湖南社会科学(1):24-28.

[61] 姜晓萍,2014.国家治理现代化进程中的社会治理体制创新.中国行政管理(2):24-28.

[62] 杰弗里·塞勒斯,2014.超越韦伯式国家的国家—社会关系.国际社会科学杂志(中文版)(3):14-33,5,9.

[63] 杰瑞·斯托克,2007.地方治理研究:范式、理论与启示.楼苏萍,郁建兴,译.浙江大学学报(人文社会科学版)(2):5-15.

[64] 金桥,2010.基层权力运作的逻辑——上海社区实地研究.社会(3):44-64.

[65] 敬乂嘉,刘春荣,2007.居委会直选与城市基层治理——对2006年上海市居委会直接选举的分析.复旦学报(社会科学版)(1):132-140.

[66] 敬乂嘉,2014.从购买服务到合作治理——政社合作的形态与发展.中国行政管理(7):54-59.

[67] 凯西·卡麦兹,边国英译,2009.建构扎根理论:质性研究实践指南.重庆:重庆大学出版社.

[68] 乐国安,韩振华,2009.信任的心理学研究与展望.西南大学学报(社会科学版)(2):1-5.

[69] 李斌,2009.政治动员及其历史嬗变:权力技术的视角.南京社会科学(11):71-76.

[70] 李慧凤,郁建兴,2014.基层政府治理改革与发展逻辑.马克思主义与现实(1):174-179.

[71] 李锦峰,俞祖成,2019.垃圾分类与治理优化.深圳特区报,2019-05-28(C2).

[72] 李明,2016.受众视角下的公共政策执行及其效果——基于中国村民村委会选举参与的分析.学术月刊(7):45-59.

[73] 李强,2015.完善基层自治 激发社会活力.社会治理(1):27-31.

[74] 李伟权,黄扬,2019.政策执行中的刻板印象:一个"激活—应用"的分析框架——以一个街道社卫中心的家庭医生政策执行为例.公共管理学报(1):1-15,168.

[75] 李文钊,2019.辩证认识基层社会治理的根本性问题.北京日报,2019-12-23(14)

[76] 李小甘,2014."一核多元":基层依法治理的南山探索.国家治理(12):34-41.

[77] 李勇军,2011.政策动员及其在中国的转向.云南行政学院学报(3):40-42.

[78] 李友梅,2002.基层社区组织的实际生活方式——对上海康健社区实地调查的初步认识.社会学研究(4):15-23.

[79] 李友梅,2017.中国社会治理的新内涵与新作为.社会学研究(6):27-34.

[80] 练宏,2016.弱排名激励的社会学分析——以环保部门为例.中国社会科学(1):82-99,205.

[81] 练宏,2016.注意力竞争——基于参与观察与多案例的组织学分析.社会学研究(4):1-26,242.

[82] 刘安,2013.社区党建的组织机制创新——对N市C区社区党建的考察.社会主义研究(5):106-111.

[83] 刘晨光,2019年.制度的生命力在于执行,半月谈(23).

[84] 刘丰,2015.定性比较分析与国际关系研究.世界经济与政治(1):90-110,158-159.

[85] 刘湖北,冯意皓,2017."一体多翼"善治模式:破解现行社区治理困境的应然选择.理论导刊(4):34-36.

[86] 刘鹏,刘嘉,2019.非均衡治理模式:治理理论的西方流变及中国语境的本土化.中国行政管理(1):109-115.

[87] 刘威,2010.街区邻里政治的动员路径与二重维度——以社区居委会为中心的分析.浙江社会科学(4):53-60.

[88] 刘亚荣,2011.城市基层社会发育状况——基于南京T社区居民社区参与情况的个案研究.法制与社会(7):73-75.

[89] 刘奕,2018.弱者的武器:基层群众的仪式表演与抗争.探索与争鸣(2):61-

63,142.

[90] 刘祖华,2008.村头官僚、政策变通与乡村政策的实践逻辑——村干部政策角色的一个解释框架.甘肃行政学院学报(2):25-31.

[91] 卢元芬,2018.国家治理现代化的法团主义路径探析.治理研究(2):58-65.

[92] 吕德文,2012.中心工作与国家政策执行——基于 F 县农村税费改革过程的分析.中国行政管理(6):35-39.

[93] 罗伯特·K.殷,2010.案例研究:设计与方法.重庆:重庆大学出版社.

[94] 罗红霞,崔运武,2015.悖论、因果与对策:关于社区居委会职责的调查思考.理论月刊(7):146-151.

[95] 罗家德,李智超,2012.乡村社区自组织治理的信任机制初探——以一个村民经济合作组织为例.管理世界(10):83-93,106.

[96] 罗家德,孙瑜,谢朝霞,和珊珊,2013.自组织运作过程中的能人现象.中国社会科学(10):86-101,206.

[97] 罗兹,R. A. W,2020.理解治理:政策网络、治理、反思与问责.丁煌,丁方达,译.北京:中国人民大学出版社.

[98] 麻宝斌,任晓春,2011.政府与社会的协同治理之路——以汪清县城市社区管理改革为个案.吉林大学社会科学学报(6):132-139,156.

[99] 马胜强,吴群芳,2016.当代中国利益表达机制的结构转型——基于国家与社会关系的理论视域.学术月刊(8):71-80.

[100] 马兆明,刘秀华,2006.社区党组织在社区治理中的功能定位.山东社会科学(7):144-147.

[101] 迈克·希尔,彼特·休普,2011.执行公共政策.黄健荣,等,译.北京:商务印书馆.

[102] 门理想,王丛虎,2019."互联网,基层治理":基层整体性治理的数字化实现路径.电子政务(4):36-45.

[103] 蒙克,李朔严,2019.公共管理研究中的案例方法:一个误区和两种传承.中国行政管理(9):89-94.

[104] 闵学勤,2009.社区自治主体的二元区隔及其演化.社会学研究(1):162-183,245.

[105] 倪星,王锐,2017.从邀功到避责:基层政府官员行为变化研究.政治学研究(2):42-51.

[106] 潘如龙,周宇晗,2019.如何建设社会治理共同体.浙江日报,2019-11-13

(9)

[107] 庞明礼,2019.领导高度重视:一种科层运作的注意力分配方式.中国行政管理(4):93-99.

[108] 彭勃,2020.技术治理的限度及其转型:治理现代化的视角.社会科学(5):3-12.

[109] 彭玉生,2011.社会科学中的因果分析.社会学研究(3):1-32,243.

[110] 乔治·费雷德里克森,凯文·B.史密斯,2008.公共管理概论.于洪等,译.上海:上海财经大学出版社.

[111] 渠敬东,周飞舟,应星,2009.从总体支配到技术治理——基于中国30年改革经验的社会学分析.中国社会科学(6):104-127.

[112] 渠敬东,2019.迈向社会全体的个案研究.社会(1):1-36.

[113] 荣敬本,1998.从压力型体制向民主合作制的转变.北京:中央编译出版社.

[114] 荣敬本,2009.变"零和博弈"为"双赢机制".人民论坛(2):28-29.

[115] 荣敬本,2013."压力型体制"研究的回顾.经济社会体制比较(6):1-3.

[116] 斯科特,2010.制度与组织——思想观念与物质利益(第3版).姚伟,王黎芳,译.北京:中国人民大学出版社.

[117] 孙柏瑛,2012.基层政府社会管理中的适应性变革.中国行政管理(5):34-38.

[118] 孙炳耀,2013.对居民社区行动场域的理论解析.哈尔滨工业大学学报(社会科学版)(6):18-24.

[119] 孙立平,郭于华,2000."软硬兼施"正式权力非正式运作的过程分析——华北B镇收粮的个案研究.清华社会学评论特辑.

[120] 孙立平,2004.转型与断裂:改革以来中国社会结构的变迁.北京:清华大学出版社.

[121] 谭䌷,2013."政策营销":源流、概念、模式与局限.中国行政管理(12):28-32.

[122] 谭海波,范梓腾,杜运周,2019.技术管理能力、注意力分配与地方政府网站建设——一项基于TOE框架的组态分析.管理世界(9):81-94.

[123] 唐世平,2015.超越定性与定量之争.公共行政评论(4):45-62,183-184.

[124] 唐亚林,2014.国家治理在中国的登场及其方法论价值.复旦学报(社会科学版)(2):128-137.

[125] 唐有财,王天夫,2017.社区认同、骨干动员和组织赋权:社区参与式治理的实现路径.中国行政管理(2):73-78.

[126] 汪向东,王希林,马弘,1999.心理卫生评定量表手册(增订版).北京:中国心理卫生杂志社.

[127] 王斌,王锦屏,2014.信息获取、邻里交流与社区行动:一项关于社区居民媒介使用的探索性研究.新闻与传播研究(12):90-106,121.

[128] 王佃利,孙妍,2020.基层社会治理共同体与城市街道的"嵌入式"改革——以青岛市街道办改革为例.公共管理与政策评论(5):47-57.

[129] 王凤彬,江鸿,王璁,2014.央企集团管控架构的演进:战略决定、制度引致还是路径依赖?——一项定性比较分析(QCA)尝试.管理世界(12):92-114,187-188.

[130] 王汉生,王一鸽,2009.目标管理责任制:农村基层政权的实践逻辑.社会学研究(2):61-92,244.

[131] 王建明,王俊豪,2011.公众低碳消费模式的影响因素模型与政府管制政策——基于扎根理论的一个探索性研究.管理世界(4):58-68.

[132] 王名,2019.共建共治共享格局下多元主体的权利边界及公共性之源.国家治理(28):3-6.

[133] 王浦劬,2014.国家治理、政府治理和社会治理的含义及其相互关系.国家行政学院学报(3):11-17.

[134] 王韶兴,2007.关于社区发展与党的建设的几点思考.理论学刊(6):13-14.

[135] 王绍光,2018.治理研究:正本清源.开放时代(2):153-176,9.

[136] 王诗宗,胡冲,2021.社会治理共同体建设路径:多重网络的再组织——基于舟山市"东海渔嫂"案例的研究.治理研究(6):33-42.

[137] 王诗宗,李鹏,2019.基层政策执行的创新:自主性建构与合法性叙事.治理研究(6):5-11.

[138] 王诗宗,罗凤鹏,2019.寻求依附还是面向市场:社会组织的策略组合及调适.学海(6):36-43.

[139] 王诗宗,罗凤鹏,2020.基层政策动员:推动社区居民参与的可能路径.南京社会科学(4):63-71.

[140] 王诗宗,杨帆,2017.政府治理志愿失灵的局限性分析——基于政府购买公共服务的多案例研究.浙江大学学报(人文社会科学版)(5):184-195.

[141] 王诗宗,杨帆,2018.基层政策执行中的调适性社会动员:行政控制与多元参与.中国社会科学(11):135-155,205-206.

[142] 王诗宗,2005.行业组织的政治蕴涵——对温州商会的政治合法性考察.浙江大学学报(人文社会科学版)(2):158-165.

[143] 王诗宗,2009.治理理论及其中国适用性.杭州:浙江大学出版社.

[144] 王新松,张秀兰,2016.中国中产阶层的公民参与——基于城市社区调查的实证研究.经济社会体制比较(1):193-204.

[145] 王亚婷,孔繁斌,2019.用共同体理论重构社会治理话语体系.河南社会科学(3):36-42.

[146] 魏礼群,2016.提高社会治理水平 决胜全面小康社会—全面建成小康社会之时中国社会的景象特征及实现目标任务与路径选择.社会治理(5):10-20.

[147] 魏姝,2012.政策类型与政策执行:基于多案例比较的实证研究.南京社会科学(5):55-63.

[148] 魏姝,2017.控制官僚:中国模式及其演变.学海(5):174-181.

[149] 文军,桂家友,2015.从"一体化"向"良性互动"发展:治理结构中的国家与社会关系演变.社会建设(1):23-31.

[150] 吴建平,2012.理解法团主义——兼论其在中国国家与社会关系研究中的适用性.社会学研究(1):174-198,245-246.

[151] 吴理财,2020.全面小康社会的城乡基层社会治理共同体建设.经济社会体制比较(5):1-7.

[152] 吴明隆,2010.问卷统计分析实务—SPSS 操作与应用.重庆:重庆大学出版社.

[153] 吴肃然,李名荟,2020.扎根理论的历史与逻辑.社会学研究(2):75-98.

[154] 吴肃然,2013.论操作化:当代社会科学哲学的启示.社会(5):59-87.

[155] 吴晓林,2019.治权统合、服务下沉与选择性参与:改革开放四十年城市社区治理的"复合结构".中国行政管理(7):54-61.

[156] 习近平,2014.切实把思想统一到党的十八届三中全会精神上来.人民日报,2014-01-01(2).

[157] 夏建中,2003.中国民间社会的先声—以业主委员会为例.文哲史(3):115-121.

[158] 肖唐镖,2017.人际网络如何影响社会抗争动员——基于混合方法的研究.

理论探索(2):35-41.

[159] 谢立中,2018.实证性量化研究和诠释性质化研究的联结:来自韦伯的启示.武汉大学学报(哲学社会科学版)(5):164-174.

[160] 熊易寒,2008.社区选举:在政治冷漠与高投票率之间.社会(3):180-204,226-227.

[161] 熊易寒,2012.从业主福利到公民权利——一个中产阶层移民社区的政治参与.社会学研究(6):77-100.

[162] 徐宏宇,2017.城市社区合作治理的现实困境.城市问题(6):75-82.

[163] 徐家良,程坤鹏,苏钰欢,2019.公共价值视域下政府购买公共服务市场竞争度研究——基于S市的定性比较分析(QCA).上海行政学院学报(5):24-34.

[164] 徐林,凌卯亮,卢昱杰,2017.城市居民垃圾分类的影响因素研究.公共管理学报(1):142-153,160.

[165] 徐林,宋程成,王诗宗,2017.农村基层治理中的多重社会网络.中国社会科学(1):25-45,204-205.

[166] 徐林,徐畅,2018.公民性缺失抑或制度供给不足?——对我国社区参与困境的微观解读.苏州大学学报(哲学社会科学版)(2):32-40.

[167] 徐林,杨帆,2016.社区参与的分层检视——基于主体意愿和能力的二维视角.北京行政学院学报(6):92-99.

[168] 徐湘林,2014."国家治理"的理论内涵.人民论坛(10):31.

[169] 徐勇,2007."行政下乡":动员、任务与命令——现代国家向乡土社会渗透的行政机制.华中师范大学学报(人文社会科学版)(5):2-9.

[170] 薛澜,张帆,2018.公共管理学科话语体系的本土化建构:反思与展望.学海(1):90-99.

[171] 薛澜,赵静,2017.转型期公共政策过程的适应性改革及局限.中国社会科学(9):45-67,206.

[172] 颜昌武,牛美丽,2009.公共行政学中的规范研究.公共行政评论(1):105-128,204.

[173] 颜昌武,杨华杰,2019.以"迹"为"绩":痕迹管理如何演化为痕迹主义.探索与争鸣(1):111-121,159.

[174] 燕继荣,2013.协同治理:社会管理创新之道——基于国家与社会关系的理论思考.中国行政管理(2):58-61.

[175] 燕继荣,2017.社会变迁与社会治理——社会治理的理论解释.北京大学学报(哲学社会科版)(5):69-77,2.

[176] 燕继荣,2017.中国社会治理的理论探索与实践创新.教学与研究(9):29-37.

[177] 杨爱平,余雁鸿,2012.选择性应付:社区居委会行动逻辑的组织分析——以G市L社区为例.社会学研究(4):105-126.

[178] 杨宝,2018.嵌入结构、资源动员与项目执行效果——政府购买社会组织服务的案例比较研究.公共管理学报(3):39-50.

[179] 杨帆,王诗宗,2017.公民参与及其行政可动员性——社区社团组织的功能溢出.南京社会科学(9):78-85.

[180] 杨敏,2007.作为国家治理单元的社区——对城市社区建设运动过程中居民社区参与和社区认知的个案研究.社会学研究(4):137-164.

[181] 杨雪冬,2011.过去10年的中国地方政府改革——基于中国地方政府创新奖的评价.公共管理学报(1):81-93.

[182] 杨雪冬,2012.压力型体制:一个概念的简明史.社会科学(11):4-12.

[183] 杨玉华,2020年.让基层末梢成治理聚焦点.半月谈(6).

[184] 叶成城,黄振乾,唐世平,2018.社会科学中的时空与案例选择.经济社会体制比较(3):145-155.

[185] 叶娟丽,马骏,2003.公共行政中的街头官僚理论.武汉大学学报(哲学社会科学版)(5):612-618.

[186] 应星,2007.草根动员与农民群体利益的表达机制——四个个案的比较研究.社会学研究(2):1-23,243.

[187] 应星,2009."气场"与群体性事件的发生机制——两个个案的比较.社会学研究(6):105-121,244-245.

[188] 于建嵘,2009.当前我国群体性事件的主要类型及其基本特征.中国政法大学学报(6):114-120,160.

[189] 于莉,2016.城郊农民集中居住社区的社区参与状况——基于326位城郊农民调查数据的实证分析.城市问题(2):72-80.

[190] 俞可平,2005.论政府创新的若干基本问题.文史哲(4):138-146.

[191] 俞可平,2006.中国民间社会:概念,分类与制度环境.中国社会科学(1):109-122.

[192] 俞可平,2014.推进国家治理体系和治理能力现代化.前线(1):5-8,13.

[193] 俞可平,2018.中国的治理改革(1978-2018).武汉大学学报(哲学社会科学版)(3):48-59.

[194] 郁建兴,2008.治理与国家建构的张力.马克思主义与现实(1):86-93.

[195] 郁建兴,2015.走向社会治理的新常态.探索与争鸣(12):4-8,2.

[196] 郁建兴,2019.构建基层社会治理新格局.半月谈(21).

[197] 郁建兴,2019a.社会治理共同体及其建设路径.公共管理评论(3):59-65.

[198] 郁建兴,2019b.新时代我国地方治理的新进展.学习时报,2019-12-23(A5).

[199] 郁建兴,黄飚,2017.当代中国地方政府创新的新进展——兼论纵向政府间关系的重构.政治学研究(5):88-103.

[200] 郁建兴,任杰,2020.社会治理共同体及其实现机制.政治学研究(1):45-56,125-126.

[201] 郁建兴,任泽涛,2012.当代中国社会建设中的协同治理——一个分析框架.学术月刊(8):23-31.

[202] 郁建兴,沈永东,2017.调适性合作:十八大以来中国政府与社会组织关系的策略性变革.政治学研究(3):34-41,126.

[203] 郁建兴,王诗宗,杨帆,2017.当代中国治理研究的新议程.中共浙江省委党校学报(1):28-38.

[204] 詹姆斯·C.斯科特,郑广怀,张敏,何江穗译,2011.弱者的武器.南京:译林出版社.

[205] 张国磊,马丽,2020.新时代构建社会治理共同体的内涵、目标与取向——基于党的十九届四中全会《决定》的解读.宁夏社会科学(1):12-20.

[206] 张静,1998.法团主义.北京:中国社会科学出版社.

[207] 张静,2018.案例分析的目标:从故事到知识.中国社会科学(8):126-142,207.

[208] 张康之,2006."协作"与"合作"之辨异.江海学刊(2):98-105,239.

[209] 张磊,刘丽敏,2005.物业运作:从国家中分离出来的新公共空间——国家权力过度化与社会权利不足之间的张力.社会(1):144-163.

[210] 张磊,2005.业主维权运动:产生原因及动员机制——对北京市几个小区个案的考查.社会学研究(6):1-40.

[211] 张明,陈伟宏,蓝海林,2019.中国企业"凭什么"完全并购国外高新技术企业——基于94个案例的模糊集定性比较分析(fsQCA).中国工业经济

（4）:117-135.

[212] 张明,杜运周,2019.组织与管理研究中 QCA 方法的应用:定位、策略和方向.管理学报(9):1312-1323.

[213] 张贤明,张力伟,2021.社会治理共同体:理论逻辑、价值目标与实践路径.理论月刊(1):61-68.

[214] 张长东,2018.社会科学中的因果机制:微观基础和过程追踪.公共管理评论(1):10-21.

[215] 张钟汝,范明林,王拓涵,2009.国家法团主义视域下政府与非政府组织的互动关系研究.社会(4):167-194,228.

[216] 章高荣,2018.类全能主义:对中国国家社会关系的一个整体性理解.经济社会体制比较(6):77-85.

[217] 赵鼎新,2005.西方社会运动与革命理论发展之述评——站在中国的角度思考.社会学研究(1):168-209,248.

[218] 赵秀梅,2008.基层治理中的国家-社会关系——对一个参与社区公共服务的 NGO 的考察.开放时代(4):87-103.

[219] 赵志裕,温静,谭俭邦,2005.社会认同的基本心理历程——香港回归中国的研究范例.社会学研究(5):202-227,246.

[220] 赵中源,2018.新时代社会主要矛盾的本质属性与形态特征.政治学研究(2):55-65,126.

[221] 中共中央宣传部,2016.习近平总书记系列重要讲话读本(2016 年版).北京:学习出版社,人民出版社.

[222] 周黎安,刘冲,厉行,翁翕,2015."层层加码"与官员激励.世界经济文汇(1):1-15.

[223] 周黎安,2014.行政发包制.社会(6):1-38.

[224] 周庆智,2018.政社互嵌结构与基层社会治理变革.南京大学学报(3):139-149,160.

[225] 周庆智,2019.改革与转型:中国基层治理四十年.政治学研究(1):43-52,126.

[226] 周胜强,罗绍康,2015.城市社区基层党组织在创新社区治理中的功能研究.中共南宁市委党校学报(5):1-6.

[227] 周晓虹,赵鼎新,翟学伟,等,2018.大变革时代的学术回响——社会学家与改革开放 40 周年.探索与争鸣(12):17-44,149.

[228] 周雪光,2008.基层政府间的"共谋现象"——一个政府行为的制度逻辑.社会学研究(6):5-25.

[229] 周雪光,2011.权威体制与有效治理:当代中国国家治理的制度逻辑.开放时代(10):67-85.

[230] 周雪光,2012.运动型治理机制:中国国家治理的制度逻辑再思考.开放时代(9):105-125.

[231] 周雪光,2017.国家治理的制度逻辑——一个组织学研究.北京:生活·读书·新知三联书店.

[232] 朱碧波,2020.论我国社会治理共同体的生成逻辑与建构方略.西南民族大学学报(人文社科版)(10):200-206.

[233] 朱光喜,2011.公共政策执行:目标群体的遵从收益与成本视角——以一项农村公共产品政策在三个村的执行为例.云南行政学院学报(2):41-46.

[234] 朱健刚,2020.疫情催生韧性的社会治理共同体.探索与争鸣(4):216-223,291.

[235] 朱卫卿,2017.中国共产党领导社区协同治理的行动逻辑.领导科学(2):10-13.

[236] 朱正威,吴佳,2020.从实践语汇到学术概念:中国公共管理研究的问题意识与自主性.中国行政管理(1):6-11.

[237] 邹谠,1994.二十世纪中国政治:从宏观历史与微观行动的角度看.香港:牛津大学出版社.

附件 1　半结构化访谈提纲

第一部分

1.您的性别:①男②女

2.您的年龄:①20 岁及以下②21—30 岁③31—40 岁

④41—50 岁⑤51—60 岁⑥61 岁及以上

3.您的户籍:①H 市户口②非 H 市户口

4.您的文化程度:①初中及以下②高中或中专③大专或本科④硕士及以上

5.您(退休前)的职业:

①机关事业工作人员②社区工作人员③企业从业人员④个体户⑤社会组织人员⑥失业人员⑦学生⑧其他:

6.您的政治面貌:①中共党员(含预备党员)②非中共党员

第二部分

1.关于垃圾分类,在 2017 年之前,您是怎么做的?

2.您身边的亲人、同事、邻居是否因您的垃圾分类行为而发生一些变化?如果有,他们是谁? 具体是什么样的变化? 这些变化有什么特征?

3.您在参与中是否遇到了困难? 如果有,主要的困难是什么? 对于这些困难采取了何种措施处理,处理的成效如何?

4.您对垃圾分类的看法是否因一些人、组织或者一些事而发生变化? 如果有,是什么样的变化(积极或消极)? 您和他们原来是什么关系? 在具体行动上又是如何协调与沟通的?

5.您觉得在垃圾分类中,有什么样的个人、组织能够发挥积极作用? 如何发挥以及发挥了何种作用?

6.在垃圾分类工作中,谁对您的帮助最大,是如何帮助的?

7.您如何评价自己的性格以及做事风格?

8.请您分别谈谈现在的垃圾分类模式与之前的模式?

9.您对垃圾分类工作最满意和最不满意的方面分别是什么?

10.您觉得哪些因素决定了垃圾分类的成败? 其中,最重要的因素又是什么?

11.今后,您会坚持垃圾分类吗? 会向其他人宣传吗?

12.您对当前的垃圾分类工作有哪些意见和建议?

13.请介绍一下垃圾分类工作整体的推进情况。在这项工作中有什么是需要特别注意的或者印象深刻的?(此问题仅针对政府工作人员)

附件2　专家调查函件

尊敬的专家,您好!

本书尝试在垃圾分类政策实施过程中观察社会治理中多元主体协同何以生成及其程度。社会治理中多元主体协同是指"各方行动者在元治理者的统筹下围绕共同目标各司其职,以解决单一主体无法处理的公共问题,并形成相对稳定的运行状态"。本书拟从"公共问题有效解决程度""协同目标一致程度""公共参与意识提升程度"这三个方面去测量多元主体协同的程度。"公共问题有效解决程度"的测量指标是居民月均参与率,即特定区域内每月参与垃圾分类的居民人数占实际入住人数比重的平均值;"协同目标一致程度"的测量指标是各方行动者(党委、政府、市场、社会)达成一致目标并为之行动的意愿;"公共参与意识提升程度"的测量指标是居民主动参与公共事务的意愿。由此,请您为上述三项指标赋予权重,并提供依据,万分感谢!

附件3 调查问卷

第一部分

1.您的性别:①男②女

2.您的年龄:①20 岁及以下②21—30 岁③31—40 岁④41—50 岁⑤51—60 岁⑥61 岁及以上

3.您的户籍:①H 市户口②非 H 市户口

4.您的文化程度:①初中及以下②高中或中专③大专或本科④硕士及以上

5.您的政治面貌:①中共党员(含预备党员)②非中共党员

第二部分

请使用以下标准表明您对下列每一陈述同意或不同意的程度:1=完全不同意;2=部分不同意;3=同意与不同意相等;4=部分同意;5=完全同意。

量表一(信任)

1.在 G 公司来小区之前,我相信居委会工作人员办事公正。

2.在 G 公司来小区之前,如果接受快递不方便,我可以放心地让居委会工作人员帮我收取。

3.在 G 公司来小区之前,我相信居委会工作人员会告诉我事实真相。

4.在 G 公司来小区之前,我可以随意与居委会工作人员交谈,而且我知道他/她爱听。

5.在 G 公司来小区之前,居委会工作人员绝不会故意将我的观点歪曲地转达给别人。

6.在 G 公司来小区之前,如果居委会工作人员答应帮助我,他/她就一定会帮我。

7.在 G 公司来小区之前,如果居委会工作人员借走一件值钱的东西,但归还时损坏了,他/她会付修理费给我。

8.在 G 公司来小区之前,我愿意借钱给居委会工作人员,借多少都行,因为他/她一旦有能力就会尽快还我。

量表二(协同目标)

1.全国每天产生的生活垃圾非常多。

2.目前,产生生活垃圾的速度已经超过了处理它的速度。

3.焚烧或填埋生活垃圾都会污染环境。

4.有些生活垃圾是可以循环利用的。

5.居民对生活垃圾进行正确分类有利于后端的垃圾处置。

6.垃圾的后端处置需要专业的技术与设备。

7.只有后端能够真正有效地处置生活垃圾,前端的分类才有意义。

8.垃圾分类是每个人的责任和义务。

9.垃圾分类不能仅仅依赖政府。

10.我现在会主动分类投放垃圾。

11.我现在会号召身边的人参与垃圾分类。

12.即便没有任何回报,我也会主动分类投放垃圾。

量表三(公共参与意识)

1.通过参与垃圾分类,我意识到应更加关注公共事务,而不是只顾自己的家庭生活。

2.通过参与垃圾分类,我比以前更主动地关注本地的社会新闻。

3.通过参与垃圾分类,我比以前更愿意为小区的发展贡献力量。

4.通过参与垃圾分类,我比以前更想参加居民代表大会。

5.通过参与垃圾分类,我比以前更愿意配合社区工作。

6.通过参与垃圾分类,我比以前更想参加或组织业委会。

7.通过参与垃圾分类,我比以前更愿意主动跟邻居讨论有关社区的公共事务。

8.通过参与垃圾分类,我比以前更愿意参加社会(社区)志愿活动。

后 记

本书在"边际产出几乎递减到零的时候"得以完成,与此同时,笔者终于体悟到"写作和思索愈是深入,对幸福的感受也愈发深刻"。在书稿完成之际,笔者将向下列人士致以最真挚的谢意。

感谢王诗宗教授与徐林教授。他们是笔者的导师,但他们给予笔者的指导与教诲却不限于学术领域。他们既传处事之道、授钻研之业,亦解人生之惑。两位导师的一言一行真正彰显出"严以律己、宽以待人"的可贵品质。

感谢郁建兴教授、谭荣教授、郭继强教授、蔡宁教授、田传浩教授、吴金群副教授、沈永东研究员和沈健教授对本书提出的宝贵意见。感谢亲爱的同门学友以及学院同学对本书的帮助,尤其感谢李鹏师兄对本书的支持。

感谢单位同事们对本书的关心,他们为笔者分担了许多繁琐的事务。

感谢所有向本书提供经验素材的组织及社会各界人士,尤其感谢 Y 区、T县和 G 公司不遗余力的协助;正是在他们的支持下,笔者才获得了较充分的真实素材,这些素材支撑了整篇论文。

感谢父母与亲朋好友,他们的理解与包容是笔者持续前行的动力。

最后,笔者将以王诗宗教授在其著述《治理理论及其中国适用性》后记中的一句话作为结语——"从程序上说,书稿完成了,但从另一个角度说,什么都没有完成。笔者很清楚以后该做什么。"

徐 畅

2022.9.28

图书在版编目（CIP）数据

社会治理中多元主体协同与基层政策执行研究／徐畅著. —杭州：浙江大学出版社，2022.11
ISBN 978-7-308-23176-3

Ⅰ.①社… Ⅱ.①徐… Ⅲ.①社会管理-研究-中国②社会政策-研究-中国 Ⅳ.①D63②D601

中国版本图书馆 CIP 数据核字（2022）第 194067 号

社会治理中多元主体协同与基层政策执行研究

徐　畅　著

责任编辑	陈佩钰
文字编辑	葛　超
责任校对	许艺涛
封面设计	雷建军
出版发行	浙江大学出版社
	（杭州市天目山路 148 号　邮政编码 310007）
	（网址：http://www.zjupress.com）
排　　版	浙江时代出版服务有限公司
印　　刷	广东虎彩云印刷有限公司绍兴分公司
开　　本	710mm×1000mm　1/16
印　　张	13.25
字　　数	224 千
版 印 次	2022 年 11 月第 1 版　2022 年 11 月第 1 次印刷
书　　号	ISBN 978-7-308-23176-3
定　　价	68.00 元